유아교사론

김현자 · 김혜금 · 이상희

태영출판사

머리말

유아기의 여아들은 초등학교 1학년 시기까지 장차 유치원 선생님이 되겠다는 꿈을 말하고, 유아기의 남아들은 유치원 선생님과 결혼할거라는 얘기를 하기도 한다. 초등학교 고학년 여학생들 중에는 여전히 유치원 선생님이 되고 싶다고 말하는 학생들도 있다. 그 아이들은 왜 유치원 선생님이 되고 싶은 걸까? 그들에게 유아교사는 밝은 모습으로 친절하게 아이들과 부모들을 상대하는 사람으로 긍정적 이미지만을 갖고 있기 때문일 수 있다.

유아교육과와 아동복지과 학생들에게 교사가 되고 싶은 이유를 물어 보았다. 그들의 대답은 비슷하였다. “아이들의 순수함이 좋아서요, 아이들이 하루하루 달라져 가는 모습을 보며 보람을 느끼고 싶어서요, 가르치는 것이 좋고 아이들이 좋아서요, 아이들에게 도움이 될 수 있다는 점이 좋아서요……” 예비교사들은 어린 아이들과는 다르게 유아교사로서의 역할과 유아교사가 되고자 하는데 목적이 있다. 그렇기 때문에 무엇이 좋고 무엇이 보람일 수 있는지를 말할 수 있는 것이다.

유아교사는 밝고, 친절해야 한다. 하지만 유아교사는 그러한 이미지 외에 갖추어야 하는 전문성이 요구되는 직업이다. 교사의 전문성은 장기간에 걸쳐 교육받고 훈련하며 바람직한 교육철학과 대상 및 상황에 맞는 교수법 등을 위한 노력을 통해 갖추어진다. 이를 위해 유치원이나 어린이집에서는 원내, 원외 장학 등을 하며, 직무연수와 보수교육, 기관평가 등을 받기도 한다. 이러한 과정은 교사의 역량강화뿐 아니라 교사 간의 협력을 통해 유아교육기관이 계속해서 발전해 가도록 하며, 나아가 한 국가의 교육의 질을 향상시키는 일이라고 하겠다. 2011년부터 누리과정의 도입으로 유치원과 어린이집 교사가 함께 연수를 받기 시작하였으며, 2012년부터는 유아교육기관에서 5세 누리과정이 적용되고 있다. 뿐만 아니라 2013년부터는 만 3-4세 누리과정도 적용이 될 예정이다. 유아교사들은 이러한 교육정책의 변화에 발맞추어 한 방향으로 양질의 성장을 하고 있다고 볼 수 있다.

저자들은 예비교사들을 가르치며, 유치원과 어린이집의 평가위원으로 참여하고, 우수프로그램 및 인성프로그램 등을 평가하면서 예비교사들이 전문성과 인성을 갖춘 교사로 발돋움을 할 수 있도록 지도하는데 중점을 두어야 한다는데 의견을 모아서 교사론을 집필하게 되었다.

본서는 11장으로 구성하였지만, 각 장별로 학생과 교수자가 함께 나누어야 하는 내용을 추가함으로써 전문성과 인성교육을 통한 나눔의 학습이 될 것을 기대하고 있다. 1장 유아교사의 이해에서는 유아교사의 특성과 신념을, 4장 유아교사의 양성제도에서는 양성제도의 변천과 자격기준을, 5장 유아교사의 교육 및 실습에서는 직전교육과 교육실습, 현직교육을, 6장 교직에 대한 이해에서는 교직의 특성과 관점 및 매력을 김현자 교수가 맡아서 집필하였다. 2장 유아교사의 전문성에서는 전문성의 이해와 발달, 전문성 넓히기를, 3장 유아교사의 역할과 자질에서는 유아교사의 역할과 자질 이해하기를, 7장 유아교사의 권리와 윤리에서는 권리와 윤리 이해하기를 김혜금 교수가 맡아서 집필하였다. 8장 유아교사의 대인관계와 리더십에서는 대인관계의 특징과

대상, 유아교사의 리더십을, 9장 유아교사의 직무만족도와 스트레스 관리에서는 직무만족도의 중요성과 스트레스 관리를, 10장 유아교육기관의 조직환경에서는 근무환경을, 11장 유아교육기관의 장학에서는 장학지도 유형과 멘토링을 이상희 교수가 맡아서 집필하였다.

본서는 예비교사와 현직교사들이 유아를 사랑하고 유아교육 · 보육에 사명감을 갖고 유아교사의 길을 걸어가기를 바라는 마음으로 집필하게 되었으므로 대학과 유아교육현장에서 유아교사로서의 자기계발과 역량을 강화시키는데 도움이 되기를 기대한다.

본서가 출판될 때까지 도움을 준 두원공과대학교 유아교육과와 아동복지과 학생들, 그리고 숲속마을유치원 원장님에게 고마움을 전하며, 좋은 교재를 만들어 가기 위해 늘 애써 주시고 기다려 주시는 김현태 사장님과 편집국장님께 감사의 인사를 전한다.

2012년 12월

저자 일동

차 례

제1장
유아교사의 이해 / 13

제2장

유아교사의 전문성 / 37

제3장

유아교사의 역할과 자질 / 63

제7장

유아교사의 권리와 윤리 / 143

제8장

유아교사의 대인관계와 리더십 / 169

제11장

유아교육기관의 장학 / 233

제1장

유아교사의 이해

1. 유아교사의 특성
2. 유아교사의 신념

수기안인(修己安人) : 자신을 갈고닦아 주위 사람을 편안하게

부모, 선생, 상사 역할을 하면서 제 감정을 통제하지 못한다면 상대는 괴롭다. 그냥 가만히 있는다고 부모, 선생, 상사 역할을 잘 하는 것이 아니므로 많은 노력을 해야 한다. 즉 자신을 통제하는 수기가 필요하다.

– 신정근(2011)

1. 유아교사의 특성

1) 유아교사의 개념

교사란 학생의 배움의 과정에서 도움을 주거나 이끌어 주는 사람(위키백과사전), 유치원, 초등학교, 중학교, 고등학교 등에서 소정의 자격을 가지고 학생을 가르치거나 돌보는 사람(새국어사전, 1994)을 말한다. 유아교사 역시 유아를 대상으로 가르치는 사람으로 소정의 양성과정을 이수하고 자격을 취득한 사람을 말한다.

교사는 학생을 가르치는 사람으로 사전적 정의가 되어 있다. 가르치는 것을 다른 말로 교육이라고 한다. 정범모(1994)는 교육을 '인간행동 특성을 계획적으로 변화시키는 과정'이라고 하였다. 정영근 · 정혜영 · 이원재 · 김창환(1999)은 교사를 단지 지식을 효과적으로 전달하는 기술자로 이해한다면 그것은 교사직의 특성을 축소하고 왜곡하는 결과를 초래한다고 보았으며, 교사의 본질적 의미를 새겨볼 때 교사는 '가르치는 사람 이상'이라고 주장하였다. 그렇다면 유아교사는 어떻게 정의 내릴 수 있을까? 유아의 행동특성을 계획적으로 변화시키기 위해 가르치고 보살펴 주는 교육자라고 할 수 있을 것이다.

교사라는 용어와 함께 교원이라는 용어가 혼용되어 사용되고 있는데 정우현(1989)에 의하면 교사는 가르치는 사람 개개인을 지칭하는 말이며, 교원은 교사들을 집단으로 보고 부를 때 사용되는데 대학교에서 가르치는 교수도 포함된다. 하지만 일반적으로 한국표준직업분류에서는 교사와 교원을 동일 개념으로 사용하고 있다(염지숙 · 이명순 · 조형숙 · 김현주, 2011).

본서에서는 유치원 교사와 어린이집 교사를 포괄하는 개념으로 유아교사를 사용한다. 유치원 교사는 유아교육법(제22조)에 자격이 명시되어 있으며, 어린이집 교사는 영유아보육법(제21조)에 보육교사로 명시되어 있다.

교사는 교육현장에서 각각의 개인차와 특성을 지닌 다양한 학습자를 대상으로 가장 바람직한 교육의 효과를 가져올 수 있도록 무엇을, 어떻게 가르칠 것인가, 교실은 어떻게 조직할 것인가, 학습자에 대한 평가는 어떻게 할 것인가 등에 교육적 의사결정을 행하게 된다(박은혜 외, 2002). 이렇듯 중요하면서도 어려울 수 있는 유아교사가 되기 위해 대학에 입학한 학생들 중에는 그저 어린 아이들을 가르치는 일을 하는 사람으로 기대를 하고 입학을 하는 경우가 많다.

유아교육과의 신입생 면접을 하다 보면 대부분의 학생들이 공통적으로 말하는 것 하나가 "어릴 때부터 애들을 좋아했어요", "교회에서, 성당에서 영아부 보조역할을 하고 있어요" 등의 말이다. 아이를 좋아하거나 종교기관에서 경험을 하다 보니 자신의 직업으로 유아교사가 적합하다고 판단하게 된 것이다. 한편, 유아교육과에 합격했어도 타 대학 또는 타 학과로 지원해서 가는 학생들의 경우 "저는 원래 아이들을 좋아하지 않았어요"라는 말을 하기도 한다. 이렇듯 아이들을 좋아하지 않았다고 해도 유아교육 관련 학과에 지원하는 학생들은 근본적으로 아이들을 좋아하거나 가르치는 일이 적성에 맞아서 지원하였고, 결국 교사자격증을 취득하는 경우가 많다.

유아교사는 유아를 좋아한다고 모두가 될 수 있다고 생각하는가? 유아를 좋아한다는 것은 처음부터 싫어하는 사람보다는 유아교사직에 적응하는데 도움이 될 것이다. 어느 직업이든지 처음부터 정해진 것은 아니고 그 직업을 선택해서 직장생활을 하다 보면, 마치 전부터 그 직장을 위해 태어난 사람처럼 잘 적응해 간다. 교사 역시 태어나는 게 아니라 적응하고 노력하며 만들어지는

것이다.

문혁준 등(2010)은 유아교사를 두 가지 존재의 의미로 설명하였다. 우선, 유아교사는 성장 · 발달하는 존재로 보는 것이다. 최근에 교사 교육자들은 교사에게 발달적 관점을 적용해야 한다는 주장을 펴고 있다. 이는 유아들과 마찬가지로 교사도 교직생활을 통해 끊임없이 성장과 변화의 과정을 거친다는 것으로써 전통적인 능력중심과 자질중심의 교사개념을 반대하고 각 교사의 개인차를 인정하여 개인적 성장을 도와야 한다는 관점을 제시하고 있다. 둘째, 교사는 교육적 가치관과 철학을 가진 존재로 보는 것이다. 남에게 배우더라도 구체적인 방법은 자기 스스로 고민을 거듭하여 새롭게 만들어 나가야 한다. 유아교육기관의 실내나 실외에서는 언제든지 교사의 빠른 판단을 요구하는 다양한 상황들이 발생하므로 교사는 일관되고 분명한 철학과 가치관의 확립이 필요하며, 이를 토대로 끊임없는 반성적 사고를 할 수 있는 사람이어야 한다.

2) 유아교사의 보람

누구나 직장인이 되면 직장에서 맡은 업무에 최선을 다해야 하는 것은 당연한 일이며, 그 결과가 애사심이 생기고 승진의 기회가 주어지기도 한다. 유치원이나 어린이집에 근무하는 교사들 역시 맡겨진 업무에 최선을 다하므로 교사직에 보람을 느끼며, 기관에서 인정을 받는 것이다. 또한 근속을 통해 승급의 기회도 예정된 시기에 주어지게 된다. 반면에 취업을 하고 1년도 견디지 못하고 자신이 근무하는 교육기관이 자신이 배운 이론과 너무 다르다며 더 나은 곳을 찾겠다고 그만두는 교사들을 볼 수 있다. 이런 사람을 전문가라고 말할 수 없으며, 올바른 사회인이라고도 말할 수 없다. 예비교사 때부터 바람직한 교사상을 갖도록 하는 것은 책임감 있는 교사가 되기 위해 필수적인 과정이라 하겠다.

이대균 · 김주영 · 임자영 · 박지선(2010)이 제안한 '좋은 유치원 교사의 모습'으로 여섯 가지 관점을 제시하였으나, 이 중 네 가지 관점을 주제로 현장경험에 근거하여 살펴보고자 한다. 이는 현직 교사들이 점검해 보았으면 하는 내용이지만, 예비교사로서 지향해야 하는 모습이라고 생각해도 좋을 것이다.

(1) 근무성적 평정의 관점에서 좋은 교사

- 근무태도 — 교사로서의 품격을 갖추고 성실성, 협력성, 분담업무의 추진력
- 학급운영 — 청결 및 위생관리, 자료 및 환경구성, 교수-학습능력, 안전관리, 생활지도, 학부모관리
- 전문성 향상 — 개인연수, 외부연수, 멘티 · 멘토연수

유아교사가 되어 직장생활을 즐겁게 하기 위해서는 유아교사로서의 효능감을 느낄 수 있어야 한다. 이를 위해서는 유아교육현장에서 이루어지는 객관적인 평가의 근거를 아는 것이 중요하다. 그 객관적 평가는 교직의 효율적인 업무를 위해 필요한 것으로 우선은 성실함과 동료와 협력, 책임감을 통한 업무 추진력을 갖추어야 한다. 두 번째는 학급을 운영하는 책임자로서 물리적인 환경의 청결 · 위생, 교육적인 구성, 부모상담, 교육활동을 위한 교수-학습방법 등에서 최선을 다하도록 해야 한다. 세 번째는 사회적인 변화에 맞춰서 영유아의 전인적인 발달을 도모하기 위해 다양한 연수의 기회에 적극적으로 참여하여 교사로서 전문성을 향상시켜야 한다.

(2) 부모의 관점에서 좋은 교사

- 아이에 대해 잘 알고 있는 교사
- 잘 가르치는 교사
- 부모의 얘기를 잘 들어주는 교사

유아교사와 부모의 관계는 유아와 교사의 관계 못지않게 중요하다. 유아가 건강하고 즐거운 생활을 위해서는 교사가 부모와 원만한 관계를 유지할 수 있어야 한다. 이를 위해서는 부모가 교사에게 기대하는 바가 무엇인지를 알고 있어야 한다. 우선, 부모는 담임교사가 자녀에 대해 많은 것을 알고 있기를 원하며, 심지어는 부모인 자신이 모르는 특성도 자신에게 전달해 주기를 바라는 경우가 많다. 두 번째는 자녀의 담임교사가 유능한 사람이기를 기대하며, 이로 인해 교사의 학력과 경력을 확인하려는 부모들이 많다. 또한 유아교육기관의 부모참여수업이나 참관 등을 통해 교사의 지도 능력 및 교사의 전반적인 것을 평가하고자 하는 부모들도 있다. 세 번째는 교사가 부모 자신의 이야기를 잘 귀 기울여 들어주며, 가끔 교사에게 부탁하는 사항을 착오 없이 지켜 주기를 요구한다. 교사에게 쪽지나 구두로 전달한 부탁 내용일지라도 반드시 지켜야 한다고 생각하는 경우가 많다. 이와 같이 부모의 관점에서 바라보는 좋은 교사의 모습은 불쾌할 수도 있다. 하지만 유아교육기관에서 모든 교직원이 원칙을 가지고 일을 한다면 어렵지 않은 일이다.

(3) 유아의 관점에서 좋은 교사

- 발표를 하고자 할 때 언제나 기회를 주는 교사
- 교사가 주도하는 활동을 재미있게 진행하는 교사
- 표정이 밝고 유머가 있는 교사

자기중심적 사고와 직관적 사고를 하는 유아들은 자신의 의지를 표현했을 때 주변 사람이 즉각적으로 반응해 주기를 바라며, 교사의 표정과 상황에 대해서도 보여지는 대로, 느껴지는 대로 판단을 하게 된다. 그렇기 때문에 교사가 자신에게 집중해 주기를 바라고, 심부름을 시키는 것도 교사의 관심으로 받아들이게 된다. 또한 유아는 활동시간에 밝은 모습으로 재미있게 동기유발을 시키는 교사에게 집중하게 되며 그러한 교사를 좋아하게 된다. 이는 집단활동 시간에 유아들의 적극적인 참여 정도로 알 수 있다. 유아들이 즐거운 모습으로 활동에 적극적인 참여를 하는 경우 대부분의 교사는 일상생활에서 유아와의 상호작용시 밝은 표정으로 대하며, 유머가 있는 교사임을 쉽게 알 수 있다.

> 앤(헬렌 켈러의 선생님 앤 설리번)은 아이의 행동에 민감하게 반응했다. 그녀는 가족에게 보내는 편지에 이렇게 썼다.
>
> "내가 해결해야 하는 가장 큰 문제는 그 아이의 정신을 깨뜨리지 않고 훈련시키고 통제하는 것이다. 지금 당장은 서두르지 않을 것이다. 그녀의 사랑을 얻는 게 먼저니까."……

설리번과 헬렌 켈러(8세)

(4) 동료의 관점에서 좋은 교사

- 온유하고 친절한 교사
- 합리적인 교사
- 선배교사에게 예의를 갖추는 교사

다른 직장에 비해 여성의 수가 많은 유아교육기관에서는 동료와의 관계가 근속기간 및 운영에 많은 영향을 미친다. 우선, 유아교사직을 오래 유지하는 경우 기관의 원장과 동료와의 관계가 큰 비중을 차지한다. 한 곳에 근속을 하는 경우 동료와 원만한 관계이거나 친한 동료 한 명이 있게 되면 생활하는데 많은 의지가 될 수 있다. 하지만 그렇지 못했을 경우에는 이직을 하더라도 이전 직장에서 겪었던 관계의 어려움으로 인해 현재의 동료교사에게 온유하고 친절함을 더 기대하게 된다. 둘째, 동료 중에 합리적인 교사가 있다면, 의사결정의 과정에서 그를 신뢰하게 되며 동료교사들 간의 갈등을 최소화시킬 수 있는 중재자의 역할을 하게 된다. 셋째, 최근 들어 유아교육기관의 규모가 예전에 비해 확대되면서 교사수가 많은 기관이 늘고 있다. 교사들이 많은 기관에서는 신임교사가 심리적으로 압박을 받아 힘들어 하는 경우도 있지만, 신임교사가 선배교사에게 업무상의 지시를 제대로 받지 않고 협조하지도 않으며, 조직의 위계질서에 적응을 하지 못하는 경우도 있다. 교육현장에서도 다른 직장에서와 마찬가지로 경력 연수를 기준으로 상호 존중하고 배려하는 질서가 확립된다면, 이직의 횟수가 줄어들 것이며 기존 유아교사 간에 시너지 효과를 기관이 발휘하여 더욱 발전할 수 있다.

생각해 보기

자원봉사, 사전실습, 현장실습(학교현장실습, 보육실습)의 과정에서 좋은 선생님의 모습으로 생각되는 분에 대해서 생각해 보자.

〈역할극 체험하기〉

1. 긍정적인 모습으로 기억되는 유아교육기관 교직원들의 대화 상황을 재연해 보자.
2. 부정적인 모습으로 기억되는 유아교육기관의 교직원(원장, 교사)들의 대화 상황을 재연해 보자.

3) 유아교사의 기대

(1) 유아교사의 발달과정

유아교사는 교직을 시작하는 첫해부터 유능함을 발휘하기 어려우며, 계속적인 노력과 열정, 재교육 등을 통해 전문가로서 성장하게 된다. 유아교사로서 막연한 기대감보다는 교사의 발달과정을 알고 교사로서의 미래를 설계하는 것도 전문가로 성장하기 위한 과정일 것이다.

Katz(1992)는 유치원 교사의 발달과정을 다음과 같이 네 단계로 분류하였다(이수련 · 이정화, 2010). 첫째, 생존기(초임-1년)는 교사로서 성공하기를 기대하지만 실제 현장에서 느끼는 불일치로 무능감을 느껴 자신이 교사로 살아남을 수 있을까 하는 것을 고민하는 시기이다. 둘째, 강화기(1-3년)로 문제 아동과 문제 상황에 관심을 갖기 시작한다. 첫 번째 단계인 생존기에서 일반적인 유아들의 행동을 이해하게 되었다면, 강화기에서는 일반적인 유아들과 다른 행동을 보이는 개별 유아에게 관심을 갖게 되는 것이다. 셋째, 갱신기(3-5세)에 이르면 같은 일을 하는데 회의감을 느끼게 되어 자신의 갱신을 심각하게 고려하게 된다. 넷째, 성숙기(5년 이상)에 도달하게 되면 교사가 자신을 교사로서 인정하게 되어 보다 깊고 추상적인 질문을 스스로에게 던지며 자신을 발전시켜 나갈 수 있게 된다.

(2) 좋은 교사의 조건

좋은 교사의 특성에 대한 범주와 내용은 여러 학자들이 분류하였으나, 그 중에서 Wardle(2003)과 조경자(2007)의 분류를 정리하면 다음과 같다.

|표 1-1| 좋은 교사의 특성

<table>
<tr><th>학자</th><th colspan="2">분류범주 및 내용</th></tr>
<tr><td>Wardle(2003)</td><td colspan="2">· 인내심, 생동감, 협동심, 융통성, 유머감각, 신중함, 건강한 체력
· 유아들에 대한 진정한 존중심
· 유아들에 대한 신뢰
· 유아들의 학습과 성장을 도와줄 수 있는 능력
· 배움에 대한 사랑</td></tr>
<tr><td rowspan="2">조경자(2007)</td><td>인성</td><td>사랑, 이해, 모범, 존중, 도덕성, 인내, 너그러움, 엄격, 일관성, 긍정적 사고, 활발함, 성실성, 원만한 대인관계, 세심함, 믿음직함 등</td></tr>
<tr><td>건강</td><td>신체적 건강, 정신적 건강</td></tr>
</table>

학자	분류범주 및 내용	
조경자(2007)	지식	유아에 대한 지식, 전공지식, 교양
	교수능력	교육과정 구성능력, 교육과정 실천능력, 발달 조장능력, 학부모 관계능력, 다재다능함, 환경 구성능력, 반성적 사고능력, 관찰력, 순발력, 민감성, 창의성, 융통성 등
	교육관	교육철학 및 신념, 교육에 열정, 자부심, 책임감 및 소명감, 공명함, 전문성 향상 노력

D대학 예비교사들이 사전실습과 보육실습을 마치고 '교사론' 과목의 수업을 시작하면서 바람직한 교사와 바람직하지 못한 교사, 훌륭한 교사가 되기 위한 조건으로 답변한 내용을 정리하면 다음과 같다.

① 바람직한 교사

상호작용에 적극적인 교사, 주제에 맞는 환경을 제공하는 교사, 아이들의 갈등을 잘 중재해 주는 교사, 아이들의 요구에 민감한 교사, 일관성이 있는 교사, 칭찬을 구체적으로 해 주는 교사, 기다려 주는 교사, 사랑이 넘치는 교사, 늘 노력하는 교사, 협력하는 교사, 부모 및 동료와 잘 소통하는 교사 등이다.

② 바람직하지 못한 교사

아이들에게 자극적인 말이나 행동을 하는 교사, 아이들에게 좌절감을 주는 교사, 아이들을 방치하는 교사, 교사로서 발전을 위해 노력하지 않는 교사, 감정기복이 심한 교사, 명령하는 교사, 아이들의 이야기를 들어주지 않는 교사, 편견이 있는 교사, 자기주관을 너무 내세우는 교사, 칭찬에 인색한 교사, 편애하는 교사, 억지로 밥 먹이는 교사, 표정이 없는 교사 등이다.

③ 훌륭한 교사

한편 훌륭한 교사가 되기 위해 갖추어야 할 조건으로는 건강 및 자기관리를 잘 하기, 긍정적이 마인드 갖기, 유아를 위한 자료를 많이 찾기, 유아의 다양성과 창의성을 인정하기, 웃음 잃지 않기, 시간을 잘 지키기, 궂은 일 마다하지 않기 등으로 나타났다.

이를 통해 알 수 있는 것은 예비교사들에게 사전실습과 현장실습 등이 바람직한 교사상과 그렇지 못한 교사상을 발견하도록 하며, 추구하는 교사상을 만들어 가도록 하는 과정이 된다는 점이다. 따라서 실습에 성실히 임한 예비교사들은 유아교육기관의 교사가 되어도 후배들에게 좋은 모델이 될 수 있도록 적극적인 노력을 해야 할 것이다.

> 유아가 성취한 작은 부분에도 기뻐 박수치고,
> 친구들을 힘들게 하는 유아 때문에 절망하기도,
> 때로는 자신의 무능력함을 탓하기도,
> 교사직에 대한 회의를 느끼기도,
> 그것도 잠시, 또다시 유아가 보여준 작은 행동변화에 감동하고,
> 유아가 들려주는 '사랑해요'라는 한 마디에 눈물 흘리기까지 하는 사람,
> 바로 유아교사입니다.
>
> \- 김현자

관점(viewpoint)이 광경(view)보다 우선한다. 어느 지점에서 바라보느냐에 따라 무엇이 보이냐가 결정된다. 내가 아무리 좋은 것을 보려고 해도 나의 관점이 비뚤어져 있다면 그것을 볼 수 없다. 그러므로 믿음의 눈이 중요하다……

– 장경철의 '기쁨을 유통하는 삶' 중에서, 생명의 삶, 2012. 07. p. 43

2. 유아교사의 신념

1) 교육신념

교사의 교육신념은 교사의 사고와 가르치는 행위에 영향을 미치기 때문에 직접적으로 또는 일상적인 상황에서 이루어지는 언어적 · 비언어적 의사소통을 통해서 간접적으로 학생의 동기유발과 학업성취에 영향을 미친다. 교육기관의 물리적 환경보다 학생의 행동변화에 많은 영향을 미치게 됨으로 교육의 질을 결정하는 가장 중요한 요인이 교사의 교육신념이라 할 수 있다.

Seamands(1981)는 '인생이 마치 베틀로 짜여진 복잡한 무늬가 있는 융단과 같다'고 하였다. 그는 인생이라는 융단의 구조가 짜여지기까지는 유전적인 요소, 환경적인 요소, 어렸을 때의 경험, 인생에 있어서의 모든 장애물들, 부모로부터의 영향, 그리고 선생님으로부터의 영향력이 있음을 지적하였다.

학창시절에는 선생님으로부터의 영향이 다른 어떤 요인보다도 크게 작용할 수 있다. 이는 교사의 단순 언어와 행위는 학생들에게 현재의 어려운 삶을 극복할 수 있는 긍정의 힘이 될 수 있으며, 상처가 될 수도 있기 때문이다. 한 예로, 대학교 3학년의 수업시간에 인생의 곡선, 즉 life line을 그려보도록 했다. 여러 명의 학생이 특정 시기에 하향의 깊은 곡선을 그렸고, 그 이유를 설명하는 가운데 울음을 터뜨리기도 했다. 이유인즉 중 · 고등학생 시기에 공부 잘 하는 친구가 공부를 못하는 자신과 어울려서 잘 하는 친구가 성적이 떨어진다며 담임교사가 그 학생과 같이 다니지 말라고 했다는 것이다. 이렇듯 선생님의 언행은 학생들에게 지워지지 않는 상처를 줄 수도 있다. 결국, 학생에게 교사는 부모 다음으로 중요한 존재이기에 교사의 신념이 중요함을 늘 기억해야 할 것이다.

교사로서의 행위는 수업과 학습, 학생, 지식, 알 가치가 있는 것에 관한 그들의 신념과 밀접하게 연결된다. 이칭찬(2005)은 교사가 가져야 하는 교육철학으로서 기초 수업과 학습에 관한 신념, 학생에 관한 신념, 지식에 관한 신념, 알 가치가 있는 것에 대한 신념 등의 교육적 신념이 수업 행위에 미치는 영향을 설명하였다. 이에 대해(이칭찬, 2005, p. 185-189) 간략히 요약하여 제시하면 다음과 같다.

(1) 수업과 학습에 관한 신념

수업을 과학으로 보고 복합적인 활동이지만 추상적이고 객관적인 행위의 분화된 체계로 환원될 수 있다고 보는 관점과 수업을 예술로 보고 교사와 학생간의 자발적이고 사전 연습이 불가능하고 창의적인 만남으로 보는 관점이 있다. 또한 수업을 과학과 예술이 함께 수행해 나가야 한다는 관점도 있다. 한편, 학습의 경우 학생 개개인의 경험과 인식을 강조하는 관점과 학생의 행동을 강조하는 관점이 있다.

(2) 학생에 대한 신념

학생에 대한 관찰과 인간의 성장 · 발달에 관한 지식에 근거하여 학생의 성품, 동기수준, 기대 등 학생의 특성에 관해 교사 자신의 마음 속에 어떤 상을 형성한다고 보는 관점이 있다. 반면에 학생들을 아직 완전한 인간이 되지 못한 존재로 간주하여 성인의 노력에 저항하며 끌려간다고 믿으며 학생

들과 역관계를 형성한다고 보는 관점이 있다.

(3) 지식에 관한 신념

교사가 지식을 보는 관점은 그들이 수업을 전개하는 방식과 직접 관련되는데, 지식을 교과의 작은 조각들이나 분리된 사실들의 총합으로 간주하는 입장과 지식을 더 개념적인 것으로 보는 입장이 있다.

(4) 알 가치가 있는 것에 관한 신념

교사들은 학생들에게 가르쳐야 한다고 강조하는 학습의 내용에 있어 직업에서 성공하기 위해 필요한 기술이 중요하며 직업세계를 준비시키는 것을 강조하는 관점이 있고, 미래에 대한 실제적인 준비로 효과적으로 의사소통하고 문제를 해결하는 지적인 과정을 강조하는 관점이 있다.

2) 유아교사의 교육신념과 이미지

(1) 유아교사의 교육신념

유아교사의 교육신념은 유아교사가 궁극적으로 지향해야 할 이상적인 관념 또는 철학이며 유아교육의 의미를 만들어 가는 근본이 된다. 유아교육의 의미는 영유아를 건강하게 성장 · 발달하도록 유아교육기관과 가정이, 그리고 사회와 국가가 협력하도록 하는 것이다. 또한 유아들이 긍정적인 변화와 발달을 보여주는 것 등 다양한 측면에서 그 의미는 찾을 수 있을 것이다. 중요한 것은 그러한 의미 속에 유아교사의 신념이 뿌리를 내리고 있다는 것이다.

유치원 교사다운 신념 및 행위는 교직에 입문하여 유치원이라는 물리적 · 사회적 조건 속에서 자신의 직무를 수행하고 다른 구성원과 상호작용을 하는

과정에서 교직문화를 습득하면서 비로소 완성된다(이혜상, 2006). 경력 5년차 정도가 되면, 유치원 교사의 지위역할 달성에 필요한 지식, 기술, 가치, 규범을 자연스럽게 습득하게 된다(윤희경, 2006).

Bington(2001)은 다양한 배경을 가진 유아들을 위한 차별화된 교수나 수행평가에 있어서 교사들의 교수-학습에 대한 신념, 교육과정, 수업, 평가에 대한 개념이 그들의 교수와 평가활동에 어떠한 영향을 미치는가를 수업 관찰과 분석을 통해 연구한 결과, 교수학습관, 유아들을 위한 도전의식, 공평의 필요성에 대한 신념이 차별화된 교수법을 실행하는데 중요한 내적 요인으로 작용함을 밝혀 냈다(정대현, 2009). 유아교사의 신념은 유아의 놀이에도 영향을 미치며, 이같이 교수법에도 직접적인 영향을 미친다는 것을 알 수 있다. 다문화교육 신념에 관한 정대현(2009)의 연구에서는 유아교사가 다문화가정 유아와의 생활경험 유무와 다문화교육에 대한 신념 중 다문화교육 커리큘럼(내용), 부모 및 공동체 관계, 다문화교육에 대한 전문성, 다문화에 대한 인식이 다문화 교수실제의 총점에 영향을 미치는 것으로 나타났다. 앞에서도 교사의 교육신념을 살펴보았듯이, 유아교사의 교육신념 역시 유아들의 발달에 직 · 간접적인 영향을 미친다는 것을 알 수 있다.

유아교사의 특성과 자질을 중심으로 설명한 교사의 신념(최양미 외, 2011)을 정리하면 다음과 같다

첫째, 법적 · 사회적 존재로서 유아교사이다.

유아교사는 유치원 교사로서의 자격 또는 보육교사의 자격을 취득한 사람이다.

둘째, 역할모델로서 유아교사이다.

유아교사는 행동 및 언어, 생각, 태도에 있어서 유아의 사회화 모델이며 안내자이다.

셋째, 상호작용자로서 유아교사이다.

유아교사는 유아와의 상호작용을 통해 인간적 유대관계를 발전시키며 지도하는 사람이다.

(2) 유아교사의 이미지

신념체계는 교사의 사고와 행위, 그리고 궁극적으로는 유아의 행동에 영향을 주지만 내재적인 것이어서 알아내기가 어렵고 대부분의 신념은 은유나 이미지로 저장되어 있기 때문에 은유법의 활용은 교사들의 신념체계를 알아볼 수 있는 가장 좋은 방법이다(Marshall, 1990). 흔히 유아교사를 어부, 농부, 지휘자 등에 비유하기도 한다. 이러한 비유는 유아교사가 기다림과 사랑이 필요한 직업이며, 그 노력에 대한 결실이 있음을 나타내고 있다.

이미지(image)란 마음 속에 그려지는 사물의 감각적 영상(동아새국어사전, 1997)을 말한다. 누구나 성장과정에서 만나 온 교사에 대해 각각 다양한 이미지를 갖고 있을 것이다.

염지숙 등(2011, 18~21)이 영화를 통해 소개한 대중매체 속의 교사의 이미지를 간략하게 정리하면 다음과 같다.

- 1960년대 이후 — 상록수(1961), 사격장의 아이들(1967), 맨발의 영광(1968), 수학여행(1969), 섬개구리 만세(1972) 등
- 2000년대 — 선생 김봉두(2001), 꽃피는 봄이 오면(2004), 생날선생(2006), 여선생 여제자(2006), 서울이 보이냐(2008), 울학교 이티(2009), 마지막 수업(2002), 코러스(2004), 블랙(2005), 프리덤 라이터즈(2007), 다이브(2009) 등

이러한 영화를 통해 전통적인 교사의 이미지와 현대적, 창의적인 교사들의 모습을 찾아볼 수 있다. 대중매체 중 텔레비전을 통해 예쁘고 착한 유아교사의 이미지를 보게 되는데, 이는 영화에서도 마찬가지다. 한 예로 '과속스캔들'이란 영화에서는 주인공이 좋아하는 유치원 선생님이 등장하는데, 그녀의 이미지는 청순, 인내, 연약함, 지혜로운 모습을 그리고 있다. 아직까지도 유아교사의 이미지는 아름답고 청순하면서도 지혜로운 여성의 모습으로 비춰짐을 알 수 있다.

대학생들에게 유치원 교사의 이미지를 그려보도록 했을 때 다음과 같은 그림이 나타났으며, 함축적인 단어의 표현을 다음과 같이 나타냈다.

[그림 1-1] 예비교사가 생각하는 선생님, 꿈의 표현

* 예비교사들이 생각하는 교사 이미지
  어부, 사과, 안경, 엄마, 유리, 농부, 포근함, 잉크, 지휘자, 거울, 순대 등
- 어부, 농부는 노력과 인내, 수확, 사랑의 공통점을 갖는다.

3) 유아교사의 교육신념에 영향을 주는 요인

유아교사가 되기까지의 삶을 돌아볼 때 교사가 되겠다고 결심한 시기는 사람마다 다를 것이다. 하지만 태어나면서 직업이 정해질 수 없듯이 개인이 속한 가정생활에서의 경험, 학교생활에서의 경험, 유아교육기관에서의 자원봉사 또는 현장실습, 직전교육 등에 의해 교사가 되겠다는 결심을 할 수 있다는 점에 대해서는 누구나 인정할 것이다.

한 사람의 교사가 형성되는 과정에는 수많은 발전적인 변화가 따른다. 과거의 경험과 순간순간의 현재의 경험이 모두 한 인간으로서 형성되고 성장하는

과정에 영향을 미친다(염지숙 외, 2011).

어린 시절의 경험, 학교경험, 가정환경, 종교, 성격 등이 현재의 교육적인 신념, 지식, 그리고 가르치는 모습을 구성하는 데 영향을 주고 지금 현재의 모습은 미래의 가르치는 일에 대한 태도와 정의에 영향을 준다(Calderhead, 1989; Knowles, 1992). 이는 교사직을 선택하게 된 배경과 교육신념에 영향을 미치는 요인이 동일할 수 있다고 볼 수 있을 것이다. 이러한 요인을 간략히 살펴보면 다음과 같다.

(1) 가정생활에서의 경험

가족 중에 유아교육계에 종사하는 사람이 있거나 가족구성원 중에 누군가 같은 일을 하거나 관련된 직종에 종사하게 되는 모습을 많이 볼 수 있다. 어렸을 때부터 모습을 보면서 성장을 하게 될 경우에 자연스럽게 유아교육에 관심을 갖게 되고 유아교사직이 편안한 직업으로 느껴지게 되는 것이다. 또는 친인척간에 모임이 많은 가정에서는 자연스럽게 어린 동생들과 놀아 주고, 돌봐 주면서 가르치는 일에 관심을 갖게 되기 쉽다. 그러한 가운데 교사가 된다면 '어떤 교사가 되고 싶다'거나 '교사는 어떤 사람이어야 한다'라고 교사상을 갖고 성장을 하게 되고, 결국 교직을 선택하는 경우가 많다. 이와 같이 한 개인이 살아온 가정환경은 유아교사직을 선택하는 동기와 교육신념에 영향을 미치게 된다.

(2) 학교생활에서의 경험

교사가 되려는 학생들은 자신이 학생 시절에 경험했던 교사-학생의 관계가 교사상을 형성하는 데 매우 커다란 영향을 미친다고 하였다(Knowles, 1992; Lortie, 1975). 일반적으로 어렸을 때는 선생님이 되고 싶다는 생각을 많이 한다. 자신이 좋아하는 선생님이 있다면, 구체적인 교사상을 갖기가 쉽다. 예비교사들이 말하는 기억에 오래 남는 선생님은 학창시절 본인이 힘들 때 따뜻하게 대해 주셨던 분, 엄마같은 또는 아빠같은 선생님이였다고 한다. 그러한 긍정적인 관계의 경험을 한 사람들은 교육신념을 형성하는 데 긍정적인 영향을 받게 된다.

(3) 유아교육기관에서의 경험

예비교사들이 유아교육을 선택한 이유와 올바른 교사상을 갖고 있는 경우를 보면 대학생이 되기 전부터 종교단체에서 유아를 돌보는 봉사를 경험했음을 알 수 있다. 또는 대학생이 되어 유아교육기관으로 행사나 환경구성을 돕는 자원봉사를 다녀온 경우 유아교사가 되겠다는 결심이 확고해지며, 교사가 되어 어떻게 지도하고 어떤 교사로 살아갈 것인가에 대한 구체적인 계획을 하기가 쉽다.

아이들을 가르쳐 본 경험은 아이들을 다루는 법, 교수계획하기, 전략 선택하기, 교실에서 편안함 느끼기의 구조적 틀(frame work)을 제공한다(염지숙 외, 2011). 따라서 유아교육기관에서의 경험은 예비교사가 교육신념을 형성하는 데 많은 영향을 미치게 된다.

(4) 직전교육

예비교사들은 교사가 되기 위해서는 전통적으로 가르칠 내용으로 교과내용에 관한 지식과 가르치는 방법에 관한 지식인 교수방법에 관한 지식, 교육학에 관한 지식 등 유아를 지도하기 위한 준비를 하게 된다. 이러한 이론과 실제의 경험은 다양한 지식과 사고의 형성을 도우며 유아교사로서의 신념에 영향을 미친다. 물론, 동일한 직전교육을 이수하였어도 교사직과는 무관한 직업을 선택하는 경우도 있을 수 있다.

한편, 유아교육에서는 교육내용에 대한 지식보다는 가르치는 방식에 초점을 두고 교육이 이루어지고 있다는 것과, 직전교육에서 배운 지식이 현실과 많이 차이가 난다는 비판에도 불구하고 직전교육은 예비교사들의 신념에 영향을 준다(문혁준 외, 2010).

4) 유아교사의 효능감

교사효능감이란 교사가 학습자의 성취에 영향을 미칠 수 있는 자신의 능력에 대한 믿음(Gibson & Dembo, 1984)으로 이러한 정의는 사회인지 이론가인 Bandura의 자기효능감 개념에 기초한다. 많은 연구들에서는 교사가 주어진 문제를 해결하기 위해 요구되는 행동들을 조직하고 실행하는데 있어서 교사효능감이 영향을 미치는 변인으로 간주하였다(이형민, 2009). 한편, 이형민(2009)의 연구에서는 교사효능감이 높고 아동중심적인 교사신념이 높은 교사일수록 직무스트레스를 적게 받는다는 연구결과를 나타냈다.

인간이 자신의 능력을 믿고 일을 하는 것과 믿지 못하고 하는 과정과 결과에는 큰 차이가 있을 것이다. 교육 현장에서 유아들에게 자신감을 통해 잠재능력을 발달시켜야 하는 교사들의 경우 교사 자신이 스스로의 능력을 믿는 것은 매우 중요하다. 즉, 교사는 교사로서의 영향력에 확신을 가져야 한다. 이를 위해서는 자아효능감과 교수효능감의 개념을 이해하고, 점검해 본다면 유아교사의 효능감에 확신이 생길 것이다.

(1) 자아효능감

자아효능감은 특정한 상황에서 요구되거나 의도하는 구체적인 결과를 얻기 위해 필요한 행위를 조직하고 실행하는 능력에 대해 그 개인이 갖고 있는 신념이다(Bandura, 1977). 이러한 자아효능감은 본인의 능력에 대한 믿음이기 때문에 실행하고자 하는 의지와 행동, 결과, 즉 성취수준에 영향을 미칠 수 있다.

교사에게 전문적 능력과 자질보다 더 중요한 것이 있다면 그것은 교사 자신의 건전한 자화상일 것이다. 최근 들어 증가하는 교사들의 영유아 학대 실태는 교사 자신이 건전한 자화상을 가지고 있지 못하기 때문이다.

전문상담인 머리스 와그너 박사는 그의 저서 「가치있는 사람이 된 느낌(The Sensation of Being Somebody)」)이란 책에서 건건한 자화상을 구성하는 세 가지 기본적인 요소를 설명하였다(송헌복 역, 1986). 첫째, 사랑을 받고 있다는 소속감이다. 이것은 누군가가 자기를 원하며, 용납하며, 돌보아 주며, 즐기며, 사랑한다는 것을 단순히 느끼는 것이다. 둘째, 자신의 가치와 중요성을 느끼는 것이다. 이것은 내적 믿음과 감정을 의미한다. 셋째, 자신감이다. 어떤 상황에서든지 잘 처신해 나갈 수 있다는 생각이다.

이와 같이 교사는 가치있는 사람임을 믿으며, 노력하며 소속감과 자신감을 갖는 것이 중요하다.

(2) 교수효능감

Gibson과 Dembo(1984)는 자아효능감을 교육상황에서의 교수효능감(teaching efficacy)으로 연구하였는데, 교사가 학습자의 수행에 미칠 수 있는 능력을 가졌다고 믿는 정도라고 정의하였으며 교수효능감을 측정하기 위해 개인적 교수효능감(personal teaching efficacy)과 일반적 교수효능감의 두 차원으로 분류하였다(권영례 · 김소라, 2011). 개인적 교수효능감은 주어진 상황과 맥락에서 자신이 특정한 수준의 수행을 할 수 있을 것이라는 자신의 능력에 대한 개인적인 신념에 기반을 두고 있다. 일반적 교수효능감은 특정한 상황과 맥락에서 어떤 결과를 도출해 낼 것이라는 개인의 일반적인 신념에 기반을 두고 있다.

개인적 교수효능감은 교사로서 자신의 능력에 대한 자신감으로 Bandura(1977)의 효능기대 개념에 기반을 두고 있다. 일반적 교수효능감은 교육에 의한 유아행동의 변화에 대한 믿음으로 Bandura(1977)의 결과 기대 개념에 기반을 두고 있다.

일반적으로 자아효능감이 높은 교사들이 가르치는 일에 자신을 가지고 학습자의 입장을 고려한다(박은혜, 2009). 즉 자신이 하는 일에 대하여 어느 정도로 수행할 수 있는 능력이 있는지에 대해 높게 평가되는 교사는 유아의 발달 및 학습에 대한 욕구를 충분히 알고 그들에게 적합한 교육을 할 수 있다는 자신감을 갖는다고 볼 수 있다.

Ashton(1984)은 주제통각검사를 통하여 교사효능감이 높은 교사와 낮은 교사간 행동의 차이를 다음과 같이 제시하였다(신명희 · 박명순 · 권영심 · 강소연, 1998).

|표 1-2| 교사효능감이 높은 교사와 낮은 교사의 비교

	교사효능감이 높은 교사	교사효능감이 낮은 교사
개인적 성취에 대한 지각	학생과 함께 하는 일을 긍정적으로 여기며, 긍정적인 영향을 미칠 수 있다고 본다.	자신이 가르치는 행위에 대해 실망과 좌절을 자주 한다.
학생의 성취에 대한 기대	학생들이 진보하고, 자신의 기대를 실현해 줄 것을 기대한다.	학생의 실패를 기대하며, 자신이 노력해도 소용없을 것이라고 본다.
학습에 대한 책임	결과의 책임을 자신에게 찾으며, 실패 학생에게 보다 도움이 될 수 있도록 노력한다.	책임을 학생에게 묻고, 실패의 원인을 학생의 능력, 가정환경, 태도 등에서 찾는다.
목표달성을 위한 전략	교수-학습을 계획하고 목표를 수립하고 달성하기 위한 전략을 세운다.	특별한 목표를 가지지 않으며 전략도 없다.
정서	가르치는 행위와 학습자에 대하여 존재가치를 인정한다.	학생에 대하여 부정적 태도를 갖고 실망을 자주 한다.
통제에 대한 지각	학생들의 학습에 영향력을 행사할 수 있다는 자신감을 갖는다.	학생에 대해 무력감을 경험한다.
민주적인 의사결정	의사결정과정에 학생을 참여시키며 목표 달성을 위한 전략을 수립할 때도 학생을 참여시킨다.	의사결정과정에 학생들을 포함시키지 않고 일방적으로 결정한다.

〈표 1-2〉의 내용을 예비유아교사에게 적용해 볼 수 있다.

|표 1-3| **교사효능감이 높은 교사의 예**

교사효능감이 높은 교사	예시
유아들에게 긍정적인 영향을 미치고 있다.	유아들이 인성교육의 덕목(배려, 존중, 협력, 나눔, 질서, 격려, 효친 등)을 생활 중에 실천하는데 모델이 되고 있다.
유아들이 자신의 기대를 충족시킨다.	유아들이 기본생활습관(예절, 질서, 절제, 청결)을 잘 지킨다.
의사결정과정에 유아들을 참여시킨다.	극놀이의 주제와 진행과정을 결정할 때, 유아들의 의견을 많이 수용한다.

유아교육 현장에서는 〈표 1-3〉의 예시 외에 어떤 내용들이 있는지를 생각해 보면서 교사로서의 능력과 자질 향상을 위한 구체적인 방법들을 알게 될 것이다.

▣ 유아교사의 이미지를 단어로 써 보세요.

천부적 노래 실력을 지녔으나, 일찍이 주먹세계에 입문한 건달 청년이 한 때 잘 나가던 성악가였지만 현재는 시골의 어느 예고 음악 선생님이 된 한 사람을 만나 인생이 달라지게 된다. 주먹과 노래 두 가지 재능을 타고났으나 어려운 가정환경으로 인해 주먹 세계에서 생활하던 청년을 모진 어려움과 유혹을 극복하고 콩쿨에서 입상하도록 고군분투하는 선생님을 그도 믿고 따르게 된다……

감독 : 윤종찬(한국)

가난한 집안에서 태어났지만 미술에 재능이 있는 고아명은 그의 실력을 알아주는 선생님이 전국미술대회에 추천하지만 학교에서 권력을 행사하는 이장 아들에게 밀리게 된다. 결국 선생님은 사직서를 내고 돌아가고, 아명이는 병으로 죽고 만다. 이후 선생님은 그 그림을 출품하여 입상, 국제대회에서도 최우수상을 받는다……

감독 : 양립국(대만)

돌아갈 곳 없이 쓸쓸한 여름방학을 보내는 아이들의 학교에 임시직 교사로 부임해 오면서 강한 체벌로 다스리는 교장에 맞서 아이들의 닫힌 마음을 열기 위해 포기했던 음악을 작곡하고, 노래를 가르친다. 이에 점차 변화되는 아이들의 모습과 능력을 발견하게 된다……

감독 : 크리스토퍼 파라더에(프랑스)

제 **2** 장

유아교사의 전문성

1. 전문성에 대한 이해
2. 전문성의 발달
3. 전문성 신장

직원들의 환심을 사는 가장 좋은 방법 중 하나가 당신의 무지나 약점을 솔직히 인정하는 일이다. 그럼으로써 당신에게는 전문성을 나눌 수 있는 문이 열리며 동시에 당신은 직원들의 치어리더이자, 후원자, 격려자가 된다.

– 캔 블랜차드

한 개의 썩은 사과는 다른 사과들까지 썩게 할 우려가 있다. 그러나 반만 썩은 사과를 아주 버릴 필요는 없다. 썩은 부분만 도려내 버리면, 나머지 부분은 요리해서 먹을 수 있다. 인간도 마음의 썩은 부분을 잘라 버리기만 하면 훌륭한 인간으로 거듭날 수 있다. 교육은 사람을 바로 세울 수 있는 유일한 묘약이다.

– W. 부슈

1. 전문성에 대한 이해

1) 전문성의 개념

전문성은 어떤 분야가 전문직으로서 해당 준거에 충족하는 정도를 의미하는 것으로(노영희, 1998), 비전문가로부터 전문가를 구분시키는 특정 분야에 대해 개인이 보유한 다량의 지식이나 고도의 기술을 보유한다(Ericsson, 1996). 또한 전문성은 업무 수행에 있어서 다른 업무와 구분되는 독자적인 지식과 기술을 필요로 하고(김희규 · 전상훈, 2011), 타고나는 것이 아니라 후천적으로 개발된다(배을규 · 동미정 · 이호진, 2011).

전문성은 개인적 차원과 조직적 차원에서 구분할 수 있다. 개인적 차원에서의 전문성은 개인의 업무 자체에 대한 숙련도와 전문 지식 및 기술의 보유 정도를 의미한다. 전문직은 영어의 Profession의 번역어로 profess(공언하다,

신앙적 교리를 간증하다)라는 말에서 유래한 것으로 다른 사람은 할 수 없거나, 하더라도 불완전하게 하는 것을 나만이 할 수 있다고 공언하는 데서 나온 말인데(한상훈, 1997), 개인적인 차원에서 업무 수행상 전문성이 요구되는 직업을 전문직이라 칭한다(이윤식 외, 2007).

조직적인 차원에서의 전문성은 전문적인 지식이나 기술이 필요한 직업군을 의미하며(권성민, 2010), 직업분류상 한 하위범주로 자신들의 일에 대한 배타적인 권한을 소유한다는 독점과 업무의 이행에 있어서 외부의 개입으로부터 자유롭다는 의미의 자율성이라는 두 가지 특성을 지닌 직업군을 의미한다(Rothman, 1987). 조직적 차원에서 전문직은 전문조직을 활용하고 대중에 대한 신념, 자기규제, 소명의식, 전문적 자율성을 갖고 특수한 능력과 기법, 실천, 서비스 개발에 대한 관심, 개인적인 책임을 지녀야 한다(황해익 · 남미경, 2011).

전문직을 가름하는 준거는 전문적인 이론적 지식과 기술 여부, 일의 수행 과정에서의 자율성 수준, 장기간의 교육의 필요 수준, 평생직업적 성격, 전문직 단체의 존재 여부, 직업윤리의 확립 수준, 표준과 면허제도의 발전 수준, 사회봉사성과 사명감에 대한 인지, 높은 금전적 수입의 보장 여부, 사회적 신뢰와 존경의 획득 여부, 사회적 영향력 구비 등을 들 수 있다(박병현 · 배화숙, 2004; 정무성, 2004; 박종우, 1994). 그러나 전문직의 준거를 충족하는 것이 전문직이 되기 위한 충분조건은 아니다. 이 가운데 일부만 충족시키더라도, 그 일의 성격상 전문적인 지식과 기술을 요구하며 일반직과 분명히 구분되는 전문직으로서의 속성을 지니는 경우에는 전문적 준거(특허, 윤리규정, 단체 등)를 모두 충족하지 않아도 전문직으로 볼 수 있다(김현숙 · 김미숙, 2003).

특정 직업이 전문직으로서 인정받는 것은 그 직업에 종사하는 사람들보다는 그 직업과 다른 직종에 종사하는 사람들의 인식에 기인하는 경향이 크다(김현숙 · 김미숙, 2003). 오늘날의 전문직 개념은 전문 직업인만을 지칭하는 것이 아니라, 현장에서 다양한 경험과 학습 활동으로 탁월한 능력을 갖춘 실천가를 포함하는 개념으로 점차 확장되고 있다(Ericsson & Lehmann, 1996; Tagg, 2007). 직업사회학자들은 전문직을 의사, 법률전문가, 성직자, 그리고 대학교수 등이 포

함된 '고전 전문직'과 최근 권위와 자율성을 획득하고 있으며 높은 수입을 얻는 기술자, 회계사, 건축사, 신문기자, 방송인, 컴퓨터 전문가 등으로 구성된 '신흥 전문직', 그리고 고전 전문직이나 신흥 전문직에 비해 수입이 적고 자율성이 상대적으로 부족하며 대다수 여성이라는 특징을 지니는 간호사, 교사, 사서 등을 '반전문직'으로 분류하기도 한다(Borgatta & Borgatta, 1992).

전문직과 비전문직의 특성을 비교하면 다음 표 〈2-1〉과 같다.

|표 2-1| 전문직과 비전문직의 특성

특성	전문직	비전문직
이론 및 지식	추상적	실용적
권위	고객이 판단 불가능	고객 자신의 판단
직업동기	이타적	이기적
직업자율성 및 공동체 의식	높음	낮음
대중으로부터의 인정	높은 인정	낮은 인정
직업문화의 소유	독특한 직업 문화 소유	특수 문화가 없음
교육기간	장기	단기
교육방식	세분	미세분
교육내용	상징 교육	사물 훈련
직업에의 헌신도	장기적	단기적
윤리규정	발달	미발달

출처: 이홍직(2007).

2) 교직의 전문성 개념의 구성요소

우리나라 교육기본법 제14조에 '학교교육에서 교원의 전문성은 존중되며 교원의 경제적, 사회적 지위는 우대되고, 그 신분은 보장된다'고 명시되어 있다. 교사는 고도의 직업윤리와 직업의식을 바탕으로 원활한 교육활동을 위하여 고도의 지적 활동, 자율성, 사회적 책임성, 교수과정에 필요한 능력과 기술, 학생 생활지도상의 전문적 능력과 기술, 지역사회에 대한 지도력, 교육정책과 계획의 입안과 결정에의 참여 등을 통해 전문성이 확보된다(김현숙, 2002).

교사의 전문성은 교사로서 갖추어야 할 자질과 능력이라고 할 수 있는데, 전문성은 장기간에 걸쳐 필요한 내용을 교육받아야 하고, 폭넓은 자율성을 필요로 하지만 그에 따른 책임을 져야 하고, 자율적인 조직 체계와 전문적 지식을 갖추어야 한다(Spodek, 1975). 교사의 전문성 구성요소에 대해 김이경 등(2004)은 교사로서 갖추어야 할 인성, 가치, 신념, 태도, 지식 등과 관련된 개인차원, 교사가 학교 조직의 구성원으로서 업무 수행 실적 및 능력 조직에의 헌신과 관련한 조직차원, 특정한 사회 문화적 환경 내에서 교사에게 요구되는 자질과 역할을 규정하는 사회차원 등의 세 가지 차원으로 구분하였다.

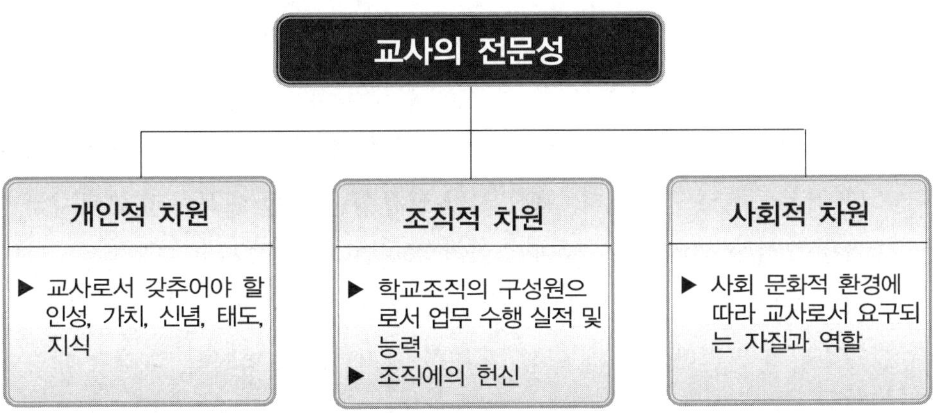

[그림 2-1] 교사 전문성 개념의 구성 요소(1)

출처: 김이경 외(2004).

이윤식 등(2007)은 교사의 전문성을 개인의 차원과 조직의 차원으로 구분하고 양자는 상호 밀접한 관련이 있다고 보았다. 개인적 차원에서 전문성은 업무 자체에 대한 숙련도와 전문 지식 및 기술의 보유 정도를 의미하며 조직적인 차원에서의 전문성은 특정 분야의 업무 성격상 특수성과 전공 분야에 있어서의 업무수행상 수월성의 확보 정도를 나타낸다.

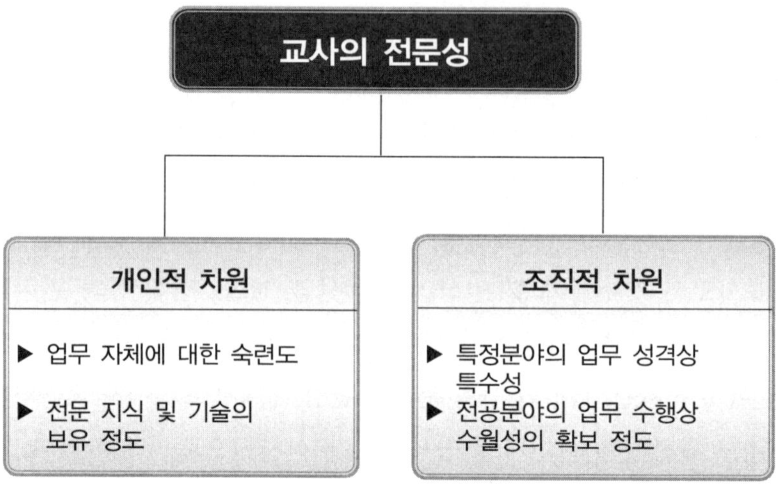

[그림 2-2] 교사의 전문성의 개념 구조(2)

출처: 이윤식 외(2007).

조동섭(2005)은 교사의 전문성을 지식 기반 전문성, 신념 기반 전문성, 능력 기반 전문성으로 나누었다. 지식 기반 전문성은 일반 교육학과 교과지식 및 교과 교육학에 관한 지식, 교과 수업과 관련한 지식, 그리고 교육활동 수행과 관련된 제반 배경이 되는 상황적 지식이 그 기반이 되며, 신념 기반 전문성은 교직수행과 관련한 적성과 인성, 뚜렷한 교직관과 소명의식, 그리고 태도 등 교직소양과 자질에 관련된 전문성을 말한다. 능력 기반 전문성은 지식을 활용하여 학교 교육활동을 성공적으로 수행할 수 있는 수행능력과 관련된 전문성으로 수업수행능력을 포함하여 학급경영능력, 학생상담능력, 지도력 등이 그 기반이 된다.

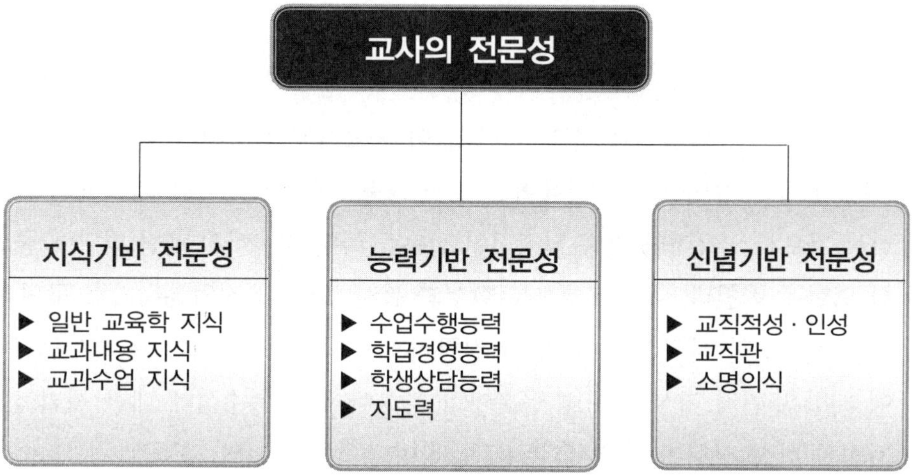

[그림 2-3] 교사 전문성의 개념 구조(3)

출처: 조동섭(2005).

결론적으로 교사의 전문성은 개인적 차원, 조직적 차원, 사회적 차원에서 요구하는 지식, 태도, 기술로 구성된다고 볼 수 있으며 교사로서의 전공에 대한 지식, 수업 및 학생지도 능력, 교직적성 및 인성과 관련된 측면이 매우 중요한 구인이라고 볼 수 있다. 브라질의 교육철학자이자 교육실천가인 프레이리는 그의 저서인 「억눌린 자를 위한 교육학」에서 '교사란 절대적인 사명이 부여된 성직자라거나, 하늘로부터의 어떤 명령을 받는 자를 의미하지 않는다. 오히려 교사란 일종의 전문가로서 보다 나아지기 위해, 그리고 자질과 미덕을 기르기 위해 끊임없이 노력해야 하는 자'로 정의하고 있다(양은주, 2009). 교사는 자신의 전문성 함양을 위해 개인과 조직과 사회적 차원에서 수행해야 할 역할에 충실해야 하며 자신의 전공 분야 및 가르치는 분야의 지식과 교사로서의 능력을 충실히 갖추기 위해 노력해야 하고, 바른 교직 신념을 지니고 있어야 한다.

3) 유아교사의 전문성

유아교사의 전문성은 유아교사가 갖추어야 할 지식과 기술이며, 유아교사로서의 경험과 역할수행, 신념, 책임감이 중요하게 작용한다(Saracho & Spodek, 1993). 원장과 유아교사는 영유아를 위한 교육 · 보육서비스를 계획하고 실천하는 자로서 영유아와 가장 직접적인 접촉을 하며 영유아의 제반 발달에 중요한 영향을 미친다. 유아교사직은 희생과 봉사, 엄격한 직업윤리가 요구되고, 특별한 자질과 사명감, 다른 일반 전문직과 구분되는 창의성, 그리고 영유아에 대한 보편적 지식과 개별 영유아와 가정이 갖는 특수성에 대한 개별화된 지식과 현장 경험이 중요시되는 전문직이다(김은설 · 안재진 · 최윤경 · 김의향 · 양성은 · 김문정, 2009).

특히 유아교사는 단순한 보호, 양육과 같은 수동적 역할만을 기대했던 과거의 사회적 인식과는 달리 유아의 발달과 학습을 촉진하고 미래를 준비시키는 결정적인 역할을 하므로 풍부한 지식과 자질을 갖춘 전문성이 요구된다(신은수 · 권미경, 2004). 유아교사는 유아에게 적절한 교육활동을 계획하고 환경을 구성하고 학급 내에서 유아와 직접적으로 상호작용하는 등 교육활동 전반의 다양한 역할을 수행하므로 교사는 유아교육의 질을 가름하는 주요 변수 중의 하나이며 질적인 유아교육을 지향할 때 교사의 전문성 신장 혹은 자질 향상이 주안점이 된다(김선희 · 백은주, 2010).

흔히 전문성이 있는 교사의 기준으로 '전문적 지식', '전문화', '전문성' 세 가지를 지칭한다. '전문적 지식'은 교사가 가져야 할 전문적 지식이 무엇이며 그것이 어떻게 조직되고 개발될 수 있는지에 관심을 갖는 것이다. '전문화'는 다른 직업에 구분되는 상당한 정도의 자율성을 지녀야 한다거나 장기간의 대학교육을 거쳐야 한다는 것 등에 관심을 갖는 것이며 '전문성'은 교사가 수행하는 일의 성격에 관심을 갖는 것이다(오채선, 2011). 유아교사의 전문성 함양을 위해 새로운 지식에의 접근이 용이해야 한다. 유아교사의 역량을 유지,

개발, 확장하기 위해 평생 교육적 측면에서 전문성의 유지, 개발을 위한 행·재정적 지원을 제도적으로 보장하는 핀란드 교사연수와 같은 자율적 교사연수가 필요하다(이혜경, 2011).

교육현장 또한 전문성을 지닌 유아교사를 원한다. 유아교사 스스로 유아교사직이 전문직이라는 의식을 갖는 것이 유아교사의 정체성을 확립하고 교수효능감을 높여 교수행위가 더 전문화된 단계로 나아가도록 한다(김지은, 1999; Spodek, 1985). 보육교사의 전문성 발달에 가장 큰 영향력을 가지는 변인 또한 보육 효능감이었다(김지영·윤진주, 2011). 그런데 교사의 전문성이라는 것은 단기간에 얻을 수 있는 것이 아니고 장기간에 걸친 부단한 노력 끝에 얻어진다. 교사의 전문성에 대해 Spodek(1975)은 장기간에 걸쳐 필요한 내용을 훈련, 교육받아야 하고, 폭넓은 자율성과 그에 따른 책임을 져야 하고, 자율적인 조직체계와 전문적 지식을 갖추어야 한다고 하였다.

유아교사가 전문성을 갖기 위해서는 바람직한 교육철학, 교육적 문제에 대한 바른 인식, 교직을 바라보는 긍정적인 태도와 감정, 때와 상황에 맞는 적절한 교수법 및 생활지도 개선을 위한 문제해결의 능력과 기술 습득 등이 필요하다. 또한 교직에 대한 올바른 신념, 적합한 교육목표 및 교육계획 수립, 학급경영, 교과 및 생활지도, 특별활동지도, 상황에 맞는 적절한 교육 기자재의 활용, 교육정보 획득을 위한 부단한 노력과 교육시류에 대한 관심, 학부모와 지역사회의 관계, 관련된 문제의 이해 등이 필요하다(김영한·추경진, 2010).

그러나 일반 초·중·고등학교 교사들보다 유아교사의 사회적 지위를 낮게 인식하는 사회적 분위기는 유아교사들의 자긍심을 낮추게 하고 교사 스스로 전문성에 대한 회의를 갖게 된다(이현경, 2000). 김정숙 등(2011)의 연구에 의하면, 유치원 교사의 역할에 대해 유치원 교사는 전문가로, 학부모는 반전문가로, 일반인은 비전문가로 인식하는 비율이 높게 나타났다. 또한 경력이 높은 교사일수록 교육 및 보육에 대한 전문성이 높고 영유아 발달 지식을 높게 인식하였다(김지은·안선희, 2009). 특히 영아교사들 대부분은 보육교사가 전문가

라는 생각을 가지고 있지만(김유진, 2003; 김지은 · 안선희, 2009; 이희선, 2004; 장은실, 2006), 실제적인 측면에서 영아보육의 전문성을 인식하지 못하고 있는 경우가 많았다. 영아보육의 특성상 먹이고 씻기고 잠재우는 등의 보살핌이 절대적이다 보니 영아 보육교사 스스로 자신이 하는 일을 하찮은 일로 여기거나, 특별한 전문적인 기술 없이도 영아를 보호하고 양육하는 역할은 누구나 할 수 있다(안선희 · 김지은, 2010)는 낮은 사회적 인식에서 기인한다고 볼 수 있다.

그러나 유아교사직은 영유아의 발달 및 교수-학습 방법에 대한 전문적인 지식과 많은 경험을 요구하는 전문직이다. 최근에는 유아교사의 양육의 역할보다는 교수자의 역할이 더욱 강조되고 있다. 이는 교육 및 보육서비스를 통하여 유아교사들이 영유아의 전인적 발달을 도모하고, 심리적 · 발달적 상태에 적절한 상호작용을 실행함은 물론 궁극적으로 영유아의 잠재적 능력을 최대한 이끌어낼 수 있는 전문적 역할수행이 이루어져야 한다고 보기 때문이다(박형신 · 김정주, 2010).

4) 유아교사의 전문성 확립을 위한 조건

유아교사의 전문성 확립을 위한 조건으로는 고도의 지적 능력, 사회에 대한 기여, 사전교육과 보수교육, 자율성, 전문적 단체, 윤리강령 등이 요구된다(서문희 · 이미화 · 구미진, 2006). 유아교사의 전문성 확립을 위한 조건을 전문직의 특성 및 기준에 비추어 제시해 보면 다음과 같다.

(1) 교사의 고도의 지적 능력이 요구된다.

유아교사는 유아교육의 올바른 목적을 정확히 이해하고, 유아기 발달 상황에 맞는 교육내용을 선택하고 조직할 수 있어야 하며, 이에 따라 유아의 성장을 조장하고 행동의 변화를 적극적으로 돕는 능력이 있어야 한다. 교육의 계획뿐 아니라 유아교육 현장의 문제를 진단하고 처방하며, 개선하는 역할은 유아교육에 관련된 이론적 탐구 없이 확립되기 어려우며, 교육 대상인 유아의 발달에 대한 깊은 통찰력과 이해를 갖기 위해서는 유아에 대한 깊은 이해가 선행되어야 한다.

(2) 유아교육의 사회 기여도가 요구된다.

유아교육이 사회 기여도 부분에서 소극적 평가를 받아온 것은 공교육으로 운영되지 못하고 대부분 가정의 책임으로 여겨져 왔기 때문이다. 최근 유아교육은 가족 구조의 변화와 여성의 사회 진출로 인하여 요구되는 보호 기능을 적극적으로 수용하므로 지역사회 복지 및 가정의 발전에 기여하는 역할을 담당하고 있다고 볼 수 있으며 앞으로의 사회적 기여도 역시 기대할만 하다.

(3) 장기간의 사전교육과 계속적인 현장교육이 요구된다.

다른 전문직에 비해 유아교사직에 대한 사회적 인식이 낮았던 이유 중의 하나는 교직의 준비기간이 타 전문직에 비해 짧다는 것이다. 그러나 최근 들어 좀 더 장기간의 사전교육을 요구하고 있으며, 현직교육은 다른 전문직의 경우와 비교할 때 결코 뒤떨어지지 않는다.

(4) 자율성이 요구된다.

자율성이란 교사가 자신의 교육관에 따라 유아를 이해하고, 가르치며, 평가할 수 있도록 전문성이 주어져야 한다는 것이다. 이 자율성은 임의로 실천되기보다 전문적 결단에 부과되는 책임이 수반되므로 교육에 있어서 최선의 방법이라고 선택한 것에 대해서는 확신감 또는 책임감을 사회에 보여주어야 한다.

(5) 이타주의가 요구된다.

전문직의 활동 동기는 이타적이어야 한다. 이상적인 전문가란 사회의 이익을 위해서라면 개인적 안락을 포기할 수 있고 시간을 초과하며 근무할 수 있을 정도로 헌신적으로 일을 할 수 있어야 한다. 유아교사 역시 이타적이지 않고는 현장에서 오랫동안 견뎌내기 어려운 직업이다. 유아교사로서 직업에 대한 보람을 느끼며 역할수행에 최선을 다해야 한다.

(6) 전문직 단체가 결성되어야 한다.

유아교사 교권의 확보와 신장 및 교원 복지의 증진 그리고 교사의 전문성을 고양하기 위한 전문교직 단체가 필요하다. 전문직 단체는 자격자와 무자격자들의 제한을 규정하여 자격자를 보호하고, 전문직 특성의 자질을 높이며, 지위향상을 위한 노력을 기울여 오는 것으로서 교직자의 직업안정과 권익옹호를 위한 단체 교섭권을 갖고, 교육정책과 계획에 적극적으로 참여할 수 있어야 한다. 이러한 목적을 위한 전국사립유치원교원연합회, 전국국 · 공립유치원교원연합회, 한국어린이집총연합회 등이 있어 부분적인 교직 권익을 위한 역할을 수행하고 있다.

(7) 유아교사가 지켜야 할 윤리강령이 요구된다.

모든 유아교육자는 유아교육의 목적과 이에 부합되는 교육자의 실천사항을 스스로 규정하고 그 역할에 부응하는 노력을 기울여야 하다. 유아교사를 위한 사도강령과 보육교직원 윤리강령은 유아교사가 유아교육 현장에서 지켜야 할 윤리에 대해 담고 있다.

(8) 유아교사직에 대한 사회적 인식도가 제고되어야 한다.

유아교사직이 전문직으로서 인정받기 위해서는 전문직으로서의 유아교사 스스로의 인식보다는 유아교사직을 전문직으로 인정하는 사회적 인식도가 중요하다. 유아교사직은 아무나 할 수 있는 직종이 아니며 전문직이라는 점을 사회에서 인정할 수 있도록 유아교사직의 접근성이 쉽지 않고 유아교사직의 보수 수준이 상향화될 때 사회적 인식도는 제고될 것이다.

2. 전문성의 발달

교사의 전문성 발달단계에 대한 연구는 1969년 Fuller가 교사의 주요 관심사를 중심으로 실시한 이후 꾸준히 이루어져 왔다(Reiman & Thies-Sprintall, 1998). 교사 발달단계는 교사들의 성장과 발달이 일정한 단계에 따라 직선적 · 순차적으로 발달한다는 이론과 교사의 발달은 누구에게나 일정한 유형으로 발달하기보다는 경력과 연령이 비슷한 교사라 하더라도 교사 개개인의 성장배경이나 자질, 환경에 따라 발달단계의 유형이 다르게 나타날 수 있다고 보는 이론으로 나누어진다(강경석 · 김영만, 2006).

교사들의 성장과 발달이 일정한 단계에 따라 직선적 · 순차적으로 발달한다는 주장의 대표적인 학자는 Katz(1972)이다. 그는 유아교사의 전문성의 발달단계를 첫째, 살아남고 견디는 것에 관심을 둔 생존단계인 생존기(교사 경력 1년 미만), 둘째, 1단계에서 획득한 경험에 토대를 둔 통합 단계인 강화기(경력 1-3년), 셋째, 유아와의 생활과 업무에 익숙해지고 유능해지는 재생단계인 갱신기(교사경력 3-5년), 마지막으로는 전문적인 통찰력과 관점을 추구하는 것에 흥미를 가지며 많은 참여를 하는 성숙 단계인 성숙기(교사경력 5년 이상)로 나누었다.

반면 교사 개개인의 성장배경이나 자질, 환경에 따라 발달단계의 유형이 다르게 나타난다고 주장하는 대표적인 학자인 Burke, Christensen과 Fesslen(1984) 등이다. 이들은 교사의 발달은 개인적 환경과 조직적 환경의 영향에 따라 다른 경로를 취할 수 있는 양면적 가능성을 가진다고 보았다. 이들은 단계의 개념을 도입한 '교사 발달의 순환 모델'을 주장하였다. 이 모델은 모든 교사가 시간이 경과하면 자연적으로 좋은 교사가 되는 것이 아니며 모든 종류의 경험이 누적된다고 해서 교사의 질적인 수준 향상이 자동적으로 보장되는 것이 아니라는 점을 강조한다. 우리나라에서도 최근 교사발달단계를 복합적이고 역동적인 모형으로 이해하는 추세가 강하다(강경석 · 김영만, 2006; 이은숙, 2002; 백승관, 2003). 강경석과 김영만(2006)은 교사들은 연령이나 경력에 따라 일정한 발달단계를 형성한다기보다는 여러 가지 개인적 · 조직적 환경요인에 의하여 개인에 따라 다른 발달단계를 형성한다는 관점으로 접근하면서 다음과 같이 교사발달단계를 구분하였다.

|표 2-2| **교사발달단계 구분 및 교사 특성**

교사발달단계	주요 특징
입문-수용단계	학생과 동료교사에게 인정받기 위해 노력하고 능력은 부족하지만 항상 배운다는 자세로 적극적으로 교사생활을 한다.
능력-구축단계	자신의 학습지도, 기술과 능력을 향상시키고자 노력하며, 새로운 교수자료, 방법, 수업 전략을 추구하고, 전문성 함양에 노력한다.
열중-성장단계	높은 수준의 단계에 도달하지만 여전히 발전을 위해 노력하며, 교직에 애정과 열정이 많고 협조적이다.
안일-안주단계	기대되는 직무는 수행하나 자발적이지 못하고 수동적이며, 직무에 회의감을 가지고 있다.

출처: 강경석 · 김영만(2006).

교사발달단계의 적용 시기는 교직이전의 준비단계를 포함하느냐와 교직생활을 시작하면서부터로 하느냐의 두 가지 주장이 있다. 교직이전의 준비단계를 포함하는 입장은 교사가 되기 위한 결심을 하고 교원양성기관에 들어와 학생지도에 필요한 이론과 실제를 터득하고 있는 시기를 직전교사, 교직이전 관심단계, 교직이전의 시기 등으로 표현하고 이 때를 중요한 교사발달 시기로 보며 Fuller(1969)와 Burke, Christensen과 Fesslen(1984) 등이 대표적인 학자들이다. 반면 교직에 입문하여 교직생활을 하는 순간부터 교사발달을 적용하는 대표적인 학자는 Katz(1972)와 Gregore(1973)를 들 수 있다.

생각해 보기

전문성을 지닌 유아교사가 되기 위해 교사발달단계에 따라 자신이 성취해야 할 목표에 대해 생각해 보자.

3. 전문성 신장

1) 전문성 개발

전문성 개발이란 교사가 그들의 직무나 교육활동을 하는데 필요한 제반 기술과 능력을 개발하기 위해 다양하고 효과적인 교육과 훈련을 받을 수 있는 기반이 마련된 체제를 말한다. 교사의 전문성 신장 방안은 교사 양성기관의 개혁을 통한 방법과 현직 교사교육 개선을 통한 방법으로 나누어 볼 수 있다(심숙영 · 서혜전 · 서영숙, 2002).

교사 개개인은 자신의 전문성을 향상시킬 수 있는 연구대회, 직무연수,

학위취득 등의 활동이나 모임에 참여하도록 해야 한다(전상훈, 2009; Conley, Fauske & Pounder, 2004). 교사의 연구와 연수기능은 전문직의 정당성 확보에 기저를 두고 있으며 변화지향적인 교직 환경에 능동적으로 대처하기 위해서 자기계발을 통해 자신의 전문성을 지속적으로 신장시키는 것이다(김희규 · 전상훈, 2011).

또한 원장과 교사가 상호협력적인 관계 속에서 교수-학습 활동이나 학교의 정책을 결정하는 분위기를 조성해야 하며, 교사들이 교사와 유아의 학습에 대해 긍정적인 가치관을 가질 수 있도록 하고, 교사로서 학급운영이나 교수-학습을 수행하는 과정에서 교사의 전문적인 판단에 의해 자율적으로 의사결정을 할 수 있어야 한다(Williams, 2000).

(1) 교사 양성교육

유아교사의 전문성 강화를 위해서는 교직입문단계라 할 수 있는 교사양성교육이 무엇보다 내실있게 운영되어야 한다(제경숙, 2003). 특히 교육실습은 현장에서의 직접적인 경험을 통해 예비교사 스스로가 지식과 기술을 재구성하고 습득해 나아갈 수 있는 기회를 제공함으로 유아교사의 전문성 발달을 위한 중요한 장이다(NAEYC, 1996, 2000). 특히 0-6세 영유아에게 교사의 역할은 그 어느 시기보다 영향력이 크며, 영유아의 조기 발달과 학습에 지대한 영향을 미친다는 사실을 인식하고 대부분의 유럽국가에서는 0-6세 영유아를 책임지는 전문교사 양성기간이 길어지고 그 수준 또한 높아지고 있다.

교사양성에 소요되는 기간은 유아교사의 전문성을 결정짓는 요소 가운데 하나이다(이은화 · 배소연 · 조부경, 2003). 유치원 교사를 양성하는 기간은 대학원 수준에서 교사를 양성하는 프랑스가 5년으로 가장 길고 일본이 2년으로 가장 짧은 반면 한국, 영국, 독일, 노르딕 국가들은 3년에서 3년 반이 소요되어 그 중간을 차지한다. 영국의 경우는 원칙적으로 3년 과정을 이수하여도 자격증을 취득할 수 있으나, 실제에 있어서는 다른 전공으로 학사학위를 취득한 후 교육학부 대학원에서 교직과정을 이수하고 교사자격증을 취득하는 교사의 비중이 상당히 높은 편이며 독일의 경우는 3.5년 과정의 정규과정을 졸업한 후 2년간의 시보기간을 거쳐 2차 국가시험에 합격해야 정교사 자격증을 받을 수 있으므로 실제로는 5년 이상이 소요된다고 할 수 있다(김명순 · 박은혜 · 신동주 · 정미라, 1999). 프랑스는 유아교사의 전문성을 인정하고 그 역할의 중요성에 대한 인식을 바탕으로 유아교사 양성을 1980년 교육법령(Loi d'orientation sur l'éducation) 이후 IUFM이라는 종합교사 양성기관에서 초등교사와 같은 교육체제 속에서 일원화된 교사양성체제를 시행하고 있다(이화도 · 원수현, 2007).

현재 우리나라 영유아 교사 양성체제는 고등학교 졸업 후 1년간의 양성과정을 마치고도 교사자격을 취득할 수 있기 때문에 영유아 교사의 학력이 저하되고 있다. 영유아 교사의 학력 저하는 전문성의 약화를 초래하고 초 · 중등교사와 비교하여 사회, 경제적인 지위가 상대적으로 낮아지는 결과를 초래한다(한지혜, 2002). 양질의 유아교사 양성을 위해 유아교사도 초 · 중등교사와 동일한 수준의 학력으로 4년제 대학 졸업이나 이와 동등 이상의 학력을 소지한 후 자격증을 취득하도록 하고 장기적으로 4년제 대학에서만 교사를 양성해야 한다(나정, 2001). 또한 유아교육의 정체성과 전문성 신장을 위해 현재 전문대 중심의 3년제 양성체제를 개선하여 교육연한을 4년 이상으로 연장하는 것이 바람직하다(양옥승, 2002). 최근 3년제 유아교사양성대학에서 심화과정을 운영하여 1년 이상의 경력교사들이 1년간의 재교육을 통해 학사학위를 받을 수 있도록 하는 등의 제도 개선은 유아교사 교육연한의 연장이 전문성 확보에 필수적인 과정임을 보여 준다(김낙흥, 2008, 재인용).

각종 매스컴에서 영유아 교사의 자질을 의심하게 하는 아동학대 사례가 빈번하게 보도되고 있는데, 영유아 교사 양성에 소요되는 기간을 최소 3년 이상으로 하여야 교사로서 갖추어야 할 기본적인 자질 및 지식, 태도, 기술을 지닐 수 있다. 이러한 점에서 영유아 교사 양성과정은 3년 이상이 되어야 하며 학력에 따른 차별화된 자격 조건이 부여되는 것이 합리적이라 할 수 있다. 즉 1년 과정으로 양성되는 보육교사 3급 자격은 보조교사로서 역할을 수행하도록 하고 이후 경력을 쌓아서 보육교사 2급으로 승급하는 것이 아니라 3, 4년제 대학을 졸업한 경우에만 보육교사 2급 자격을 주어 정규교사로 인정받도록 해야 한다. 한편으로는 보육교사 2급에서 3년 이상의 경력을 쌓고 승급시험을 통과하면 보육교사 1급의 자격이 주어지는데 보수교육기관에서 개별화된 승급시험을 치루는 것이 아니라 엄정한 국가 승급시험을 통과한 자에게 보육교사 1급의 자격을 취득하게 하여 양질의 교사를 배출하도록 해야 할 것이다.

(2) 재교육

전문성있는 교사가 되기 위해서는 직전교육 뿐 아니라 자질 향상을 위한 현직교육 역시 중요하며(김명주, 2004; 윤희경, 2003), 교사들의 전반적인 자질 향상을 위한 노력이 강조된다. 평생교육의 요구와 함께 교사들에게 보다 전문적인 자질과 능력을 겸비하게 하여 교사들이 제반 업무를 효율적으로 수행할 수 있도록 하기 위한 능력 개발 차원에서 교사 재교육이 계속적으로 요구되고 있다(양옥승, 2002).

현재 우리나라에서는 교사 재교육을 통해 교사의 전문성을 신장시킬 수 있다고 가정하고, 국가적 차원에서 교사들이 재교육을 받을 수 있도록 제도를 마련해 놓고 있다. 이를 위한 법적 근거로 유치원 교사의 경우 '교원 등의 연수에 관한 규정 및 관련 시행규칙', 어린이집 교사의 경우 '영유아보육법 및 관련 규정' 등이 있다. 법률적 용어로 유치원의 경우 '교원연수'란 용어를 사용하고 현직에 있는 교사 재교육은 '현직연수'란 용어를 사용한다. 또한 어린이집의 경우 '보수교육'으로 명명하고 있다(오채선, 2010).

교원 재교육과 관련하여 교육기본법 제14조 제2항에 '교원은 교육자로서 갖추어야 할 품성과 자질을 향상시키기 위하여 노력하여야 한다'고 규정하고 있다. 그리고 교육공무원법 제37조-제38조에서는 '교육공무원에게는 연수기관에서 재교육을 받거나 연수할 기회가 균등히 부여되어야 하며 그 직책을 수행하기 위하여 부단히 연구와 수양에 노력하여야 한다'고 규정하고 있다. 또한 영유아보육법 제23조 제1항에 '보건복지부장관은 보육교직원의 자질 향상을 위한 보수교육을 실시하여야 한다'고 되어 있고, 영유아보육법 시행령 제26조 제1항에 '보건복지부장관은 보수교육의 실시에 관한 권한을 시 · 도지사에게 위임한다'고 명시되어 있다.

영유아보육법 제23조 제2항에 보수교육은 직무교육과 승급교육으로 구분하며 영유아보육법 시행규칙 제20조 제1항에 '직무교육은 보육에 필요한 지식과 능력을 유지 · 개발하기 위하여 보육교직원이 정기적으로 받는 교육으로서 교육시간은 40시간 이상으로 한다'고 되어 있고, 영유아보육법 시행규칙 제20조 제2항에 승급교육은 보육교사가 3급에서 2급 또는 2급에서 1급으로 승급하기 위하여 필요한 교육으로서 교육시간은 80시간 이상으로 한다'고 되어 있다. 영유아보육법 시행규칙 제20조 제3항에 '보수교육의 내용은 보육기초, 발달 및 지도, 영유아교육, 영유아의 건강 · 영양 및 안전, 가족 및 지역사회 협력, 보육사업의 운영에 관한 영역이 포함되도록 하고, 그 구체적인 내용은 보건복지부장관이 정한다'고 되어 있다.

그런데 교사의 전문성을 함양할 수 있는 교원연수와 보수교육 모두 여러 가지 문제점을 지니고 있는 것으로 보고된다. 교원연수는 교원연수원 및 교육대학원을 포함한 여러 연수기관에서 교원의 전문성 향상과 일반적 자질을 배양하기 위해 실시하고 있다. 그러나, 예산 및 교육시설의 부족과 부실한 운영, 막대한 예산의 소요, 전통적 교수-학습 방법 및 시설, 그리고 교원의 과중한 업무와 연수 참여를 위한 시간제약 등의 문제를 안고 있다(김성식, 1999). 보육교사 보수교육 또한 정부의 노력에도 불구하고 여러 가지 문제점을 드러내고 있다. 보수교육 내용이 현장에서 실제로 적용되기 어렵거나 교수방법 역시 주로 강의 중심으로 진행되어 이론과 실제를 연결할 수 있는 기회를 제공하지 못하거나(구현아 · 임양미 · 이혜선, 2009), 보육시설장이나 보육교사의 경

력과 학력과 상관없이 동일한 내용이 제공되어 보수교육의 만족도를 낮추거나(황해익 · 박성미 · 김정신 · 박선해, 2008), 일반직무교육의 내용이 변함이 없다거나(김영명 · 서영숙, 2007), 보수교육기관의 서비스의 질이 낮다(지성애 · 김미경 · 유구종, 2005)는 문제점이 계속적으로 지적되어 왔다.

교원의 전문성 함양을 위해 교원연수 관련 예산이 충분히 배정이 되어야 하고 교육시설이 보강 · 확충되어 교원연수가 원활히 실시될 수 있어야 한다. 교원연수에 참여할 수 있도록 대체교사를 지원하여 유아교사들이 교원연수를 보다 적극적으로 참여할 수 있도록 해야 한다. 또한 유아교육현장에서 필요로 하는 현장밀착형 교원연수가 될 수 있도록 연수의 내용에 대한 개선이 요구된다. 보수교육 또한 교사의 발달단계 및 직급에 따라 차별화된 맞춤형 내용이 제공되어야 한다. 또한 다양한 보수교육기관을 지정해 수요자를 위한 근접거리의 보수교육기관이 많아져야 하며 저널쓰기, 포트폴리오, 사례중심의 문제해결방법을 도입하는 등 보육교사의 경력에 따라 교육기법을 다각화할 필요가 있다(김의향 · 서문희 · 임양미 · 민미희, 2010).

2) 반성적 사고

비판적 사고(critical thinking)와 반성적 사고(reflective thinking)는 종종 유사하게 사용되고 있으나 엄밀히 보면 다르다. 비판적 사고는 바람직한 결과로 이끄는 다양한 사고 기술을 의미하지만 반성적 사고는 일어난 일에 대한 판단하는 과정에 초점을 둔다. 반성적 사고는 '사고(thinking)'에 대한 '사고(thinking)'로서 초인지(metacognition)의 한 부분이라고 할 수 있다. Dewey(1910, 1933)는 반성적 사고를 '자신의 신념이나 실천 행동에 대한 그것의 원인이나 궁극적인 결과를 적극적이고 끈기있게 그리고 주의깊게 고려하는 것'이라고 정의하였다.

반성적 사고의 특성을 규명하는 하나의 방법은 전달 방법을 보는 것이다. 학자마다 반성적 사고의 위계 구조에 대해 다르게 보지만, 기계적, 맥락적, 그리고 변증법적 3가지 수준 혹은 방법에 대해서는 대체로 동의한다. 첫째, 기계적 수준은 과거 경험 참조, 회의 결과에 대한 교사의 능력, 행동/내용/기술에 초점, 단순한 이론적 설명을 의미한다. 둘째, 맥락적 수준은 실제의 대안 찾기, 지식에 기초한 선택과 가치 언급, 맥락과 학생의 욕구에 관련된 내용, 원칙의 분석, 분류, 가치화 등이 포함된다. 셋째, 변증법적 수준은 도덕적 · 윤리적, 또는 사회 정치적 이슈에 대한 언급, 훈련된 질문, 개인적 자율성, 그리고 자기-이해를 포함한다. 반성적 사고의 피라미드는 다음 그림 [2-4]와 같다.

반성적 사고는 복잡한 문제해결 상황에서 학습을 격려한다는 것이 가장 중요하다. 왜냐하면 반성적 사고는 학생들에게 실제로 문제를 어떻게 해결했는지 그리고 문제해결 전략이 목표를 달성하는데 적절한지를 다시 생각해 볼 수 있는 기회를 준다. 자신의 사고를 돌아보는 사고인 반성을 통해서만 자신의 지식과 인지전략에 대해 알 수 있으며, 이러한 앎이 없이는 자신의 인지전략에 대해서 점검하거나 조절하는 것이 불가능하다(이윤정 · 임성민, 2011).

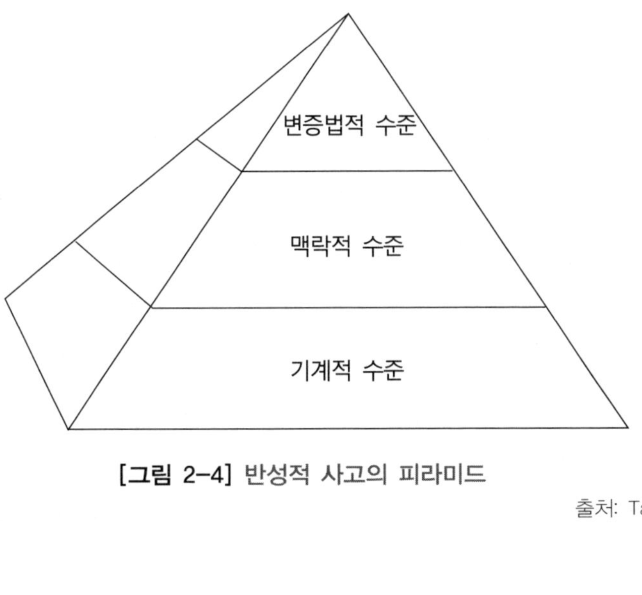

[그림 2-4] 반성적 사고의 피라미드

출처: Taggart(2005).

반성적 사고 과정은 다음 [그림 2-5]와 같다.

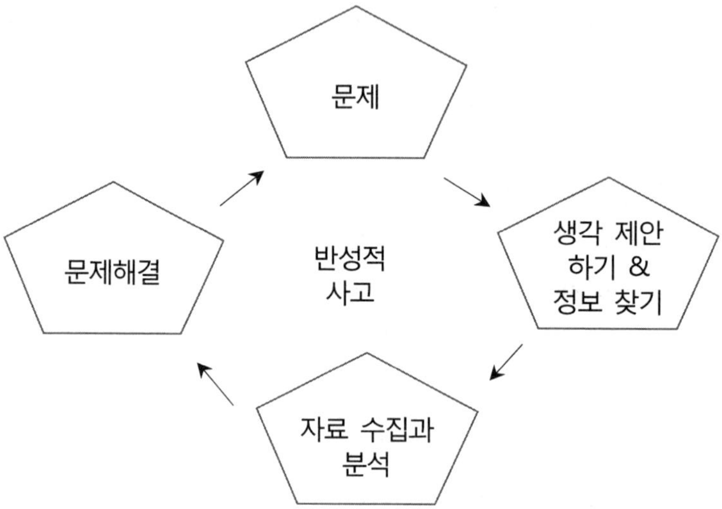

[그림 2-5] 반성적 사고 과정

출처: Lin, Hmelo, Kinzer, & Secules(1999).

반성적 사고가 교사교육에서 중요한 비중을 차지하는 이유는 교육현장이 대학에서 배운 이론적 지식을 불확실성, 특수성 등을 가진 교육현장에 그대로 적용하기 어렵기 때문이다(강현석 · 이자현, 2006). 반성적 사고경험은 교사들로 하여금 대학에서 배운 이론과 실제 교육현장을 적절히 연결할 수 있는 능력을 키워줌과 동시에 현장에서의 다양한 교육 상황들 사이의 갈등을 새로운 시각에서 이해하도록 도와 예비교사와 탐구자로서의 능력 또한 향상시키는 장점이 있어 최근 유아교사교육에서 많이 사용되고 있다(석은조, 2006).

연구 및 반성적 실천인으로서의 역할은 교사가 교직과 관련된 연구와 노력을 하며 자기 개발과 반성적인 실천을 통해 전문성을 신장시키기 위한 역할을 의미한다(이원영 · 송경섭, 2005). 교사의 교수능력과 수행능력은 모방이나 단순한 기술형성으로 이루어지는 것이 아니라, 교수에 대한 반성적 사고 과정에 대한 창조적 과정으로 형성된다(Fein, 1994). 반성적 사고의 교육방법으로는 저널쓰

기, 이야기쓰기, 포트폴리오, 온라인 토론, 현장연구를 통한 멘토링(방유선 · 권귀염, 2011), 정기협의회, 교수행동연구, 세미나, 구조화된 면담 및 분석, 동료와의 대화 등이 있다(Surbeck, 1994).

교사의 역할은 시대의 변천, 사회 및 교육체제의 영향을 받아 변화되는 특성을 보이는데(Troman, 1996), 최근 유아교사의 역할에서 강조되는 것은 연구 및 반성적 실천을 통한 전문가로서의 역할이다(이희경 · 김성수, 2000; 주연희, 2004; Jalongo & Isenberg, 2000). 반성적 사고를 지지하고 촉진하는 활동과 환경의 특성은 다음과 같다(Lin, Hmelo, Kinzer, & Secules, 1999).

- 학습자에게 문제에 답하기 위해서 생각할 만한 충분한 시간을 주고 기다려 주기
- 결과를 다시 평가해 보도록 격려하는 교실 분위기를 정서적으로 지지하기
- 누가 알고 있는지, 무엇을 알지 못하는지, 그리고 학습한 것이 무엇인지와 같은 학습 상황을 다시 평가해 보는 것을 격려하기
- 학습 활동 동안 반성적 사고를 격려하기 위해 덜 구조화된 자료를 포함하여 자료를 제공하기
- 이유와 증거를 구하는 질문을 함으로써 학습자의 반성적 사고를 촉진하기
- 탐색하는 동안 학습자의 사고 과정을 안내하기 위한 설명을 제공하기
- 학습자가 중요하다고 생각하는 것을 탐색하도록 격려하고 덜 구조화된 학습 환경을 제공하기
- 학습자가 다른 사람의 견해를 알 수 있도록 소집단 활동과 또래집단 작업과 같은 사회적 학습 환경 제공하기
- 학습자의 약점과 반대되는 성향 등 학습자의 입장에 대해 적게 하는 반성적 저널을 쓰게 하기

3) 장학

교육의 질적 향상을 주도하는 것은 교사인 만큼 교사는 어느 한 수준에 머무르지 않고 끊임없이 발전해 나가야 하며 현직교사의 전문성 향상을 위한 장학은 매우 중요하다. 장학활동은 교사로 하여금 지적 · 사회적 고립감을 해소시키고 자기 효능감을 발달시키며, 전문적으로 성장할 수 있도록 도와줄 뿐만 아니라 가르치는 것을 배우는 학습자로서의 자신을 되돌아보고 반성할 수 있도록 한다(김신덕 · 김규수, 2006).

유아교사는 가르치는 유아의 연령 및 기관의 다양성 등으로 교직생활을 하는 동안 교육에 대한 가치관, 신념, 태도, 지식, 기능, 행동에 있어 많은 변화와 발달을 보이는데 이러한 변화가 바람직하게 이루어지도록 하기 위해 적절한 장학지도가 실시될 필요가 있다(임승렬 · 김희진, 2002; 조혜경, 2006; Caruso & Fawcett, 1999). 또한 유아교사는 과중한 업무와 시간의 제약으로 새로운 정보나 지식을 습득할 기회가 적기 때문에 장학을 통해 학습의 욕구를 충족할 수 있어야 하며 장학은 교사에 대한 평가의 차원보다는 교사의 전문성을 신장할 수 있는 교수 기술 측면에서 개인적인 발달을 도와주는 접근이어야 한다(Reiman & Thies-sprinthall, 2004).

자율장학은 교사가 자신의 자질을 향상시키기 위하여 외부 자극 없이 스스로 자신을 개발하려는 내적 동기에 의해 이행되는 과정이다. 따라서 교사 자신의 자발적 동기가 무엇보다 중요하며, 교사 자신의 능력에 대한 기대를 바탕으로 하는 교사의 효능감이 우선되어야 한다(권은주 · 한혜경, 2010). 유치원에서 이루어지는 자율장학은 외부의 통제나 지시를 받지 않고 유치원 안에서 원장, 원감, 교사들이 상호협조와 이해 아래 자율적으로 교사의 전문성 신장과 교수-학습 방법 및 환경 개선을 위해 노력하는 과정이며(김봉옥, 1998), 그 결과에 대해 스스로 책임지는 것을 포함한다(박은혜 · 김명순, 2002).

유아교육기관에서 자율장학의 효과가 극대화되기 위해서는 첫째, 유아교육기관이 주체가 되며 유아교육기관의 인적 · 물적 조건, 조직적 · 심리적 특성을 기초로 이루어져야 한다. 장학의 수혜자인 교사의 요구에 기초한 장학이 실시되어야 최대의 효과를 거둘 수 있다. 둘째, 외부의 통제없이 유아교육기관 구성원들이 스스로 교육활동 개선을 위해 장학활동을 계획하고 실천하며, 그 결과에 대해 스스로 책임지는 것을 중요시해야 한다. 셋째, 자율장학은 유아교육기관 구성원들의 협력과 적극적인 참여가 이루어질 수 있도록 여건과 분위기가 조성되어야 한다. 마지막으로 자율장학은 일시적이고 단기적인 과정이 아니라 계속적이고 장기적인 과정이어야 한다(박은혜 · 김명순, 2002, 재인용).

4) 교사 평가

교사의 전문성 개발을 위해서는 교사교육의 질 개혁이 필요하고, 교사교육의 질을 개혁하기 위해서는 교사 평가제의 강화 혹은 교사 자격제도 개혁이 요구된다(OECD, 2005). 이는 교사의 전문성 발달을 토대로 교사평가가 이루어지고, 이를 바탕으로 다단계 교사 자격제도가 실시될 때 교사교육이 전문성 향상과 발달을 위한 교육으로 촉진될 수 있기 때문이다(최영 · 이무상 · 송명섭, 2010).

교원평가제의 도입은 교원의 전문성 향상에 대한 국가적인 책무이고, 교원에 대한 신뢰도를 높이는 것이며, 학생들의 학습권을 보장하는 동시에 학부모들이 알 권리를 보장하고 만족도를 제고하는 것이다. OECD에서 2002-2004년까지 국제공동연구 결과에서도 연구 참여국 25개국 중 13개국이 내용과 방법에 다양한 차이는 있으나 정기적인 교원평가를 실시하는 것으로 나타났다(최민수, 2009). 유치원과 어린이집의 교원평가는 아직 논의되고 있지 않다. 또한 최근 공교육의 질을 높이기 위해 국가적인 관심하에 진행되고 있는 초 ·

중 · 고 학교의 교원평가에서도 유치원 교사는 제외되고 있는 실정이다(최민수, 2009).

생각해 보기

교사 자신과 유아교육기관의 발전을 위해 교사평가에 꼭 필요하다고 생각하는 항목을 생각해 보자.

제 3 장

유아교사의 역할과 자질

1. 유아교사의 역할
2. 유아교사의 자질

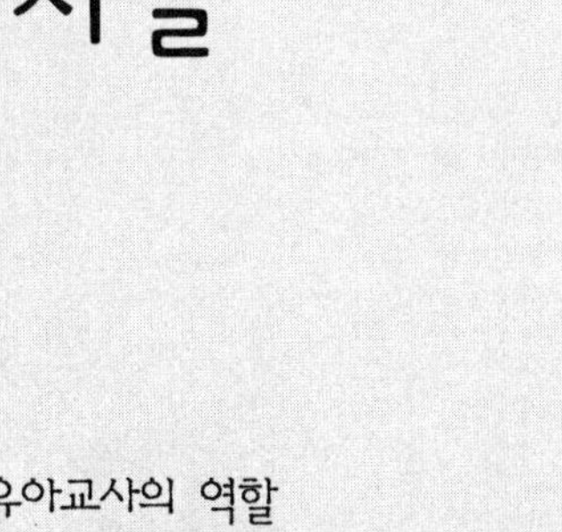
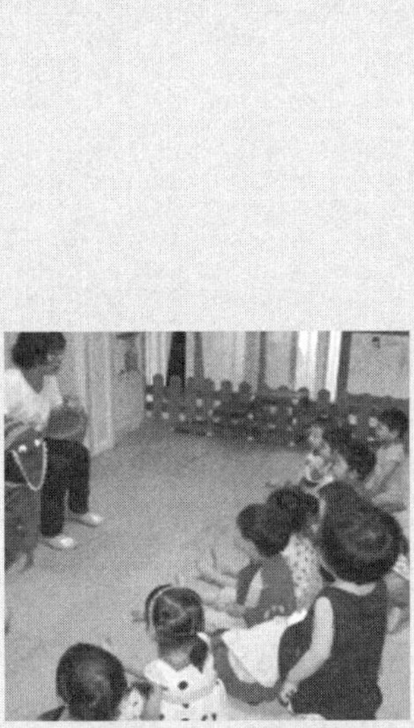
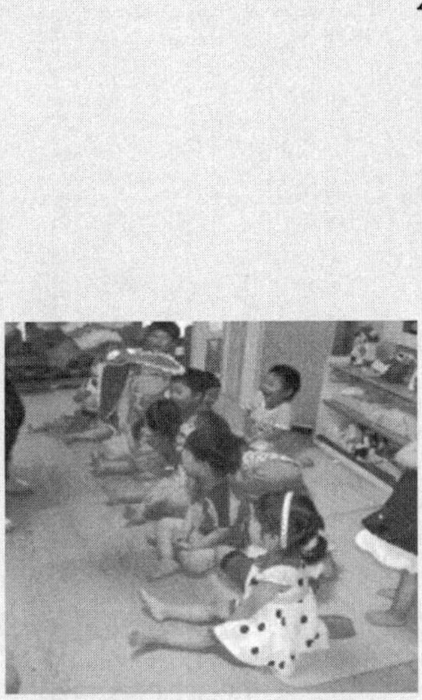

무슨 직업을 택하든 여러분이 어떻게 하면 건전한 대인관계를 유지하고,
자신의 생각을 똑똑히 전하고, 타인의 이야기를 신중이 듣고,
자신의 일과 타인의 일을 계획 준비하고, 열심히 일하고,
또한 열심히 일하기를 즐기고, 자신의 일에 중요한 사람의 얼굴,
이름 및 그 밖의 사항을 기억하는 방법을 안다면 성공할 것이다.
이러한 능력과 솜씨를 지닌 일반 교육을 받은 사람은
거의 모든 직책을 훌륭히 수행할 준비가 되어 있는 것이다.

\- 헨리 포드

1. 유아교사의 역할

1) 역할의 개념

역할은 주어진 사회적 지위나 위치에 따라서 개인에게 기대되는 행동으로 개인이 사회에서 차지하는 특정한 위치를 결정하는 수단으로 사회에서 인정되는 포괄적인 행동유형이다(최명란 · 윤관식, 2011).

교사직은 다양한 역할을 하도록 기대받는 대표적 직종 중의 하나로(Hock & Williams, 1984), 유아교사는 다양한 역할과 많은 업무를 수행해야 한다(김지영 · 윤진주, 2011). 교사직은 다른 직무에서 요구하는 능력의 탁월성과 차별성 외에 바람직한 교사상이 존재함이 전제되어야 한다. 이러한 직업적 특성에 의해 유아교사는 유능한 교사이면서 좋은 교사이어야 한다(최명란 · 윤관식, 2011).

유능하면서 좋은 교사가 되기 위해서는 사회에서 기대하는 역할에 부합하여야 한다. 유아교사가 어떤 역할을 해야 유능하고 좋은 교사가 되는지에

대한 관점은 시대에 따라 변화되어 왔다. 과거에는 유아교육은 단순히 '보호'하는 개념으로 인식되었으나 유아기의 중요성에 대한 연구들이 등장하면서 유아기에 보호 이상의 다양한 경험과 자극을 주어야 한다는 개념, 즉 '교육'의 중요성이 강조되었다. 최근에는 '교육'과 '보호'를 이분화하지 않고 통합된 개념으로 인식되고 있다(오선영 · 강병재, 2002).

2) 유아교사의 역할

(1) 유아교사의 일반적인 역할

유아의 발달적 특징이 복잡함으로 인해 유아교사직은 다양한 역할이 요구된다. 효율적인 업무수행을 위해 전문적인 교육을 거쳐 전문가로서의 교사 역할을 수행해야 함은 물론 끊임없는 자기 향상을 위한 노력이 요구된다. 유아교사는 다양하게 요구되는 역할을 이해하고 교사로서의 책임감과 자부심을 가지며 창의적이고 융통적인 사고로 유아에게 적합한 교육 실제를 구성하는 역할을 수행해야 한다(황윤세 · 장영숙 · 최미숙, 2004). 유아를 지도하는 교사의 역할은 유아의 발달에 보다 민감하게 반응해야 하며, 적절한 상호작용을 통해 유아의 최적의 발달을 도모하고, 무엇보다 유아를 안전하고 건강하게 보호하고 양육해야 한다. 유아교사의 역할을 정리하면 다음과 같다.

① 유아의 보호와 양육을 위한 양육자로서의 역할을 수행한다.

유아교사는 유아의 건강과 안전을 지켜 주고 보호하며 유아의 자조 능력과 바람직한 인격을 형성하도록 돕는 생활 지도자의 역할을 수행한다. 위험한 상황을 통제하며 유아의 안전사고를 예방하고 건강하고 안전하게 성장 · 발달하도록 돕는다(이은화, 1985; 김두범 · 김미경 · 김현희 · 최광희, 2004).

② 교수자로서의 역할을 수행한다.

유아교사의 여러 역할 중 가장 주된 업무이자 역할은 '가르치는 일'이다. 유아교사는 유아를 단순히 보호하는 역할뿐 아니라 발달과 교육에 대한 전문 지식과 기술을 갖춘 교수자로서 교육과정을 계획, 실시, 평가하는 역할을 수행하고 초등학교의 전이경험을 제공해 줄 수 있는 안내자로서 유아들이 초등학교에 안정적으로 적응할 수 있는 발판을 마련해 주는데 중요한 역할을 한다(정대현 · 윤진옥 · 정옥경, 2011; Katz, 1980; Schickedanz et al., 1990; Saracho, 1988, 1993; Spodek, 1988). 유아교사는 학습의 촉진자로서 유아에게 다양한 학습 자료와 학습 경험을 마련해 주고, 유아의 발달 수준에 적합한 활동을 제공하고 유아 스스로 문제를 해결할 수 있도록 격려해 주어야 한다.

③ 유아와 상호작용하는 역할을 수행한다.

유아는 교사와의 적절한 상호작용을 통해 자존감을 향상시키고, 평등하다는 느낌을 가지며, 또래들과 긍정적으로 상호작용할 수 있는 능력을 기를 수 있다(한국보육진흥원, 2011). 또한 교사가 유아와의 상호작용을 통해 유아의 개별적 차이를 파악하고 유아에게 발달적으로 적합한 경험을 제공한다면, 유아의 발달적 요구와 성장가능성을 최대한 이끌어 낼 수 있다(양심영 · 이옥임, 2011). 유아에게 언어적으로 유도하고, 유아의 말을 경청하면서 유아와 효율적으로 상호작용하는 교사의 능력은 교육 및 보육의 질에 절대적인 영향을 미친다(박찬옥 · 구수연 · 이옥임, 2010). 유아교사는 여러 가지 중재전략을 이용하여 안

정된 분위기에서 학습이 유지될 수 있도록 돕는 상호작용자의 역할을 한다. 유아가 사회가치 및 규범을 이해하고 바람직한 방향에서 문제를 해결할 수 있도록 유아의 질문을 존중하고 유아의 생각을 격려하면서 개방적인 질문을 통해 유아가 폭넓은 사고를 할 수 있도록 해야 한다.

④ 유아를 위한 프로그램을 계획하고 실시하고 평가하는 학습의 운영자로서의 역할을 수행한다.

개정표준보육과정과 3-5세 연령별 누리과정 등에 기초하여 연령별, 발달수준별 적절한 연간, 월간, 주간, 일일교육 및 보육계획안을 편성하고, 실시하고, 평가하는 학습운영자로서의 역할은 매우 강조되고 있으며 교사의 교수능력 또한 강조되고 있다. 또한 유아에게 적절한 환경을 제공하고, 자료를 선정 · 배열하며, 유아에게 흥미롭고 적절한 학습 환경을 구성해 주어야 한다.

⑤ 유아를 관찰하는 역할을 수행한다.

유아의 기질, 개성, 성격적 특성을 평상시 관찰을 통해 이해하고 기록해 두어 유아에 대한 객관적인 정보를 부모와 공유하고, 유아의 하루 일과나 특별한 일들을 부모에게 상세히 전달하여 가정과 어린이집과의 연계를 이끌도록 해야 한다. 유아의 현재 발달단계를 정확히 파악하여 부적응 행동이 나타날 때 적절하게 반응하고 유아와 계속 상호작용하면서 유아의 발달상태 및 건강상태, 부적응 행동 등의 여부를 정기적으로 관찰하고 기록하면서 유아의 총체적인 발달에 대한 평가를 한다.

⑥ 유아간 다툼을 중재하는 역할을 수행한다.

유아는 자기중심적인 성향이 강하고 다른 사람의 입장을 고려하지 못하기 때문에 유아간 갈등이 자주 발생한다. 또한 유아는 욕구 충족을 위해 다른 유아에게 공격적인 행동을 보일 수 있으므로 유아간 갈등이 생기기 전에 교사는 예방하는데 초점을 두어야 한다. 이를 위해 놀잇감을 충분히 마련하고 유아의 욕구를 주의깊게 살피고 민감하게 반응해야 한다.

⑦ 유아의 발달단계에 맞는 환경구성 및 프로그램을 마련하는 역할을 수행한다.

유아는 자신의 욕구에 대해 조절능력이 부족하기 때문에 교사가 적절히 하루일과를 구성하는 것이 필요하다. 융통성있게 하루일과를 구성하고 개인별 발달수준과 특성에 맞는 놀이활동을 계획하고 유아의 연령에 맞는 안전하고 견고한 놀잇감을 제공해야 한다(김명희, 2001).

⑧ 유아의 부모와 자녀의 분리를 도와주는 역할을 수행한다.

교사는 가정과 부모를 떠나 유아교육기관의 낯선 환경에 접하게 되는 유아가 정서적으로 안정되고, 교사와 신뢰로운 관계를 유지할 수 있도록 유아의 애정적 욕구를 충족시켜 주어야 한다. 교사와의 안정적인 신뢰감 형성은 유아로 하여금 부모와의 분리를 어려워하지 않고 유아교육기관에 잘 적응할 수 있게 한다.

⑨ 의사결정자의 역할을 수행한다.

교사는 수업과 관련된 자료 및 활동 목표, 내용에 대한 결정을 해야 하며 유아의 부적응 행동에 대한 지도방법에 대한 결정, 학급 및 유아교육기관 운영과 관련된 결정 등 하루 일과 및 주간, 월간, 연간 단위로 해야 할 의사결정의 순간이 많으며 이로 인한 책임을 지게 된다(김지영 · 윤진주, 2011; 최은미, 2008).

⑩ 상담자로서의 역할을 수행한다.

교사는 학부모를 교육하고 상담하는 등의 다양한 역할을 수행한다(Cho & Saracho, 1997). 육아에 대한 상식이 적은 젊은 부모들의 경우 육아로 인한 스트레스를 많이 받을 뿐 아니라 부정적인 부모-자녀 관계를 형성하는 일도 있다. 교사는 유아교육기관의 교육방침을 부모에게 전달하여 유아교육기관에 대한 바른 인식을 하도록 도와야 할 뿐 아니라 부모와의 상담을 통해 자녀의 발달에 대한 정보를 제공하고 부모가 자녀에게 지원할 수 있는 다양한 육아방법을 소개하고 유아교육기관과 연계된 지도가 가정에서도 이루어질 수 있도록 해야 한다. 부모는 유아에 대한 여러 가지 사항을 교사와 공유하고 협조하면서 유아교육기관과 일관된 지도를 해야 한다.

⑪ 연구자로서의 역할을 수행한다.

교사 스스로 교수기술을 향상시키기 위해 노력하고 자기장학 및 동료장학에 참여하여 현장을 기초로 한 연구를 수행한다. 또한 전문가 단체 및 학회, 협회 등에 참여하여 최신 이론을 습득하고 새로운 이론 및 활동을 현장에 적용하려고 노력해야 한다.

⑫ 행사준비 및 진행, 공문처리 등 행정적 업무와 기타 업무를 수행한다.

특히 유아교육기관 평가가 시행되면서 교사들의 행정적 업무와 문서 처리

업무가 늘어났고 청소 및 교재 · 교구 정리, 차량 지도 등의 기타 업무 또한 늘어났다(이원영 · 송경섭, 2005).

(2) 유아교사의 하루일과에서의 역할

① 영아교사의 하루일과에서의 역할

영아반 교사의 역할은 따뜻한 온정적 태도와 교사로서의 전문가적 행동이 함께 어울려 통합될 때 가장 바람직한 역할이 창출될 수 있다(이은해, 1995). 하루일과를 통해 살펴본 영아교사의 역할은 다음과 같다.

- 등원 — 영아가 도착하면 교사는 반갑게 맞이하며 시진을 통하거나 부모와의 대화를 통해 영아의 심신의 건강상태를 파악해야 한다.
- 기저귀 갈이 및 손씻기 — 영아의 생리적 욕구가 어떻게 나타나는지 잘 살피고 영아의 개인리듬에 맞추어 배변상태를 확인하도록 한다. 영아의 기분을 살피면서 기저귀를 자주 갈아주고 기저귀를 갈기 전과 후에는 먼저 교사가 자신의 손을 깨끗이 씻고 이후 영아의 손을 씻어 주도록 한다. 이동식 변기를 이용하는 영아의 경우에는 변기를 자주 세척하여 깨끗한 변기를 제공하고 화장실을 이용하는 영아나 변기를 이용하는 영아 모두 변을 본 후에는 교사의 도움을 받아 손을 깨끗이 씻도록 지도한다.
- 수유 및 이유 — 영아의 월령에 맞는 수유양과 횟수를 알고 영아의 요구에 적절하게 반응해 준다. 위생적이고 깨끗한 젖병을 이용하고 수유 후에는 반드시 트림을 시키도록 한다. 이유식 또한 시기별로 제공해야 하는 이유식 종류 및 내용을 숙지하고 영아에게 음식의 맛을 익히고 이후 세 끼 식사에 대한 준비를 할 수 있도록 지도한다. 세 끼 식사를 하는 영아에게는 바른 자세로 식사를 하도록 지도하고 균형있는 영양을 섭취할 수 있도록 한다.
- 실내자유놀이 — 영아의 발달에 적절한 환경과 놀잇감을 제공해 주고 영아가 흥미있어 하는 활동을 개별적으로 선택하여 놀이할 수 있도록

도와 준다. 영아가 환경에 대한 적극적인 탐색을 하도록 격려하고 다양한 놀잇감을 통해 대 · 소근육 발달 및 제 발달이 이루어지도록 지원한다.

- 낮잠 및 휴식 — 충분한 휴식과 낮잠은 영아의 신체적 발달과 심리적인 안정을 위하여 필요하다. 영아의 생리적 리듬에 따르도록 하되 영아에게 조용하고 아늑한 낮잠 환경을 조성해 주어 편안하게 잠들 수 있게 한다.
- 실외자유놀이, 산책 — 많은 시간을 같은 공간에서 생활하는 영아에게 실내놀이의 연장으로 실외에서 놀이하거나 주변을 가볍게 산책하는 활동은 신나는 학습의 장이 될 수 있다. 실외놀이나 산책을 통해 주변과 자연물을 탐색하고 다양한 대근육활동이 이루어질 수 있도록 한다.
- 귀가 — 귀가 준비시 교사는 영아가 등원했을 때와 특별히 달라진 점이 있는지 확인하고 영아가 스스로 자기의 사물함에서 소지품을 챙길 수 있도록 도와 준다. 영아의 보호자나 대리인을 확인하고 하루일과 중 영아의 발달적 행동 특성이나 특이한 사항에 대해 부모에게 전달하고 영아를 인계하도록 한다.

② 유아교사의 하루일과에서의 역할

만 3-5세 유아는 영아에 비해 일상생활과 관련한 보호적인 상호작용보다는 다양한 놀이와 활동을 통한 교육적 상호작용이 보다 많은 비중을 차지한다. 하루일과를 통해 살펴본 유아교사의 역할은 다음과 같다(김두범 · 김미경 · 김현희 · 최광희, 2004).

- 등원 — 교사는 반갑게 유아를 맞이하고 인사를 나누면서 시진을 한 후 부모에게서 지난 밤 가정에서의 특별한 사항을 전달받는다.
- 놀이계획 및 실내자유놀이 — 교사는 유아에게 새로운 놀이나 활동을 소개하여 유아의 흥미를 자극하고 동기를 부여한다. 교사가 계획하고 준비한 활동이나 유아의 자발적인 놀이가 자연스럽게 진행될 수 있도록 한다. 풍부한 놀이 환경을 준비해 주고 유아의 행동을 관찰하면서 도움이

필요한 경우 적절한 개입을 한다.

• 정리정돈 및 화장실 가기 — 정리정돈을 위해 5분 전 미리 예고한 후 유아가 놀잇감을 제자리에 정리할 수 있도록 도와 준다. 유아가 화장실을 바르게 사용할 수 있도록 지도하고 대 · 소변 후 손을 깨끗이 씻도록 지도한다.

• 대 · 소집단활동 — 유아의 주의집중 시간을 고려해서 1학기에는 한 번에 10-15분 정도의 시간을 계획하고 2학기에는 15-30분 정도의 시간을 실시하도록 한다. 이야기나누기, 게임, 동화, 동시, 음률활동, 과학활동 등을 교사가 일방적으로 주도하기보다 유아가 적극적으로 참여할 수 있도록 유아의 의견을 물어 보고 유아의 생각을 반영해 주는 것이 중요하다.

• 실외자유놀이 — 비가 오거나 너무 덥거나 추운 경우가 아니면 매일 실외자유놀이를 실시해야 한다. 실외놀이터가 없는 경우 실내 유희실이나 옥상 등을 활용한 놀이터나 인근의 놀이터를 이용하여 적어도 하루에 1회 이상 제공하도록 한다.

• 식사 및 간식 — 즐겁게 식사할 수 있는 분위기를 만들어 주며 식사 및 간식시간을 통해 영양교육, 바른 식습관 교육, 기본생활훈련이 이루어지도록 지도한다. 식사 및 간식 이후에는 자신이 먹은 자리를 치우고 식판을 갖다 놓도록 한다.

• 낮잠 및 휴식 — 조용하고 넓은 영역에 잠자리를 준비한다. 커튼이나 블라인드를 내려 적당하게 어둡게 해 주고 조용한 음악을 틀어 주어 편안한 마음으로 낮잠 및 휴식을 취할 수 있게 한다. 연령이 높아질수록 낮잠자기를 싫어하는 유아가 생기는데 억지로 자게 할 것이 아니라 조용히 누워서 쉬거나 조용한 영역이나 독립된 공간에서 다른 유아를 방해하지 않고 쉬도록 한다.

• 귀가 — 부모에게 하루일과를 간단히 전달하고 부모와 인사를 나누면서 유아를 부모에게 인계한다.

3) 유아교사의 역할 갈등

유아교육기관은 학교 조직과 달리 규모가 작고 교직원의 수도 적기 때문에 교사 1인이 담당해야 할 역할기대가 많고 업무 분장에 어려움이 많으므로 역할 갈등이 발생할 가능성이 높다. 또한 교육 대상인 유아의 발달이 급속하게 이루어지고 개인차가 크고, 교육 내용의 선정, 조직, 환경구성 등에 있어서 교사의 자율성이 많이 반영되기 때문에 교사의 역할 부담이 더욱 커지게 된다(송연숙 · 유수경, 2008). 이러한 특수한 상황과 다양한 역할에 대한 기대는 교사로 하여금 더 많은 갈등과 어려움을 겪게 할 수 있다(권승현 · 이승연, 2011).

송연숙과 유수경(2008)이 제시한 역할 갈등의 하위요인으로는 다음의 7가지가 있다.

(1) 교사 개인 관련 요인

교사 자신의 가치관, 신념, 적성, 건강, 가족 관계가 교사로서의 역할을 수행하는데 미치는 역할 갈등의 정도를 의미한다. 유아교사는 자신의 역할을 수행하기 위해 때로는 개인적인 요인을 희생해야 하는데 이에 발생하는 역할 갈등을 말한다.

(2) 유아 관련 요인

유아와의 관계에서 비롯된 갈등요인이다. 유아가 교사의 말을 듣지 않고 반항적으로 행동할 때, 또래 친구에게 공격적인 행동을 할 때 등 다양한 유아의 부적응 행동으로 인해 교사는 자신의 지도방법이 적합한지 고민하고 어디까지 개입해야 할지 갈등을 일으킬 수 있다. 자기만 바라봐 주기를 바라는 개인주의적 성향과 과잉행동 등의 문제행동을 보이는 유아들이 점차 증가하

고 있어서 교사로서 어려움을 겪고 있으며 그 유아로 인해 주변의 유아들에게까지 좋지 않은 영향을 끼치게 되는 상황은 모든 유아를 관리해야 하는 교사로서 깊은 갈등 상황과 직무소진을 갖게 한다(최서영 · 이대균, 2011). 유아들의 예기치 못한 행동이나 문제행동에 의해 교육목표를 달성하기 위한 교사의 노력은 때때로 수포로 돌아가고 그러한 과정에서 교사들은 무력감을 느끼게 된다(최은미, 2008).

(3) 조직 구성원간의 갈등

유아교사는 원장과의 관계, 선임교사와의 관계, 동료교사와의 관계, 후임교사와의 관계 등 조직 내 구성원간의 인간관계에서 오는 갈등을 경험하게 된다. 교사들은 학부모의 요구에 교육적 가치관이 흔들리고, 그때 그때의 상황에 따라 교육철학과 운영방향이 달라지는 원장의 리더십 부재에 어려움을 가지며 경력교사는 후배교사에게 긍정적인 모습을 보여주어야 한다는 부담감을 지니고 후배교사들은 어떤 선배교사를 만나느냐가 유아교사로서의 성공적인 역할 수행이 가능하다고 인식한다(최서영 · 이대균, 2011).

(4) 학부모와의 관계에서 오는 갈등

대다수 유아교사들은 학부모와의 만남에서 스트레스를 받거나, 어려움을 겪는다. 교사들은 자기 자녀만 먼저 생각하는 부모를 이기적인 부모로 보았으며 교사 자신을 무시한다고 여긴다(이윤미 · 박선영, 2010). 유아교육의 성공여부 중 하나는 교사와 부모가 얼마만큼 서로를 인정하고 그 능력에 신뢰를 보이며 협조하느냐가 관건이라는 점을 고려할 때 유아교사와 부모간 긍정적 관계 형성과 협력적 관계의 기본인 신뢰성을 향상시킬 수 있는 구체적인 행동지침이 제공될 필요가 있다(김정숙 · 이종향 · 박영숙 · 조현정, 2011).

(5) 행정 및 업무지원 관련하여 겪는 갈등

유아를 가르치는 업무 외 다양한 행정 관련 업무는 교사에게 업무에 대한 부담을 갖게 한다. 특히 유아교육기관 평가와 관련하여 다양한 행정업무는 교사에게 스트레스를 가중시킨다. 대부분의 유아교사들은 행정과 관련한 업무를 교사의 고유 업무로 보기보다는 추가된 잡무로 여긴다.

(6) 장학 관련 갈등

장시간 유아들과 생활하는 교사들에게 장학은 별도의 업무로 여겨져 장학에 대한 부담감과 갈등을 갖게 한다.

그러나 역할 갈등을 느끼는 것과 역할 갈등으로 인해 역할 수행에 영향을 받는 것은 별개의 문제이다. 역할 갈등을 많이 느끼더라도 자신의 역할수행에 미치는 영향은 적을 수 있으며, 낮은 역할 갈등이 역할을 수행하는데 방해가 되는 경우도 있다(권수현 · 이승연, 2011).

2. 유아교사의 자질

유아의 발달적 특성을 살펴보면 유아기는 일생 중 성장 속도가 가장 빠른 시기이며, 지적 능력과 인성 발달에 있어서 매우 중요한 시기이다. 또한 성장의 요구가 강하여 환경적 배려에 의한 성장의 질이 결정되는 시기이기 때문에 유아교사의 자질은 유아에게 절대적인 영향을 미친다(이은화, 2003). 유아교사는 상호작용 및 평가, 건강과 안전, 기본생활습관, 그리고 가정 및 지역사회와의

교류 등 다양한 영역에서 전문적 지식과 실천 능력을 갖춘 전문가로서의 역할이 요구되며 이러한 역량은 교육 및 보육의 질에 직접적으로 영향을 미친다(안선희 · 김지은, 2010).

훌륭한 유아교사가 되기 위해서는 교육을 과학적으로 이해하고 다룰 줄 아는 능력과 더불어 그것을 철학적으로 숙고하고, 이해하고, 실천할 수 있는 자질을 갖추어야 한다. 유아교사의 자질에 대해 최은미(2008)는 유아교사의 자질을 개인적 자질과 전문적 자질로 구분하였다. 교사의 개인적 자질은 교사의 인성적 특성으로 예를 들면, 온정, 민감성, 활력, 유머감각, 융통성, 또는 인내심 등을 의미한다. 반면 교사의 전문적 자질은 프로그램을 계획하고 실천하는 능력, 부모, 전문가 및 그 밖에 관련되는 사람들을 참여시키는 능력, 유아의 성장 및 발달을 촉진시키는 능력, 고도의 지적 전문성, 직업윤리, 지속적인 전문적 성장 등이 포함된다.

이은화(1995)는 유아교사에게 필요한 자질을 지식, 교수 기술, 교육관으로 구분하여 제시하였다. 지식은 일반 교양 지식, 유치원 교육과정에 대한 지식, 교수 방법 및 평가에 대한 지식, 유아에 대한 지식을 포함하며 교수 기술은 교육과정 구성 기술, 프로그램 실천 및 평가 기술, 의사소통 기술, 부모 및 전문가 참여 기술, 창의성, 융통성, 교재 · 교구의 제작 및 활용 기술 등을 의미하며 교육관은 교육에 대한 소명감, 직업윤리, 전문성 함양의 노력 등이 포함된다. 또한 이경민과 엄은나(2005)는 유아교사가 갖추어야 할 자질의 요소를 개인적 자질과 전문적 자질로 나누고, 개인적 자질은 인성, 건강의 세부적 요소를 포함하며 전문적 자질은 지식, 교수 기술, 행정능력으로 제시하였다.

유아교사가 전문직 역할을 어떻게 수행하느냐는 교사의 자질에 달려 있다. 전문인으로서 교사는 교육을 통하여 바람직한 자질을 더욱 충실히 할 것이 요구되며 이는 교사 양성 교육과정 구성의 주요 지침이 된다(임채식 · 김순환, 2005). 그러나 좋은 교사의 의미와 자질은 사회적으로 구성되며 시대에 따라 변화된다(김병찬, 2005). 좋은 교사의 자질은 모든 상황에 적용될 수 있는 최선의 유일한 것이 없으며, 어떤 자질을 표준화하기도 어렵다. 다만 좋은 교사의 자질로 전통적으로는 인성적 측면이 강조되었으나 점차 전문적인 능력이 함께 강조되고 있다(이경하 · 석은조, 2010).

1) 개인적 자질

유아를 가르치는 일은 인간적인 관계로부터 시작된다. 따라서 훌륭한 교사의 조건으로는 무엇보다 신체적, 정신적으로 건강하고, 원만한 인성의 소유자여야 한다. 그리고 다른 사람과 원만한 인간관계를 형성하고 올바른 가치관을 가지며 다른 사람을 배려하고 사회를 위해 봉사할 수 있는 자세와 태도를 지녀야 한다. 유아교사가 지녀야 할 개인적 자질은 다음과 같다.

(1) 신체적, 정신적으로 건강해야 한다.

유아는 활동성이 강하고 주변을 탐색하는 것을 좋아하기 때문에 교사도 같이 움직여야 하며 교실 안에서 일어나는 모든 일은 교사의 역량에 의지하기 때문에 정신적, 신체적으로 건강해야 한다(김명희, 2001). 건강한 교사는 유아의 요구에 민감하게 반응할 수 있고, 유아를 편안하게 해 줄 수 있으며, 교사로서의 책무를 충실히 이행할 수 있다. 교사는 자신의 건강상태를 정기적으로 체크해서 문제가 생기지 않도록 조심해야 한다. 교사가 자신의 건강에 신경을 쓰는 것은 교사로서 반드시 갖추어야 하는 기본 자질이다(김명희, 2001). 유아교사는 늘 자신의 건강상태를 체크해서 문제가 생기지 않도록 조심해야 한다. 교사가 힘들어 하면 유아의 하루일과도 흐트러지게 된다. 자신의 건강에 신경을 쓰는 것은 교사로서 반드시 갖추어야 하는 기본 자질이다.

(2) 온화한 성품을 지녀야 한다.

온화한 성품이란 교사가 유아를 인정하고 정서적으로 지지하며 관용적 태도를 보이고 유아의 감정을 수용하는 성품을 말한다. 유아교육기관은 유아가 처음으로 가정을 떠나 집단생활을 경험하는 곳이므로 교사의 온화한 성품과 수용적인 태도는 낯선 환경에 놓은 불안감을 덜어주고 정서적으로 안정감을 갖게 한다. 온정적인 교사는 유아와 더불어 생활하면서 기쁨을 느끼고, 명랑하고 풍부한 유머감각을 지닌다.

(3) 인내심과 일관성이 있어야 한다.

유아는 언어적 의사소통이 미흡하기 때문에 자신의 의사를 제대로 이해하지 못하는 교사에게 짜증을 내거나 분노를 표현하기 쉽다. 유아의 부적응 행동을 제재하거나 통제하고자 할 때 특히 유아교사는 부드러우면서 단호한 목소리로 "안돼"라고 말하되 인내심을 가지고 유아의 행동을 교정해 주어야 하며 항상 유아에게 일관된 태도를 보임으로써 유아가 교사의 행동을 이해하고 안정감을 갖도록 해야 한다(박찬옥 · 구수연 · 이옥임, 2010).

(4) 인간과 생명에 대한 존엄성을 지녀야 한다.

유아교육기관의 교사는 유아를 존중하고, 소중히 여길뿐 아니라 다른 사람을 존중하고, 살아있는 모든 생명체를 소중히 하는 태도를 지녀야 한다. 인간과 생명에 대한 존엄성을 지닌 교사는 유아를 인격체로 존중하고 유아가 건강하고 바르게 성장 · 발달할 수 있도록 돕는다. 또한 학대받거나 방임되는 유아를 발견하게 되면 아동보호전문기관에 신고하여 적절한 도움과 지원을 받게 하며 다른 사람이 유아를 학대하거나 방임하는 행동을 할 경우 이를 제지하고자 노력해야 한다.

(5) 성실하고 열정적인 태도를 지녀야 한다.

직업인으로서 성실하고 일에 대해 열정적으로 임하는 자질은 필수적으로

요구되는 태도이다. 교사는 유아뿐 아니라 자신의 삶에 의욕을 가지고 최선을 다하여 교직에 임해야 한다. 자신이 맡은 바 임무에 최선을 다하는 교사의 성실하고 열정적인 태도는 유아에게도 좋은 모델링이 될 수 있다. 또한 유아의 교육을 위해 필요로 하는 전문적인 지식과 기술을 연구하고 탐색하는 태도는 교사로서의 전문성을 발달시키며 양질의 교육 및 보육서비스를 가능하게 한다.

(6) 유아교육 및 보육에 대한 사명감을 지녀야 한다.

유아교사가 된다는 것은 어렵고 힘든 일이지만 그 만큼 즐겁고 보람있는 일이라는 사명감을 지녀야 만이 유아에게 좋은 교사가 될 수 있다. 유아를 사랑하고 유아의 욕구에 민감하게 반응하면서 유아의 발달을 지원하는 교사의 직무에 충실하면서 유아교사로서의 자긍심을 지닐 때 양질의 보육서비스를 제공할 수 있다.

(7) 교육활동을 합리적으로 사고하고 판단하고 추진해 가는 합리적인 태도를 지녀야 한다.

합리성이란 어떤 활동이 따라야 할 원칙, 원리, 법칙, 혹은 규범이라고 할 수 있다. 합리성을 존중하는 교사는 원칙에 충실하게 가르치고 지도할 것이기 때문에 편견, 선입견, 억견, 감정에 치우지지 않는다(이병승, 2008). 유아의 성별, 인종, 가정환경, 소득수준 등의 요인에 의해 편견이나 차별을 하지 않고 모든 유아를 공평하게 대하는 교사의 태도는 유아가 평등하게 대접받고 있음을 느끼게 하며 모든 일에 같은 권리를 지닌다고 느끼기 때문에 적극적으로 참여하게 한다.

(8) 유아 안전사고 예방과 관련한 주의력과 판단력을 지녀야 한다.

유아는 끊임없이 움직이고 주변을 탐색하므로 언제 어디서든 사고가 발생할 수 있으며 사고로 인한 피해 또한 크다. 유아교사는 유아의 행동에 주의를 기울이고 관심을 보이는 한편, 불시에 발생하는 상황에 대해 정확한 판단을 내릴 수 있어야 한다. 교사는 유아를 항상 주의깊게 감독해야 하며 사고 시 적절하게 대처할 수 있는 상황 판단력과 주의력이 요구된다(Balaban, 1992).

(9) 원만한 인간관계를 갖는 능력을 지녀야 한다.

교사는 같이 근무하는 동료 교사들과 상호 협력관계를 유지해야 하며 원장과도 원만한 관계를 유지하여야 한다. 또한 부모들과 우호적인 관계가 형성되고 유지되어야만 유아들에게도 교육적 효과도 기대할 수 있다. 원만한 인간관계는 기술이라기보다 마음에서 비롯된다.

2) 전문적 자질

교사의 전문적 자질은 유아교육에 관한 전문적인 지식과 교육과정을 구성하고 실천하고자 하는 태도, 교재 · 교구를 제작하고 활용하는 교수 기술적인 태도, 교육 및 보육에 대한 소명감과 직업 윤리의식과 관련된 교육관으로 나누어 볼 수 있다.

(1) 유아교사는 유아교육에 관한 전문적 지식을 갖추어야 한다.

유아교사는 유아교육현장의 독특하고 역동적인 특징을 이해하고 당면문제 상황에서 가장 적절한 방안을 새로이 이끌어 낼 수 있는 전문적 자질을 겸비해야 한다(조부경 · 김정화, 2000). 유아교육에 대한 전문적 지식을 갖추기 위

해서 표준보육과정과 누리과정, 교수-학습 방법 및 평가에 대한 폭넓고도 정확한 지식을 지녀야 한다. 이외에 유아교육에 영향을 주는 사회문화적 제반 분야에 대한 일반 교양지식도 갖추고 있어야 한다. 교사의 유아의 발달에 대한 지식은 유아-교사 상호작용에 영향을 미치는 변인으로(박유미, 2008; 이정미, 2007), 유아교사는 유아 발달에 대한 최신 이론과 지식을 갖추기 위한 지속적인 노력을 통해 자기 계발을 해야 한다.

(2) 유아를 대상으로 가르치는 교수 기술을 지녀야 한다.

유아교사는 유아교육현장에서 교육 및 보육 프로그램을 계획하고, 실천하는 능력을 지녀야 하며 교수-학습 과정에서 필요한 교재 · 교구를 제작하고 효과적으로 활용할 수 있는 기술을 갖추어야 한다. 대체로 수업을 잘 하는 교사가 다른 업무들을 처리하는데 있어서도 열성적일 가능성이 있다. 그러나 반드시 수업 자질이 교사 자질을 결정하는 충분조건은 아니다. 왜냐하면, 수업은 잘 하지만 인문적 소양이 부족하거나 학생지도 및 상담에 소질이 없거나, 학급관리 및 경영에 소질이 없는 교사도 많다(이병승, 2008). 또한 유아교사는 발전적이고 창의적인 사고 능력을 지녀야 하고 날씨의 변화나 유아교육기관의 상황에 맞추어 교육프로그램을 융통성있게 운영할 수 있는 능력을 가져야 한다. 한편으로는 유아뿐 아니라 부모교육도 실시해야 하므로, 부모 및 관련 전문가들과의 상호 협조 체제를 유지하고, 가정과 지역사회의 자원 인사들을 유아교육기관의 교육에 참여시킬 수 있는 능력을 갖추어야 한다.

(3) 유아교사는 올바른 교육관 및 직업윤리를 가지고 있어야 한다.

유아교사는 자신의 전문성을 계속해서 함양하기 위해 노력해야 하며 교육에 대한 소명감을 가지고 교사로서의 직업윤리를 지녀야 한다. 유아교사로서 지켜야 할 윤리의식을 지니고 다른 동료들과 협동하고 사회에 봉사함으로써

유아교육의 발전과 나아가 유아교사의 지위향상에 동참할 수 있는 태도를 갖추어야 한다.

생각해 보기

1. 유아교사의 역할 중 가장 중요한 역할이 무엇인지 생각해 보자.
2. 유아교사의 자질 중 가장 중요한 자질이 무엇인지 생각해 보자.

제 4 장

유아교사의 양성교육제도

1. 유아교사 양성교육제도의 변천
2. 유아교사의 자격기준

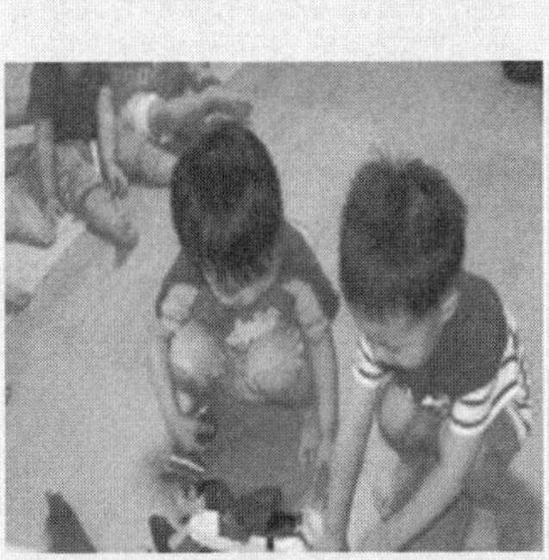

> 자신은 빼고 다른 사람들을 교육의 대상으로 보고 가르치려고 하는 사고방식을 '교육주의'라 부르고, 자신을 항상 배우는 사람으로 인식하고 스스로 먼저 배우기 위해서 노력하는 자세를 '학습주의'라 부를 수 있다, 교육주의자는 자신이 아는 것이 많고 인격도 높다고 생각하는 반면, 학습주의자는 아직도 스스로 아는 것이 적고 인격도 더 수양해야 한다고 생각한다.
>
> \- 김신일, 2006

1. 유아교사 양성교육제도의 변천

1) 유치원교사제도

우리나라의 유치원교사제도는 미국에 도입되었던 프뢰벨식의 유아교사교육이 선교사들에 의해 전해지면서 시작되었으며, 해방 전과 해방 후로 나누어 살펴볼 수 있다.

(1) 해방 전 유아교사의 양성제도

우리나라 초기 유치원 교사 양성기관의 교육과정은 이론적으로는 프뢰벨과 진보주의 교육원리에 기초를 두었고(이상금, 1981; 이원영, 1981), 학과목 교육보다는 실습이 중심(이상금, 1981; 손영의, 1973) 내용이었다(서울대학교교육연구소, 1998).

우리나라의 유아교사 양성은 1915년 당시 이화학당의 교장이었던 프라이 여사가 이화학당에 2년 과정의 유치원 사범과를 설치함으로써 시작되었다(이상금, 1987;이은화 · 배소연 · 조부경,1995). 이어 1922년에는 중앙유치원에 중앙유치원 사범과가 설립되었는데 이는 혜택받지 못하는 아이들을 위한 교사들을 양성하는데 목적을 두었다.

1922년 제2차 조선교육령이 공포됨에 따라 기존의 학교 체계가 일본의 학교체계에 맞게 정비, 변경되었고 이에 유아교사 양성기관들도 보육학교로 명칭을 바꾸게 되었다. 1931년에 보육학교로는 중앙보육학교, 이화보육학교, 경성보육학교가 있었다.

(2) 해방 후 유아교사의 양성제도

유아교사의 양성은 해방 직전부터 시작되어 3년제 전문학교의 보육과에서 주로 이루어졌다. 1940년 이화보육학교가 이화전문학교의 보육과로 편입되었으나, 1943년 일제의 탄압에 의해 폐지되었다가 해방과 함께 재개원되었다. 또한 중앙보육학교는 이 때 중앙여자전문학교의 보육과로 이름을 바꾸어 유아교사를 양성하기 시작하였다(이원영, 1981; 이은화 외, 1995).

1945년 이후에 유치원 교사양성기관은 생활중심, 흥미중심, 활동중심, 경험중심 교육을 강조하는 경향이 있다. 즉 광복 후 유아교육계는 생활에서 실제 일어나는 문제를 다루고 유아의 흥미와 욕구를 교육에 반영하는 점을 강조하고 있다(서울대학교교육연구소, 1998).

1946년 한국교육위원회에서 교육제도를 조정 및 확립함에 따라 이화전문학교가 이화여자대학교로, 1947년 중앙여자전문학교가 중앙여자대학으로 승격되었다. 이에 이화여자전문학교의 보육과는 학림원 아동교육과로 승격되었으며, 중앙여자전문학교의 보육과는 일단 폐지되었다(이원영, 1981). 이들 전문학교에서의 유아교사 양성의 특징을 살펴보면 유아교사를 양성한 연한은 짧으나 종전의 2년제에서 3년제로 교사양성 교육기간이 늘어났다는 것, 교과과정이 보육학교의 그것에 비해 다양해졌다는 것, 실습시간이 많이 감소하였다는 것 등이 특징이다(이기숙 · 이연섭 · 이영자, 1984; 이은화 외, 1995).

1980년대 이전까지의 우리나라 유아교사 양성은 전적으로 사학에 의존해 왔지만 1980년에 처음으로 국립대학인 부산대학교와 전남대학교에 유아교육학과가 신설되고, 1985년에 한국교원대학에 신설되면서 국가에서 유아교사 양성이 시작되었다. 또한 1980년대부터 아동학과 및 아동복지학과에서 교직을 이수한 학생들 중 졸업생의 30%에 해당하는 수의 학생들이 자격증을 취득하게 됨으로써 아동학과에서도 유아교사를 배출하게 되었다(권건일 · 신재흡, 2006). 또한 1994년 교원자격검증운영지침에 의하여 교육대학원에서도 각 대학의 장이 교육대학원에서 유아교육을 전공하고, 석사학위를 받은 사람들에게 유치원 2급 정교사의 자격을 줄 수 있게 되었다.

우리나라의 유치원 교사는 유아교육법과 교원자격검정령에 근거하여 양성되고 있다. 유치원 교사의 양성은 2년제, 3년제의 유아교육과와 4년제 대학의 유아교육과 및 아동관련학과, 교육대학원에서 이루어지고 있으며, 2011년까지의 학교개황을 살펴보면 다음과 같다.

|표 4-1| **학교개황**

(단위 : 개교, 명)

구 분	학교수			학생수			교원수		
	'09	'10	'11	'09	'10	'11	'09	'10	'11
유치원	8,373	8,388	8,424	537,361	538,587	35,415	36,461	36,461	38,662
초등학교	5,829	5,854	5,882	3,474,395	3,132,477	175,068	176,068	176,754	180,623

출처 : 교육과학기술부http://www.mest.go.kr/

2) 보육교사제도

보육교사제도는 탁아소에서 시작되어 지금의 보육으로 발전한 역사를 통해 보육교사 양성의 과정을 이해할 수 있을 것이다.

1969년부터 탁아소라는 명칭으로 실시되었던 유아교육기관을 어린이집으로 바꾸었으며, 1982년에는 어린이집과 농번기 탁아소를 새마을 유아원에 통합하게 되었다(이기숙 역, 1988). 보육교사의 양성은 앞서 소개된 유치원교사의

양성과정에서 알 수 있듯이 보육과 교육의 구분이 특별히 없었으며, 1915년부터 시작된 유아교사의 양성으로 이해할 수 있다. 그럼에도 그 이전에는 보육을 하는 교사를 보모라고도 불렀으며, 자격증이 없는 경우도 많았다고 볼 수 있다.

한국여성개발원에서 1985년부터 실시하고 있는 프로그램으로 가정탁아 훈련프로그램의 목적이 여성 인력을 활용하고 탁아모를 양성하여 새로운 직종으로 확장하고자 고졸출신 25~55세의 여성을 중심으로 8주간 130시간의 가정탁아 및 유아교육에 관한 강의를 받게 하였다(이기숙 역, 1988).

영유아의 보호가 필요해서 시작된 탁아가 영유아보육법이 제정되면서 교육과 보호를 위한 보육으로 자리매김하게 되었고, 보육교사는 고등교육법에 의한 대학(전문대학)과 영유아보육법에 근거하여 보육 관련부처가 위탁하는 형태로 보육교사교육원에서 1년간의 교육을 통하여 배출하여 왔다. 보육교사라는 직업명은 1991년 영유아보육법에 의하여 보육시설 종사자에 포함되어 사용되기 시작하였다.

1991년 영유아보육법에 의하면 전문대학 및 대학교의 아동복지과, 가정학과, 초등교육학과, 심리학과, 특수교육학과, 간호(학)과, 사회복지학과, 유아교육(학)과, 아동학과, 사회사업학과, 가정교육학과, 가정관리학과, 보육학과 등의 학생들이 영유아보육 시행규칙에 제시하고 있는 보육관련 교과목을 이수하고 일정기간 보육시설(현, 어린이집)에서 보육실습을 마치면 보육교사 1급 자격을 인정받았다(서영숙 · 이미화 · 임승렬 · 조부경, 2005). 하지만 현재는 4년제대학교와 전문대학에서 모두 보육교사 2급 정교사의 자격을 취득할 수 있다.

보육교사의 자격은 학점이 누적되어 일정 기준을 충족하면 학위취득이 가능한 학점은행제 학위과정을 통해서도 취득할 수 있다. 이는 교육원이나 대학의 교육과정과는 구별된 문제가 제기되고 있으며, 신중히 검토되어야 할 부분이기도 하다.

2011년 12월말 기준 보육통계 자료에서 설립주체별 원아수의 현황을 살펴보면 다음과 같다.

|표 4-2| 어린이집 현황

(단위: 명)

구분	설립주체별						
	계	국·공립 어린이집	법인 어린이집	민간 어린이집	가정 어린이집	부모협동 어린이집	직장 어린이집
계	1,348,729	143,035	112,688	757,323	308,410	2,286	24,987

출처 : 보건복지부 2011. 12 보육통계(보건복지부 통계에서 주체별 소계만 재구성함).

어린이집 보육교직원은 보건복지부(2011. 12, 보육통계)의 통계자료에서는 20인 이하, 40인 미만, 40인 이상 어린이집으로 원장을 구분하고 있으며 총 39,546명이다. 보육교사는 보육교사, 대체교사, 방과후교사, 시간연장보육교사, 시간제 보육교사로 구분하고 있으며 총 180,247명이다. 보육교사 외에도 특수교사가 1,341명이며 치료사, 영양사, 간호사, 간호조무사, 사무원, 취사부로 구분되고 있다.

2. 유아교사의 자격기준

유아교육기관인 유치원과 어린이집에 근무하기 위해서는 유치원 교사 자격증과 보육교사 자격증을 취득해야 하며, 이는 교사양성 교육기관에 입학하여 일정한 기간 동안 학점 및 실습을 이수하는 등의 양성교육을 받아야 가능하다. 영유아를 교육하는 교사의 양성교육은 이원화되어 있으며, 양성기관에서의 교육과정, 실습시간 등 취득할 수 있는 방법에도 차이가 있다.

1) 유치원 교사 자격기준 및 이수교과목

(1) 유치원 교사 자격기준

유치원 교사의 법적 자격기준을 보면, 유치원 교사의 자격교원이라 함은 원장, 원감 및 교사를 의미한다고 「유아교육법」 제22조 제2항(별표 2)에 명시되어 있으며, 동법 제1항(별표 1)에서는 유치원 교사와 원장 및 원감의 자격기준을 다음과 같이 제시하고 있다.

|표 4-3| 유치원 교사의 자격기준

급별	자격기준
정교사(1급)	1. 유치원 정교사(2급) 자격증을 가진 자로서 3년 이상의 교육경력을 가지고 소정의 재교육을 받은 자
	2. 유치원 정교사(2급) 자격증을 가지고 교육대학원 또는 교육과학기술부장관이 지정하는 대학원의 교육과에서 유치원 교육과정을 전공하여 석사학위를 받은 자로 1년 이상의 교육경력이 있는 자
정교사(2급)	1. 대학에 설치하는 유아교육과 졸업자 2. 대학*(전문대학 및 이와 동등 이상의 각종 학교와 「평생교육법」 제31조 제4항에 따른 전문대학 학력인정 평생교육시설을 포함한다) 졸업자로서 재학 중 소정의 보육과 교직학점을 취득한 자 *산업대학 포함 3. 교육대학원 또는 교육과학기술부장관이 지정하는 대학원의 교육과에서 유치원 교육과정을 전공하고 석사학위를 받은 자 4. 유치원 준교사 자격증을 가진 자로서 2년 이상의 교육경력을 가지고 소정의 재교육을 받은 자
준교사	유치원 준교사 자격검정에 합격한 자

* 비고
① 원장, 원감, 초·중등교육법의 규정에 의한 교장·교감, 교육장·장학관·장학사·교육연구관·교육연구사의 경력연수는 교육경력 연수로 볼 수 있다.
② 이 표 중 전문대학에는 종전의 초급대학·전문학교 및 실업고등전문학교를 포함한다.

예비유아교사들은 졸업하기 전부터 유치원교사로 시작하여 원감, 원장의 자격을 갖고 유치원을 운영하는 꿈을 갖고 취업을 준비한다. 이러한 꿈을 실현하기 위해서는 유치원교사의 경력을 3년 이상 유지해야 원감자격의 연수 받을 자격이 주어지며, 또한 원감의 자격을 3년 이상 유지해야 원장자격의 연수 받을 자격이 주어진다. 이를 표로 제시하면 다음과 같다.

|표 4-4| **유치원 원장 및 원감 자격기준**

급 별	자격기준
원장	1. 유치원 원감 자격증을 가지고 3년 이상의 교육경력과 소정의 재교육을 받은 자 2. 학식 · 덕망이 높은 자로서 대통령령이 정하는 기준에 해당한다고 교육과학기술부장관의 인정을 받은 자
원감	1. 유치원 정교사(1급) 자격증을 가지고 3년 이상의 교육경력과 소정의 재교육을 받은 자 2. 유치원 정교사(2급) 자격증을 가지고 6년 이상의 교육경력과 소정의 재교육을 받은 자
비고	원장 · 원감, 초 · 중등교육법의 규정에 의한 교장 · 교감, 교육장 · 장학사 · 교육연구관 · 교육연구사의 경력 연수는 교육경력 연수로 볼 수 있다.

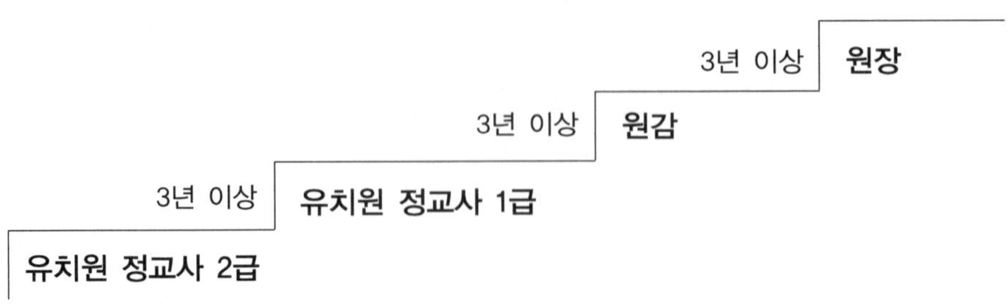

[그림 4-1] 유아교육전공자의 승진과정

유아교육의 양질의 변화에 따라 유치원교사의 사회 · 경제적 측면에서도 많은 변화가 있어 왔다. 공 · 사립교사의 현재까지 수많은 교사들이 양성되었고, 예비교사 또는 사립유치원의 교사들은 신분보장을 위해 공립교사를 선호하는 경향이 있다. 공립교사가 되기 위해서 대학교를 다니면서 임용고시를 준비를 하거나 직장을 그만두고 임용고시 준비에 전념하는 교사 출신들도 있다.

경기도교육청 발표에 의하면 2009학년도 경기지역의 초등 경쟁률은 2.15 대 1, 중등은 27.02 대 1임에 비하여 유치원은 47.28 대 1이었다. 이는 초 · 중등의 교사 선발자수에 비하여 유치원 교사의 선발자수가 적음에도 기인할 수 있으나, 그보다는 현재 유치원 교사들이 그 수요에 비해 지나치게 공급되고 있음에 그 이유를 찾아볼 수 있다(김경철 · 장연주, 2010). 그럼에도 불구하고, 유아교육과를 지원하는 학생들의 경우 한 번쯤은 국 · 공립교사가 되는 꿈을 가져보기는 한다. 김경철과 장연주(2010)가 임용시험을 경험한 공립유치원 교사들을 대상으로 한 연구를 보면, 그들은 임용시험 준비기간 동안 학교보다는 학원에 의존하였고 학교와 시험문제 간의 괴리감을 느꼈으며, 임용시험의 교육과정과 교육학 필기시험, 논술시험, 면접 및 수업실기평가 등에 문제점이 있다고 인식하는 것으로 나타났다.

임용시험에 대한 지적은 그 동안 계속되어 왔으며, 유아교사의 전문성 제고와 유아교육의 현안을 놓고 진행된 학술대회에서 유치원교사 현행 임용제도의 개선방안(박은혜, 2011)이 제안되었으며 그 배경은 다음과 같다. 첫째, 현행 임용제도는 교사의 개인적 자질 및 정의적 영역(예: 인성, 교육관, 윤리의식, 사명감 등)을 측정할 기준과 방법이 부족하다. 둘째, 현장에서 요구되는 수업능력, 실제 교수 기술을 측정하기 어렵다. 셋째, 교사양성과정 대학의 교육과정과 임용시험과의 연계성이 낮다. 마지막으로 현행 임용제도 하에서 시험의 객관성과 공정성 확보에 대한 의문점이 제기된다. 이러한 이유 등으로 임용고시의 장기적인 방안이 모색되고 있음을 알 수 있다.

(2) 유치원 교사 자격기준 및 이수교과목

현재 유치원 교사의 자격증을 취득하기 위해서는 유아교육학, 아동학 및 관련되는 학부(전공 · 학과)에서 교육실습 4학점을 포함한 교직과목 22학점 이상, 전공 50학점 이상을 이수하여야 한다. 물론, 대학의 수업연한에 따라 이수해야 하는 졸업학점이 다르기 때문에 유치원 교사의 자격증을 취득하기 위한 72학점과 교양 및 기타 전공과목으로 졸업학점이 채워졌을 때 졸업과 동시에 자격취득이 이루어지는 것이다. 무시험검정을 위한 이수교과목 규정은 2012년 교원자격검정 실무편람(www.mest.go.kr)에 제시되어 있으며 이를 토대로 정리하면 다음과 같다.

|표 4-5| 유치원 교사 자격 취득의 필수 교과목

구 분		과 목 명	계	
교 직	이론	교육학개론, 교육철학 및 교육사, 교육평가, 교육심리, 교육방법 및 교육공학, 교육사회, 교육행정 및 교육경영, 생활지도 및 상담, 그 밖의 교직 이론에 관한 과목	7과목 (14학점) 이상	22학점 이상
	소양	특수교육학개론, 교직실무, 그 외의 과목	2과목 (4학점) 이상	
	실습	학교현장실습, 교육봉사활동, 그 외의 과목	2과목 (4학점) 이상	
전 공	교과	논리 및 논술에 관한 교육, 교과교육론, 교과교재 연구 및 지도법, 그 외 교과교육에 관한 과목	3과목 (8학점) 이상	50학점 이상
	기본 이수	유아교육론, 영유아 발달과 교육, 아동복지, 유아수학교육, 유아교육과정, 유아관찰 및 실습, 유아교사론, 유아교육기관운영관리, 유아건강교육, 유아사회교육, 유아미술교육, 유아음악교육, 유아동작교육, 유아놀이지도, 유아과학교육, 유아언어교육, 부모교육	7과목 (21학점) 이상	

구 분		과 목 명	계	
	기타*	보육실습(2), 보육학개론(3), 유아생활지도(2), 아동상담(3), 영유아교수방법(3), 유아문학(2), 정신건강론(3), 기악(2), 반주법(2), 영유아프로그램 개발과 평가(3), 방과 후 아동지도(2), 유아멀티미디어교육(2), 장애아동교육(2), 유아미술치료(2), 기악Ⅲ(1), 유 · 초등연계교육(2), 유아영양교육(2), 보육과정(3), 진로취업설계(2), 유아국악(2), 아동간호학(3), 유아외국어교육(3), 생태유아교육(3) 등	21학점 이상	

* 기타 : 여러 대학에서 개설한 교과와 기본이수과목 외의 과목을 정리한 것임

> 유치원 정교사(2급) 자격 취득학점 : 전공과목 50점 이상 + 교직과목 22학점 이상
> - 전공과목 : 50학점 이상
>   * 기본이수과목 21학점 (7과목) 이상 포함
>   * 교과교육영역   8학점 (3과목) 이상 포함
> - 교직과목: 22학점 이상
>   * 교직이론 및 교직소양 18학점 이상 (교직소양 4학점 이상 포함)
>   * 교육실습 4학점 이상 (교육봉사활동 2학점 이내 포함)

① 교양과목

각 대학에서는 자율적이고 책임있는 교양인으로서 전인적인 성장을 하도록 인성교육 및 진로탐구, 체력증진 등의 내용으로 운영하고 있으며, 유아교육과와 아동관련학과 등 유아교사를 양성하는 학과에서는 예비교사로서 필요한 기본적인 소양을 갖추도록 운영하고 있다. 교양과목의 종류와 총 필수 이수학점은 대학에 따라 다소 차이는 있으나 교양필수와 교양선택으로 구성되어 있는 점은 동일하며, 학과의 특성에 따라 교양과목을 지정하여 운영하기도 한다. 교양과목으로는 생활영어, 말과 글, 건강과 운동, 대학국어, 이미지 메이킹 등으로 이루어지고 있다.

유아교사들은 영유아가 자신과 주변세계에 대한 다양한 경험을 할 수 있도록 도와주어야 하기 때문에 여러 분야에 걸쳐 폭넓은 지식을 필요로 한다. 즉 시사적인 지식부터 예술분야에 관한 지식, 환경에 관한 지식 등에 깊이 있는 지식은 아니더라도 관심을 갖는다면 영유아를 위한 폭넓은 자료 및 경험 제공을 위해 적극적일 수 있을 것이다.

② 교직과목

유치원 교사 자격증을 취득하기 위해서는 교직과목을 반드시 이수해야 한다. 유아교사직 역시 교직으로서 교사양성기관에서 일정기간 동안 교육을 통해 체계화된 전문지식과 기술을 필요로 한다. 교육현상에 대한 이론적 이해와 직무수행에 필요한 능력을 함양시키기 위해 교원자격검정령 제12조 별표 3에서 제시된 이론과 실습학점인 교직이론, 교직소양, 교육실습의 과정으로 총 22학점을 이수해야 한다.

③ 전공과목

전공영역은 유아들의 특성에 맞게 교육할 수 있고, 교육적 상황에 타당한 실천적 지식을 형성할 수 있는 능력의 기초가 될 수 있도록 구성되어 있다. 초·중등 교사를 위한 교과목에 비해서는 다양한 영역으로 거의 모든 과목을 다루고 있다.

유아교사는 영유아의 수준별 내용을 알아야 하며 유아들에게 지도해야 할 다양한 영역에 대한 내용지식이 충분할 때, 영유아들에게 적합한 교육을 실천할 수 있다. 따라서 앞서 제시한 기본이수과목과 교과영역, 그리고 기타 영역을 포함한 50학점 이상의 전공과목을 충실히 이수해야 한다.

(3) 유치원교사 자격취득 및 관리

교원자격검정 실무편람(2012)에 제시된 대학에서의 업무 처리를 요약 정리하면 다음과 같다.

① 교원자격검정 업무는 교육과학기술부에서 위임받은 대학에서 대학 전체의 교직업무를 총괄하는 부서를 지정 · 운영(교원양성위원회 위원장을 맡게 되는 부서)한다.
② 자격검정의 업무 총괄은 교무처(과) 또는 사범대학 등 대학의 장이 지정하는 부서에서 한다.
③ 교원자격 자격검정 시기는 졸업예정자의 졸업 10일 전까지 검정이 완료되며, 교사자격증의 발급일은 졸업일 이후에 한다.
④ 접수한 교원자격검정 원서 및 기타 첨부서류는 「공문서 분류 및 보존에 관한 규칙」에 따라 보관한다. 교원자격증의 발급 대상은 30년(실제는 영구보존) 보관한다.

2) 보육교사 자격기준 및 이수교과목

(1) 보육교사 자격기준

보육교사는 보건복지부 산하의 어린이집에서 근무하는 교사를 말한다. 보육교사는 대학 또는 보육교사교육원, 사이버교육원에서 소정의 교과를 이수하고 실습을 마치면 자격신청을 할 수 있는 자격이 주어지며 자격검정 절차를 거쳐 자격취득이 이루어진다.

영유아보육법 제2조 제5항에서 '보육시설 종사자'란 보육시설에서 영유아의 보육, 건강관리 및 보호자와의 상담, 그밖에 보육시설의 관리 · 운영 등의 업무를 담당하는 자로서 보육시설의 장 및 보육교사와 그 밖의 종사자를 말한다. 하지만 영유아보육법의 일부 개정(2011. 6. 7)으로 보육시설의 장은 어린이집의 원장으로 바뀌었고, 보육시설 종사자는 어린이집 보육교직원으로 명칭이 변경되었다.

보육교사의 자격기준에 있어서 보육교사 2급 교사는 종전에 보육교사 3급 자격을 취득한 후 1년 이상의 보육업무 경력이 있으면 취득이 가능했으나, 개정(2011. 6. 7)되면서 취득한 후 2년 이상으로 변경되었다. 또한 보육교사 3급의 경우 '보건복지부령이 정하는 교육훈련시설에서'가 '시 · 도지사가 지정한 교육훈련시설'로 바뀌었다, 한편, 어린이집 원장 자격은 「유아교육법」에 따른 유치원 정교사 2급 자격을 취득한 후 5년 이상이었던 기준에서 정교사 1급 자격을 취득한 후 3년 이상으로 바뀌었다.

|표 4-6| 보육교사의 자격기준

등급	자격기준
보육교사 1급	보육교사 2급 자격을 취득한 후 3년 이상의 보육업무 경력이 있는 사람으로 보건복지부장관이 정하는 승급교육을 받은 사람 보육교사 2급 자격을 취득한 후 보육 관련 대학원에서 석사학위를 취득하고 1년 이상의 보육업무 경력이 있는 사람으로서 보건복지부장관이 정하는 승급교육을 받은 사람
보육교사 2급	전문대학 또는 이와 같은 수준 이상의 학교에서 보건복지부령으로 정하는 보육 관련 교과목 및 학점을 이수하고 졸업한 사람 보육교사 3급 자격을 취득한 후 2년 이상의 보육업무 경력이 있는 사람으로서 보건복지부장관이 정하는 승급교육을 받은 사람
보육교사 3급	고등학교 또는 이와 같은 수준 이상의 학교를 졸업한 자로서 시 · 도지사가 지정한 교육훈련시설에서 소정의 교육과정을 이수한 사람

출처: 법률지식정보시스템 http://likms.assembly.go.kr/

|표 4-7| 어린이집 원장 자격기준

자격증 종류	자격내용
어린이집 원장 일반기준	1. 보육교사 1급 자격을 취득한 후 3년 이상의 보육 등 아동복지업무 경력이 있는 사람 2. 「유아교육법」에 따른 유치원 정교사 1급 자격을 취득한 후 3년 이상의 보육업무 경력이 있는 사람

	3. 유치원 원장의 자격을 가진 사람 4. 「초 · 중등교육법」에 따른 초등학교 정교사 자격을 취득한 후 5년 이상의 보육 등 아동복지업무 경력이 있는 사람 5. 「사회복지사업법」에 따른 사회복지사 1급 자격을 취득한 후 5년 이상의 보육 등 아동복지업무 경력이 있는 사람 6. 「의료법」에 따른 간호사 면허를 취득한 후 7년 이상의 보육 등 아동복지업무 경력이 있는 사람 7. 국가 또는 지방자치단체에서 7급 이상의 공무원으로 보육 등 아동복지업무에 5년 이상 근무한 경력이 있는 사람
가정 어린이집	1. 일반기준에서 정한 자격을 갖춘 사람 2. 보육교사 1급 이상의 자격을 취득한 후 1년 이상의 보육업무 경력이 있는 사람
영아전담 어린이집	만 3세 미만의 영아만을 20명 이상 보육하는 어린이집 1. 일반 기준에서 정한 자격을 갖춘 사람 2. 간호사 면허를 취득한 후 5년 이상의 아동간호업무 경력이 있는 사람
장애아전담 어린이집	「장애인복지법」 제32조에 따라 장애인으로 등록된 영유아만을 20명 이상 보육하는 어린이집 - 일반기준에서 정한 자격을 갖춘 사람으로서 다음의 어느 하나에 해당하는 사람 1. 대학(전문대학을 포함한다)에서 장애인복지 및 재활 관련 학과를 전공한 사람 2. 장애아 보육시설에서 2년 이상의 보육업무 경력이 있는 사람 3. 삭제〈2011. 12. 8〉

* 「고등교육법」에 따른 대학(전문대학을 포함한다) 또는 법 제21조 제2항 제2호에 따른 교육훈련시설이 운영(위탁 또는 부설운영을 말한다)하는 어린이집.

* 어린이집을 운영하는 대학의 전임강사 또는 교육훈련시설의 전임교수 이상으로서 보육 관련 교과목에 대하여 3년 이상의 교육경력이 있는 사람.

출처: 법률지식정보시스템 http://likms.assembly.go.kr/

(2) 보육교사 자격기준 및 이수교과목

보육교사는 0세에서 만 5세 유아의 교육과 보육업무를 담당한다. 그렇기 때문에 영아들을 보육하고 식 · 간식 및 낮잠 등의 일상생활지도 능력을 필요로 한다. 보육실습 자격검정 세부기준에서 제시한 교과목 및 학점을 살펴보면

다음과 같다.

|표 4-8| 보육교사 2급 자격증 취득을 위한 교과목 및 학점

영역	교과목명	이수과목(학점)
보육기초	아동복지(론), 보육학개론, 아동발달(론), 보육과정	4과목(12학점) 필수
발달 및 지도	인간행동과 사회환경, 아동관찰 및 행동연구, 아동생활지도, 아동상담(론), 특수아동지도	1과목(3학점) 이상 선택
영유아교육	놀이지도, 언어지도, 아동문학, 아동음악과 동작, 아동미술, 아동 수 · 과학지도, 영유아프로그램 개발과 평가, 영유아교수방법(론)	3과목(9학점) 이상 선택
건강 · 영양 및 안전	아동건강교육, 아동간호학, 아동안전관리, 아동영양학, 정신건강(론)	2과목(6학점) 이상 선택
가족 및 지역사회협력 등	부모교육(론), 가족복지(론), 가족관계(론), 지역사회복지(론), 자원봉사(론), 보육정책(론), 보육교사(론), 보육시설 운영과 관리	1과목(3학점) 이상 선택
보육실습	보육실습	1과목(2학점) 필수
전체	12과목, 35학점 이상	

대학 등에서 2014년 3월 1일부터 적용하게 되는 이수교과목 및 이수학점은 영유아보육법 시행령 및 시행규칙 일부 개정(2011. 12. 08. 별표 4)에 의해 다음과 같이 변경되었다.

|표 4-9| 대학 등에서 이수하여야 할 교과목 보육관련 교과목 및 학점

영역	교과목	이수과목(학점)
보육필수	아동복지(론), 보육학개론, 영아발달, 유아발달, 보육과정, 보육교사론	6과목(18학점) 필수
발달 및 지도	인간행동과 사회환경, 아동관찰 및 행동연구, 아동생활지도, 아동상담(론), 특수아동이해, 장애아지도	1과목(3학점) 이상 선택

영유아교육	놀이지도, 언어지도, 아동문학, 아동음악, 아동동작, 아동미술, 아동 수 · 과학지도, 아동과학지도, 영유아프로그램 개발과 평가, 영유아교수방법(론)	6과목(18학점) 이상 선택
건강 · 영양 및 안전	아동건강교육, 아동간호학, 아동안전관리, 아동영양학, 정신건강(론)	2과목(6학점) 이상 선택
가족 및 지역사회 협력 등	부모교육(론), 가족복지(론), 가족관계(론), 지역사회복지(론), 보육정책(론), 어린이집 운영과 관리	1과목(3학점) 이상 선택
보육실습	보육실습	1과목(3학점) 필수
전체	17과목(51학점) 이상	

* 비고

① 교과목명이 서로 다르더라도 교과목의 내용이 유사하면 동일한 교과목으로 인정하고, 보육실습의 경우 명칭과 관계 없이 실습기관과 실습기간의 조건을 만족하는 경우에는 보육실습으로 인정한다.

② 각 과목은 3학점을 기준으로 하며 최소 2학점 이상이어야 한다.

출처: 법률지식정보시스템 http://likms.assembly.go.kr/

지금까지 대학에서 배운 교과목에 대해 정리해 보면, 예비교사로서 필요한 역량을 생각해 볼 수 있을 것이다.

구분	수강과목	유아교육기관에서 가장 많이 적용될 것으로 생각되는 과목
교양		
교직		
전공		

* 예비교사들이 현장실습을 마친 후 학교에서 배운 교과목들 중 실습에 도움이 많이 되었다고 생각하는 과목에 대해서는 5장에서 소개할 것이다.

(3) 보육교사 이수교과목의 내용

보육진흥원에서는 대학 등에서 보육관련 교과목을 운영하기 위한 표준안의 부재로 각 학과와 교(강)사마다 교수하는 교과목 내용이 상이할 수 있으므로, 교과목 운영을 보편적 수준 이상으로 확보하기 위하여 각 교과목별로 성격 및 목표를 명확하게 기술하고 교과목 지도시 반드시 포함되어야 할 교육 내용을 제시하고 있다. 이에 내실 있는 양성교육을 제공하여 보육교사의 전문성을 확보하고, 유아교과목 심의를 위한 명확한 기준을 마련하고자 표준교과 개요를 개발하였다(한국보육진흥원, 2010).

한국보육진흥원(2010)에서 제시한 교사론의 표준교과개요표를 그림으로 만들어서 간략히 제시하면 다음과 같다.

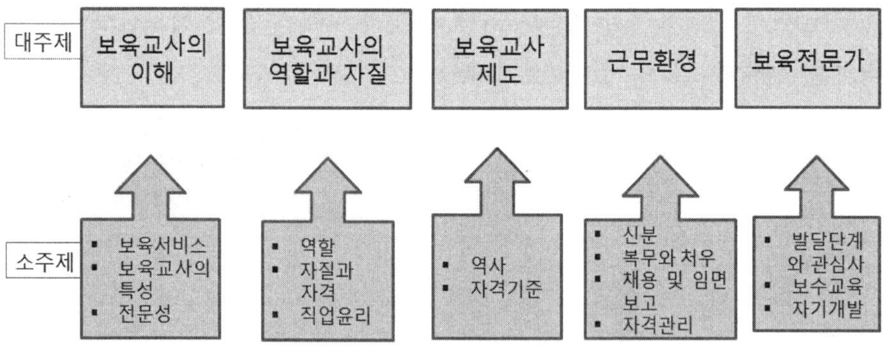

[그림 4-2] 보육교사(론) 표준교과 개요

(4) 보육교사 자격증 취득과정

보육교사 2급 자격증을 취득하기 위해서는 영유아보육법 시행규칙 제12조 제1항(별표 4)에 규정된 보육관련 교과목 및 학점을 이수해야 하며 보육실습 자격검정 세부기준에서 제시하는 6개영역의 12과목 35학점 이상을 이수해야 한다.

하지만 2014년 3월 1일부터는 17과목의 51학점 이상을 이수해야 한다. 졸업 학점과 자격증을 위한 필요 학점을 이수하고 졸업예정자가 되면 다음과 같은 절차로 보육진흥원에 단체 또는 개인으로 자격증을 신청하여 받을 수 있다.

▣ 자격증 교부 절차

• 인터넷 신청

보육인력 국가자격증 홈페이지(http://chrd.chilecare.go.kr) 회원가입 후 '자격증 신청' 페이지에서 신청(신규, 승급, 재교부) 및 발급 수수료(10,000원)를 납부하고 발급신청서와 구비서류는 별도로 등기우편으로 발송합니다.

• 자격증 교부 절차

단계	내용	
1단계 : 인터넷 신청 서류접수	· 발급신청서 작성 및 수수료 결제 (http://chrd.chilecare.go.kr) · 발급신청서 출력 및 구비서류 제출	
2단계 : 자격검정	· 제출서류 확인 · 자격기준 충족여부 확인 · 안정/불안정, 보류(보완서류 추가 요청)	보육시설 종사자 자격검정위원회 심의 · 의결
3단계 : 자격증 교부	· 자격증 제작 및 발송	

출처 : 한국보육진흥원 http://www.kcpi.or.kr/

보육교사 자격관련 : 한국보육진흥원
http://www.kcpi.or.kr/

유치원교사 자격관련 : 미래정책실 〉 미래인재정책관 〉 유아교육
http://www.mest.go.kr/main.do

생각해 보기

MBC스페셜 '취업난이 우리 삶에 미치는 영향' (463회, 2009. 10. 9)을 보고, 서로의 생각을 나눠 보자.

〈유아교사에게 도움이 되는 추천도서〉

1. (유아교사의 새로운 도전) 처음처럼 / Waters J. 저 ; 김영옥 역 / 경기 : 공통체, 2012.
2. 유아교사 365 : 대한민국 최고의 유아교사가 되기 위한 해법, 2권 / 북스카우트 엮음, 풍경 그림, 서울 : 북스카우트, 2012.
3. 창의적인 유아교사를 위한 6가지 요소 / 백영숙 지음 / 한국학술정보, 2009.
4. 유아를 위한 지속가능발전교육 / 존 시라지 블래치포드, 킴벌리 스미스, 잉그리드 사무엘슨 저, 박은혜(엮음), 신은수(엮음) 옮김 / 이화여자대학교출판부, 2012.
5. 현대 명문가의 자녀교육 / 최효찬 저 / 서울 : 예담, 2012.
6. 유아교육학의 이해 / 한국유아교육학회 저 / 파주 : 양서원, 2005.
7. 가슴으로 사랑하고 머리로 꾸짖는 유태인의 자녀교육 29 / 미리엄 아다한 지음 / 이지혜 옮김 / 서울 : 아침나무, 2011.

제 5 장

유아교사의 교육 및 실습

> 내공을 연마하기 위해서는 먼저 자신을 제대로 파악하는 것이 제일 중요하다. 배움을 위한 맹목적인 배움, 남들이 좋다고 하니까 두려움에 몰려가서 배우는 배움, 배우려는 자의 기본적인 방향 설정과 생각이 없는 무조건적인 배움은 위험하다.
>
> \- 한홍(2011)

1. 유아교사의 직전교육

직전교육(preservice education)은 유아교사의 자격증을 취득하기 위해 교육기관에서 이루어지는 양성교육으로 유아교사로서의 전문적 자질을 개발하는 과정이기도 하다. 이러한 과정을 이수함으로써 유아교사로서 갖추어야 할 지식과 기술, 태도 등을 점차적으로 습득할 수 있게 된다.

Shulman(1987)은 일반적으로 교사가 필수적으로 알아야 할 지식의 기초에는 교육내용에 관한 지식, 교육학에 관한 지식, 교육과정에 관한 지식, 학습자에 대한 지식, 교육환경에 대한 지식, 교육의 목표 및 가치에 대한 지식 등이 포함되어야 한다고 했다(권건일 외, 2006). Spodek과 Saracho(1990)는 대학의 교사 양성교육과정에 교수적 지식, 교육적 기초, 실습에 관한 내용이 포함되어야 한다고 하였다. 이는 실제로 직전교육의 내용으로 다루어지고 있다.

1960년대 교육과정과 교수-학습과정의 개념화를 선도하였던 경험 · 과학적 접근과 유사하게 그 동안 직전교육의 주류는 지식과 기술의 습득에 초점을 둔 행동주의적, 실증적 논리였다. 그러나 이러한 전통적 패러다임이 해석적, 비판적 패러다임으로 바뀌어감에 따라 교사 양성교육과정, 직전교육의 내용도 변화를 겪고 있다(양옥승 · 황윤세, 2002). 즉 정해진 교육내용을 주어진 교수법을 통해 그대로 수행하는 것을 가르치는 것이 아니라 교사들 스스로가 상황에 맞게 교수법을 재조직하고 조절하는 능력을 가르치는 것에 초점을 맞추는 경향으로 바뀌어 가고 있는 것이다(박혜림 · 홍후조, 2005).

직전교육에 있어서의 변화와 개혁을 요구하며 거론되는 문제점들은 많은 연구자(박현우, 2006; 이유정, 2006; 양옥승 외, 2002; 한명희, 1993)들에 의해 이미 지적되어진 바 있으며 이들은 공통적으로 교사 직전교육과정이 기술적 합리주의 이론에 초점을 맞추고 있어 교사 스스로 경험을 통해 실천적 지식을 만들어 낼 수 있는 능력을 발달시키는 것에 전혀 도움을 주지 못하고 있다는 것에서부터 시작되고 있음을 주장하고 있다(황해익 외, 2009).

이러한 직전교육은 4장 양성제도에서 다루어지는 교육과정으로 교양과정, 전공과정, 교직과정으로 구성되어 있으며, 본 장에서 설명하는 교육실습을 포함하여 예비교사가 대학에서 경험하고 학습해야 하는 총제적인 내용 및 과정을 포함하고 있다. 결국, 직전교육은 사회에 필요하고 중요한 역할을 담당할 수 있는 책임 있는 교사를 양성하기 위해 마련된 양성제도의 첫 단계라 하겠다.

2. 유아교사의 교육실습

교육실습은 교사가 되기 위해서 반드시 이수해야 하는 교과목이기도 하고,

교사양성과정을 통해 습득한 이론이나 지식을 실제로 경험해 보고 적용해 보는 기회로 예비교사에게 제공되는 매우 중요한 과정이다.

교육실습의 중요성과 그러한 실습을 위한 준비사항을 살펴보고자 한다.

1) 교육실습의 중요성

유치원 교사나 어린이집 교사가 되기 위해서는 2급의 정교사와 보육교사의 자격증을 취득해야 하는데, 이에 필수과목이 학교현장실습, 어린이집 실습이다. 이러한 필수과정은 예비교사가 대학에서 이수한 교과목과 경험 등을 종합적으로 반영하여 배울 수 있는 좋은 기회가 된다. 또한 교육실습은 교사의 질과 교육의 질 제고를 위한 측면에서 매우 중요하다.

박은혜 · 조운주(2006)가 제시한 유아교육실습의 목적과 목표를 정리하면 다음과 같다.

|표 5-1| 유아교육실습의 목적 및 목표

목 적	목 표
유아교사로서의 철학 및 교직관 형성	· 유아교육 철학 발전시키기 · 유아교사로서의 교직관 발전시키기
유아교사로서의 정체성 및 자긍심 형성	· 유아교사직의 특성 이해하기 · 유아교사의 역할, 책임 이해하기 · 유아교사로서의 신뢰감 발전시키기
실천적이고 전문적 지식 및 기술 습득	· 유아교육 목표 인식하기 · 수업계획 및 교수방법 배우기 · 교수자로 경험하기 · 유아들에 대한 이해 심화하기 · 유아들의 성장과 발전 촉진하기 · 유아의 행동 지도하기 · 학급 환경구성 이해하기 · 유아교육기관의 일과 알기

목 적	목 표
실천적이고 전문적 지식 및 기술 습득	· 효율적으로 평가하기 · 유아교육기관의 행정 및 사무 업무 알기 · 유아, 교직원, 부모들과 관계 형성하기 · 의사소통 기술 배우기 · 창의적인 문제해결 기술 발달시키기
유아교사직에 대한 적성 파악	· 유아교육에 대한 의욕 증진시키기 · 유아교사로서의 자신의 장 · 단점 파악하기 · 자신을 알고 수용하기

출처 : 박은혜 · 조운주(2006).

유아교사 양성학과에서는 〈표 5-1〉에 제시한 목표와 같이 교육실습에 대한 목표의 기준을 정하여 예비교사들에게 교육실습의 중요성과 실습생의 역할을 지도하고 있다. 그럼에도 불구하고 예비교사들은 실습을 다녀와서는 많은 하소연을 하며, 결국에는 진로에 대한 고민을 하게 된다. 김선혜 · 김규수(2008)의 연구에서는 보육실습을 통해 경험하는 예비교사의 갈등으로 자신과의 갈등이 가장 높았고, 다음으로 유아와의 갈등, 지도교사와의 갈등, 기관과의 갈등, 동료실습생과의 갈등 순으로 나타났다. 또한 이미화 등(2007)이 유아교사 양성대학 50개 대학의 교수를 대상으로 조사한 결과, 보육실습이 잘 이루어지지 못하는 주요요인이 실습현장의 열악한 질적 수준, 실습현장과 양성대학의 협력 부족, 실습지도 교사의 능력부족인 것으로 나타나 이에 대한 개선 방안이 요구됨을 시사하였다. 한편, 유아교사 양성과정에서 실습의 중요성과 함께 실습 개선을 위해 실습교사의 스트레스에 대한 이해가 필요하다는 주장이 제기되고 있다(김선영 · 서원경, 2010).

김선영 · 서원경(2010)의 연구에서는 실습생의 스트레스 요인으로 '실습과제와 실습 일정에 대한 막막함', '지도교사와의 첫 만남 시간의 촉박함', '늘 자신없는 영유아와의 상호작용', '영유아에게 지도교사와는 달리 중요하게 보이지 않는 나', '학부모에게 교사로 대우받고 싶은 나, 그렇지 않은 학부모' 등으로 나타났다. 보육실습에 관한 연구(박성미 · 김정신, 2009)에서는 보육실습의 경험이 대상의 개인변인과 실습기관의 관련 변인에 따라 예비보육교사의 일반적 자기효능감과 보육효능감에 긍정적인 영향을 줄 수 있는 것으로 나타났다. 결국 예비교사의 실습에 대한 만족과 그 의미는 예비교사 개인의 원인뿐 아니라 주변 환경에 의해서도 영향을 받을 수 있다는 것이다. 따라서 대학에서는 교육실습을 지도할 때 다양한 예측 상황을 토대로 사전과 사후의 충분한 지도가 이루어져야 할 것이다.

예비교사도 실습이 중요한 것은 알지만 실습을 나가 보면 긍정적인 측면과 동시에 부정적인 측면을 경험하고 느끼게 된다. 그럼에도 불구하고 실습은 예비교사들에게 많은 교육적 의미를 갖게 한다.

교사양성과정에서 가장 중요한 과정이라 할 수 있는 교육실습은 대학의 교직과정을 통하여 이미 습득한 교육학적 이론과 전공과정을 이수한 예비교사로 하여금 교직적 경험과정(professional experience course)과 실험적 연구경험과정(professional laboratory experience course)을 통하여 성공적인 교사의 역할을 수행할 수 있는 바탕을 길러 준다(권영례 외, 2011). 이러한 유아교육실습의 의의를 간략히 정리하면 다음과 같다.

- 다양한 교육활동을 계획하고 진행하는 경험을 통해 자신감을 갖게 한다.
- 유아교육의 이론과 실제의 통합을 경험하게 한다.
- 의사결정의 과정을 연습해 볼 수 있는 기회를 제공한다.
- 교사로서 자신의 능력과 자질에 대한 이해와 반성적 사고를 할 수 있는 기회를 제공한다.
- 유아들의 특성을 파악하고 이해할 수 있는 기회를 제공한다.
- 유아교사의 전문적이고 실천적인 지식과 기술을 심화시켜 준다.

▣ 보육실습을 끝내고

- "선생님께서 항상 밝은 얼굴로 아이들에게 상호작용하는 모습을 보고나니 나도 나중에는 저 모습보다 더 멋있게 상호작용하는 교사가 되어야겠다는 생각이 들었다."
- "내가 준비한 활동을 유아들이 즐거워하고 신기해 할 때, 선생님에게 칭찬 들었을 때에 자신감이 생겼다."
- "교사가 유아의 상호작용을 통해 유아의 능력을 끌어내는 방법을 볼 수 있었다."
- "수업 시작하는 것과 끝맺음하는 것을 배웠고, 교구를 만들 때 좀 더 꼼꼼하게 마무리하는 것과 유아를 대하는 태도를 배울 수 있었다."
- "모든 활동에 '난 할 수 있어'라는 자신감이 생겼다."
- "유아들 대하는 선생님의 언행을 본받아야겠다고 생각했다."
- "만 0세, 1세의 식사지도와 통합보육이 어떻게 진행되는지 알 수 있었다. 기저귀를 갈아주는 선생님의 모습을 보며 많이 배웠다."

▣ 유치원 실습을 끝내고

"보육실습을 했을 때는 유아교사가 되겠다고 생각했는데, 유치원 실습을 마치고 나니 교사가 되고 싶지 않다는 생각이 들었다(울먹거림). 만 5세반 두 반의 부분수업 준비를 혼자서 해야 했고, 환경판도 두 반 것을 다 만들었다. 두 반에서 수업하는 건 참을 수 있었는데, 요리활동의 경우 재료의 두 배를 준비하는 것이 많이 힘들었다. 결국 실습하는 한 달 동안 너무 많은 돈이 들었다. 돈도 돈이지만, 실습반의 교사들이 다른 반 교사나 원장님의 흉을 보기도 하는 모습을 보면서 많이 불편했다.
실습 마지막 날, 그곳에 근무하고 있는 선배언니가 오히려 대신 미안하다며 봉투에 돈을 넣어 주었다. 나도 후배들에게 베풀 것을 다짐하며 선배언니가 준 봉투를 받아왔다."

실습평가회

출처: D대학의 실습평가회 자료 중에서.

2) 교육실습의 종류

교육실습은 사전실습, 정규실습, 사후실습으로 구분하여 실시하고 있으며, 유치원교사 자격증을 취득하기 위해서는 이 외에 교육봉사를 60시간 수행해야 한다. 실습의 일반적인 과정을 정리하면 다음과 같다.

(1) 사전실습

사전실습은 정규실습을 하기 전에 단기적으로 현장 경험을 하는 실습과정을 의미한다. 이러한 과정을 통해 유아교육기관의 하루일과를 관찰하고, 교사와 유아의 상호작용을 관찰하며 자유선택활동의 과정을 보게 된다. 예비교사들이 사전실습을 마친 후 공통적으로 얘기하는 것은 영유아와 접촉할 수 있는 경험을 해서 좋았고, 그 과정에서 그들을 좋아하게 되었으며 영유아들 역시 본인들에게 다가왔다는 점이다. 그런 이유에서 예비교사들은 사전실습 또는 교육봉사를 했던 곳에서 정규실습을 하게 되는 경우가 많다. 물론, 사전실습은 관찰과 교실환경 정리, 보조교사 등 주어지는 몇 가지의 일만을 수행하며, 유아교육기관의 분위기를 파악하는 정도이기 때문에 부담없이 진행되는 부분도 정규실습으로 연결하는 이유가 될 수 있을 것이다.

(2) 정규실습

정규실습은 대학에서 학교현장실습 또는 보육실습 등의 교과목으로 실습을 위한 체계적인 지도와 유아교육기관과의 협의과정을 통해 한 달간 실시하게 된다. 이러한 과정을 통해 현장 교사의 업무를 파악하게 되며, 교사로서의 직무수행을 점차적으로 경험해 볼 수 있다. 이는 사전실습과는 다르게 매일 일지를 작성하고, 부분수업 및 종일수업을 진행하며 교구제작을 병행해야 하기 때문에 예비교사들이 많이 힘들어 하며 실습을 마친 후에는 진로선택에 대한 고민하는 경우도 발생한다. 그럼에도 불구하고 정규실습은 유치원교사 또는 보육교사의 자격증을 취득하기 위해 필수적으로 수행해야 하는 교과목이며 귀한 체험이 된다.

그리고 예비교사는 정규실습 기간을 통해 지도교수와 유아교육기관의 담임교사에게 실습지도를 받으며, 교사로서의 전문적 자질과 인성을 길러 나간다. 정규실습을 위해 대학에서 지도해야 하는 내용으로는 실습교사의 역할 및 근무태도, 실습일지 작성방법, 실습교사의 준비사항, 실습생의 윤리규정, 실습일정에 대한 이해 등이 있다. 이 중에서 일반적으로 진행되는 실습의 준비사항과 예비교사로서 명심해야 할 윤리규정, 실습일정에 대한 이해를 정리하면 다음과 같다.

① 실습교사의 준비사항

- 교육실습기관을 사전 방문하며, 이에 따른 유의사항을 반드시 숙지하도록 해야 한다.
- 실습교사로서 준수사항 및 기본적인 준비물을 알고, 기관의 운영방침 및 월교육계획안의 자료를 받는다.
- 기관의 위치, 거리 및 교통편을 확인한다.

② 실습교사의 윤리규정(보육진흥원, 2010)

- 신체적, 정신적, 사회적으로 건강해야 한다.
- 영유아를 존중하고 있는 그대로 수용해야 한다.
- 지도교사는 물론 실습교사 상호간에 존중하고 예의를 지킨다.
- 부모와 개인적인 관계를 갖지 않는다.
- 영유아의 신상에 관련된 사항을 외부로 유출시키지 않는다.
- 실습기관의 내부정보를 외부로 유출하지 않는다.
- 실습기관의 물품을 함부로 다루지 않으며, 개인적 용도로 사용하지

않는다.

③ 실습일정의 이해

- 실습교사의 일반적인 실습지도 과정은 관찰, 부분수업, 연계수업, 종일수업으로 진행되고, 관찰과 지도교사 보조는 실습을 마치는 순간까지 동일하게 진행한다.
- 교육활동의 진행은 4주간 점진적으로 이루어지며 실습일정의 예를 제시하면 다음과 같다.

|표 5-2| 실습일정표 예시

구분	내용
1주	인사하기, 관찰, 지도교사 보조, 부분수업 교육활동 계획
2주	부분수업(대 · 소집단, 개별활동) 진행, 지도교사 보조, 연계수업 교육활동 계획
3주	연계수업(정적 · 동적 활동의 균형 고려) 진행, 지도교사 보조, 종일수업 교육활동 계획
4주	종일수업(대 · 소집단, 개별활동) 진행 및 총평가

(3) 사후실습

사후실습은 정규실습 이후에 이루어지며, 실습교사가 좀 더 지속적으로 배우고자 하는 의지가 있을 경우 유아교육기관과 협의하여 자율적으로 진행하게 된다. 사후실습은 사전실습과 정규실습의 과정을 통해 기관의 물리적인 환경과 교직원에게 친숙하여 교사나 기관의 업무를 보조하는데 능숙하여 기관에 도움이 될 수 있다. 또한 예비교사에게는 자연스럽게 취업으로 연결될 수 있는 기회가 될 수 있다. 하지만 자원봉사자의 업무에 그치고 교사로서의 업무를 익히지 못한다면 사후실습의 의미가 약화된다고 볼 수 있다.

3) 교육실습의 기준

유아교사의 양성이 2년제, 3년제, 4년제 대학에서 이루어지고 있으며, 교육실습은 유치원과 어린이집에서 이루어진다. 학과 전공에 따라 자격증 취득을 위한 실습이 2회 이상 있을 수 있기 때문에 실습 시기는 동일하지 않으며, 교육실습의 조건에도 다음과 같은 차이가 있다.

|표 5-3| 교육실습의 조건

유치원	어린이집
· 4학점 이상 - 학교현장실습(2학점 이상) - 교육봉사활동(2학점 이내 포함 가능)	· 2학점 이상 - 보육실습(2학점 이상)

(1) 유치원 실습

유치원 실습은 교원자격 검정 실무편람(2012)에서 다음과 같이 교육실습 시기와 이수학점을 다음과 같이 규정하고 있다.

① 교육실습 기관 : 「유아교육법」 제7조에 의해 설립된 유치원

② 교육실습 시기 : 교육현장실습의 실시 학년 및 시기 등은 대학에서 자율적으로 결정한다.

③ 교육실습 이수학점

- 2008학년도 이전 입학자(2010학년도 이전 편입학자 포함) — 2학점(4주 이상)
- 2009학년도 이후 입학자(2011학년도 이후 편입학자 포함) — 4학점(교육봉사활동 2학점 이내 포함 가능)

(2) 보육실습

한국보육진흥원(2010)은 보육실습에 관한 기준을「표준보육실습 지도지침」에서 법적 기준과 고려해야 할 사항을 제시하고 있으며, 이를 간략히 살펴보면 다음과 같다.

① 보육실습에 관한 기준

보육실습의 법적 기준은 영유아보육법 시행규칙(2009. 7. 3 개정) 제12조 제1항 관련 [별표 4] 및 보육사업안내(2010년)에 보육실습기관 및 보육실습 지도교사, 보육실습 교과목 및 학점기준, 보육실습 시기 및 기간에 대한 기준이 명시되어 있다.

- 보육실습기관 — 보육정원 15인 이상의 법적으로 인가받은 어린이집 또는 종일제 유치원(교육청에 종일제 유치원으로 등록되어야 함)에서 해야 한다.
- 보육실습 지도교사 — 보육교사 1급 또는 유치원 정교사 1급 자격을 가진 자가 지도해야 한다.
- 학점기준 — '보육실습' 교과목은 반드시 2학점 이상으로 이수하여야 하고 평가점수가 80점(B학점) 이상인 경우에만 보육실습을 이수한 것으로 인정한다.
- 이수시기 — '보육실습' 교과목이 개설된 학기(계절학기 포함, 전후 방학 포함)에 해야 한다. 가능한 일상적인 보육이 이루어지는 3~6월, 9~11월에 보육실습을 하는 것이 바람직하다.
- 실습기간 — 보육실습은 4주 160시간 이상 연속으로 해야 하며 1일 8시간 동안 하는 것이 원칙이다.

② 보육실습기관 선정시 유의사항

보육실습기관을 선정할 때는 다음과 같은 점에 유의한다.

- 보육실습기관의 평가인증여부, 보육정원을 파악한다.

- 보육실습 지도교사의 보육교사 1급 또는 유치원 정교사 1급 자격소지 여부를 파악한다.
- 보육실습기관을 보육실습생의 집과 너무 멀지 않은 곳으로 선정한다.

(3) 교육실습의 공통된 경험

① 사전실습의 경험

사전실습이 본 실습에 도움을 주는 정도에 대한 조사(강민정 · 이연승 · 유희정, 2009)에서는 '대체로 도움이 되었다'가 62.2%, '아주 도움이 되었다'가 27.6%로 전체에서 89.8%의 학생들이 사전실습이 본 실습에 도움이 되는 것으로 나타났다. 또한 사전실습이 갖는 장점으로는 '유아들과의 친밀감을 형성할 수 있다.', '유치원의 일과와 생활에 대해 빨리 적응할 수 있다.', '교육실습 때를 대비하여 자신이 할 수업을 미리 준비할 수 있다.', 담임교사와 친밀감을 형성할 수 있다.'의 순으로 나타났다. 이와 같이 사전실습은 예비교사에게 자신감을 갖도록 하며 정규실습의 적응에 도움이 됨을 알 수 있다.

② 정규실습의 경험

D대학의 유아교육과 학생들에게 학교에서 배운 이론과 실기를 실제로 적용할 수 있었고, 도움이 되었다고 생각하는 과목이 무엇인지에 대한 설문에 다음과 같은 순으로 대답하였다. 이는 대학에서 교수방법, 놀이지도 등의 과목을 통해 이루어지는 모의수업이 실습에 많은 영향을 미칠 수 있음을 보여준다고 하겠다.

* 영유아교수방법 〉 놀이지도 〉 교재교구연구 및 지도법 〉 관찰 및 평가 〉 유아교육과정, 보육과정 〉 유아교육론 〉 유아생활지도 〉 유아음악교육 등

예비교사들이 정규실습 과정에서 진행한 활동의 예를 소개하면 다음과 같다.

|표 5-4| 예비교사의 수업내용

	수업내용
부분수업	새노래 배우기, 동화, 종이접기, 게임, 음악감상, 이야기나누기, 과학, 조형
연계수업	요리, 신체표현 / 동시, 새노래 배우기 / 이야기나누기, 게임 / 동시, 게임 / 이야기나누기, 새노래 배우기 / 이야기나누기, 조형 / 새노래 배우기, 요리 / 동화, 게임 / 동시, 조형 / 동화, 요리
종일수업	명화감상, 신체표현 / 동화, 조형, 동극 / 이야기나누기, 신체표현, 동화 / 이야기나누기, 새노래 배우기, 게임 / 이야기나누기, 조형, 신체표현 / 동화, 게임, 조형

따라서, 대학에서는 실습준비를 하는데 있어서 과목 간에 연계를 통해 실습의 통합적 접근이 이루어지도록 하는 것이 바람직하다고 볼 수 있다.

예비교사가 실습하기 전에 지도교사에 대해 기대했던 점과 그에 대한 만족도를 정리해 보면 다음과 같다.

|표 5-5| 실습지도 교사에 대한 기대와 만족도

실습전 지도교사에 대한 기대	실습 후 지도교사에 대한 만족도
유아들과의 상호작용을 배우고 싶다.	· 상호작용은 배울 점이 없었다. 자유선택활동 시간에 유아들과 상호작용도 하지 말라고 하셨다. · 자유선택활동 시간에 남자 친구와 통화를 하는 모습을 많이 봤다.
수업에 대한 평가를 잘 받고 싶다.	· 일지에 대해 꼼꼼하게 지적해 주셨다. · 수고했다고 하고 활동계획서도 잘 봐주지 않았다. · 많은 일을 무리하게 시키면서 정작 만든 자료나 활동에 대한 칭찬이나 조언은 잘해 주지 않았다.
교사의 전문성을 배우고 싶다.	· 수업을 진행하는 모습과 실습생을 관리하는 모습에서 많은 것을 배웠다. · 실습생에게 동료교사를 대하듯 존중하며, 배려해 주시는 모습을 배웠다. · 문제행동 지도방법을 배웠다.

예비교사는 정규실습을 앞두고 지도교사를 통해 교사로서의 모습과 전문성을 배울 수 있을 것이라는 등의 많은 기대를 갖는다. 하지만 실습현장의 경험에서는 기대한 만큼 실망도 하게 된다. 이는 예비교사에겐 현장의 상황에 대한 이해가 부족하기 때문이며, 교사는 전문가로서의 긍지를 갖고 후배교사를 책임감 있게 지도해야 한다는 태도가 부족하기 때문일 수도 있다. 그럼에도 불구하고, 정규실습은 예비교사들에게 많은 배움의 기회를 제공한다. D대학의 학생들이 실습지도 교사에게 배운 점의 공통사항을 정리하면 다음과 같다.

- 실습생에 대한 배려와 존중을 배웠다.
- 유아들을 사랑하는 마음을 배웠다.
- 돌발 상황시 대처방법과 학부모님들과의 면담방법 등을 배웠다.
- 유아들에게 하는 태도와 열정을 배웠다.
- 유아들과 상호작용하는 방법을 배웠다.
- 실습생을 지도하는 방법에 대해 알게 되었다.
- 다양한 주의집중 방법을 배웠다.
- 문제행동을 보이는 유아에 대한 지도방법을 배웠다.

생각해 보기

유치원, 어린이집의 실습과정에서 힘들었던 점을 생각해 보자.

3. 유아교사의 현직교육

1) 현직교육의 중요성

유아교사의 현직교육은 교육행정기관이 정책적으로 시행하는 각종 연수와 교사 개인이 자발적으로 시행하는 자기연수까지 포함하는 넓은 개념이다(김기태 · 조평호, 2006). 이는 일정한 자격을 갖고 임용된 교사에게 해당 직무에 대한 적응능력을 길러 주기 위해 의무적으로 부가되는 교육훈련과 재직 중 교사의 전문직 능력을 배양하고 일반적 자질을 향상시키기 위해 자발적 또는 의무적으로 행하는 제반 교육훈련 활동을 말한다(김종철 외, 1994). 현직교육(in-service education)은 우리나라에서는 교원연수, 재교육, 계속교육 등의 용어로 사용되고 있으며 외국에서도 현직교육 및 교사훈련(in-service education and training of teachers), 교원개발(staff development), 전문성 개발(professional development), 계속교육(continuing education) 등의 다양한 용어로 사용되고 있다(문혁준 외, 2010).

김신영(2005)의 연구에서는 유아의 통제와 훈육, 프로그램, 교사의 성취, 기관장과의 관계, 동료와의 관계, 부모와의 관계, 제도, 시설 · 설비, 시간운영 등에 관해서 정교사로 1년을 근무하면서 겪게 되는 어려움을 밝혔다. 이런 부분들의 어려움이 해결될 때 교육의 질은 향상될 수 있기 때문에 대부분의 교사가 현직교육으로 연수의 기회를 선택한다고 볼 수 있다.

현직교육은 교육의 질을 가늠할 수 있는 근거가 되며, 국가의 교육발전을 위해 매우 중요하다. 그렇기 때문에 교사들의 전문성을 신장시키고, 우수한 교사를 확보하기 위한 노력이 계속되고 있는 것이다. 유 · 초 · 중등학교의 교사들은 자격증 취득 이후에도 교육하는 대상에게 좀 더 유익한 것을 전해 주며, 효과적으로 전달하기 위해 끊임없이 교육을 받고 있다. 이러한 노력은 교사의 전문적인 역량을 키우기도 하지만 개인의 승진에 반영되기도 한다.

교사로서 교직 초기의 경험은 교사 발달의 전 과정을 통해서 가장 핵심적인 작용을 하기 때문에 어떤 단계보다도 중요한 시기이며(박동준, 1992), 이 단계의 초임교사들이 어떻게 교사로서의 정체성에 적응해 가는가 하는 것은 전문성 발달에 큰 영향을 미친다(조혜진, 2009). 따라서 대학을 졸업하고 교사가 되었다고 안주하기보다는 개인의 삶뿐 아니라 교사로서의 삶을 위해 애써 나가야 할 것이다.

2) 현직교육의 유형

현직교육은 개인이 주도하는 현직교육, 유아교육기관에서 주관하는 현직교육, 정부가 주관하는 현직교육이 있다.

(1) 개인이 주도하는 현직교육

유아교사들이 교사로서 개인의 역량 강화를 위해 방학이나 주말을 이용하여 영리더십, 몬테소리, MBTI, 가베, 키즈요가 등 다양한 교육에 참여하고 있다. 또는 대학원 또는 4년제에 편입 또는 진학하여 근무를 마친 후 야간에 학업을 병행하기도 한다.

(2) 유아교육기관에서 주관하는 현직교육

유아교육기관에서의 현직교육은 대부분 원장이 결정을 하여 교사들로 하여금 교육을 받도록 하는 경우가 많지만, 교사들의 의견수렴을 통해 자체 교육 또는 외부교육을 실시하기도 한다.

유아교육기관에서 주관하는 현직교육으로는 연구수업과 강사초빙이 있다

(권영례 외, 2011). 연구수업은 교사들이 다른 교사들에게 자신의 수업을 공개하거나 다른 교사의 수업을 참관하는 것이다. 연구수업은 원내 수업장학의 일환으로 한 학급당 1년에 1회 또는 2회 정도씩 이루어진다. 강사초빙의 경우 유치원이나 어린이집에서 연간 교육계획에 맞추어 외부 연수를 받을 수도 있고, 강사를 기관으로 초빙하여 강의를 들을 수도 있다.

(3) 정부가 주관하는 현직교육

정부가 최초로 자격연수를 실시한 것은 1976년의 일이고, 정부가 일반 연수까지 필요에 따라 주관한 것은 1982년 이후의 일이다. 1996년도에는 정부차원의 유아교사 현직연수는 중앙교육연수원, 각 시 · 도 교육청의 교원연수원, 한국교원대학교, 서울대학교 부설 교원연수원, 교육대학교 부설 교원연수원 등에서 실시하였다(서울대학교교육연구소, 1998). 이렇듯 정부가 주관하는 현직교육에는 무자격 유아교사를 위한 연수와 무자격 원장 및 설립자를 위한 자격연수가 있었다.

현재 이루어지고 있는 교육은 교육청과 교육과학기술부의 지침에 따라 장학의 방향을 정하여 교육청에서 장학을 담당하는 장학사가 장학지도를 실시하는 경우와 새로운 자격이나 상급 자격을 취득하기 위한 직급별 자격연수, 직무수행에 필요한 능력과 기술의 향상을 목적으로 하는 직무연수가 있다. 이 외에도 교육 · 보육과정에 관한 교육도 이루어져 왔다. 보육교사들은 2011년도에 보건복지부에서 실시한 표준보육과정을 이수하였으며, 교육과학기술부와 보건복지부 주관으로 유치원교사와 보육교사가 동시에 실시한 5세 누리과정을 현재까지도 이수하고 있는 실정이다.

유아교육기관에서 이루어지고 있는 현직교육(이미화 · 김경희 · 김문정, 2008)을 제시하면 다음과 같다.

|표 5-6| 유아교육기관의 현직교육

교육주최	정의	유아교육기관에서의 연수 종류	
		유치원	보육시설
정부주관	자격 승급에 요구되는 현직교육 및 직무교육 시간으로 인정되는 현직교육	자격연수 및 직무연수	승급교육 및 직무교육
		원장 자격연수, 원감 자격연수, 유치원 1급 정교사 자격연수, 신규 및 일반교사 직무연수, 특수 직무연수	2급, 1급 보육교사 승급교육, 시설장 자격연수, 일반 직무교육, 특별 직무교육
지역교육청 및 지방단치단체	교육청이나 지방자치단체 주관 현직교육	교육청 주관으로 이루어지는 지구단위 유치원의 장학 및 연수	지방자치단체 주관의 현직교육
		교육청 주관 교사연수, 시범유치원 공개 수업, 지역 선임교사의 멘토링	구청단위의 교사 및 시설장 교육
유아교육 기관	유치원이나 보육시설 자체의 장학이나 연수의 교사교육	개별 유치원의 자율장학 및 연수	보육기설 단위의 자체교육
개인의 자발적 참여교육	개인적 욕구에 의해 참여하는 모든 형태의 교육	교원단체, 유아 관련 학회 및 영리교육단체에서 이루어지는 교육, 교사 동아리 활동, 상급학교 진학	보육정보센터, 보육단체 및 학회, 영리교육단체 등에서 이루어지는 교육, 교사모임, 상급학교 진학
원격교육	온라인으로 제공되는 유아 관련 교육		

출처: 이미화 · 김경희 · 김문정(2008).

교사가 개인으로 신청하거나 유아교육기관에서 신청하여 교육을 받을 수 있는 기회는 많이 있다. 예를 들어, 보육정보센터와 경기유아교육 정보자료실, 한국교원연수원 등을 통해 다양한 정보를 공유하며, 개인 또는 단체로 교육을 신청하여 적극적으로 교사의 역량 강화를 위해 노력을 할 수 있다.

출처: 경기도 보육정보센터http://gyeonggi.childcare.go.kr/

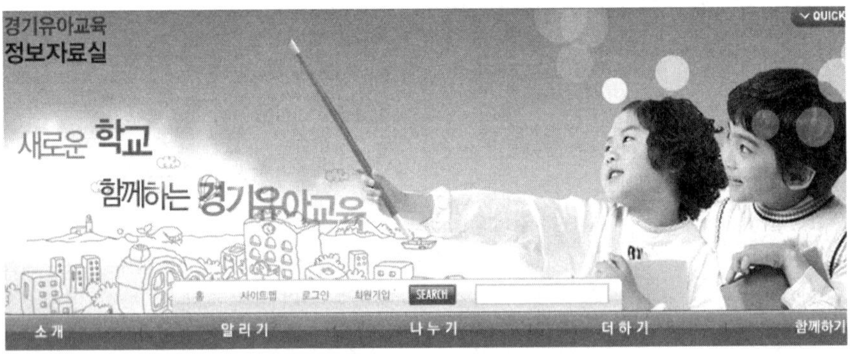

출처 : 경기유아교육정보자료실 http://www.kids-love.or.kr/main2/index.php

출처: 한국교원연수원 https://www.hstudy.co.kr/sub3.asp

누구의 간섭도 받아본 적이 없는 한 남자가 생애 처음으로 인생의 등대를 만나는데, 상대하기 쉽지 않지만 인생의 스승이 된다. 스승인 심리학과 교수는 윌이 인생과 투쟁하기 위해 필요한 지혜를 가르쳐 준다.

감독 : 구스 반 산트(미국)

제 6 장

교직에 대한 이해

1. 교직의 특성
2. 교직의 관점
3. 교직의 매력

> 큼직큼직하게 믿어라. 성공의 크기는 신념의 크기에 따라 결정된다. 사소한 목표만 생각한다면 사소한 성공만이 있을 뿐이다. 물질적 결과를 얻기 위해서는 물질적이지 않은 것에 대해서도 알아야 한다. 즉 혼자서 자신의 생각들과 시간을 보내야 한다.
>
> \- 데이비스 슈워츠

1. 교직의 특성

어린 시절 자신의 꿈을 한 번이라도 얘기하지 않았던 사람은 없을 것이다. 꿈을 말할 때, 일의 특성은 잘 몰라도 직업을 말하게 된다. 초등학교 가기 전에는 유치원 선생님, 피아노학원 선생님, 택시 기사, 경찰, 군인 등을 말하다가 초등학교 고학년이 되면 자신의 능력과 연관지어 좀 더 실제적인 직업을 말하게 된다. 중 · 고등학생이 되면 경제적으로 어려움이 없을 것이라고 생각하는 직업을 선호하게 된다. 이렇듯 직업에 대한 기대는 성장과정에서 계속 바뀌어 가지만, 청소년들이 알고 있는 직업은 매우 제한적임을 알 수 있다. 그렇다고 하여도 중요한 것은 사회구성원으로서 떳떳하게 살고자 하는 생각들을 하게 된다는 점이다.

교직이라 함은 학생을 가르치는 직업이나 직무를 의미하며, 일반적으로 선호하는 안정된 직업에 해당한다. 유아교직의 특성을 살펴봄으로써 안정된 직업으로 유아교직에 대한 긍정적인 확신을 가질 수 있을 것이다.

많은 직업 중에서 교직은 정신적 노동으로서 고도의 창의력과 고등정신 기능을 요구하는 직업에 해당되며, 어느 직업보다도 장기간의 준비기간을 필요로 하며, 다른 일반적인 직업과 공통되는 점도 있지만 교직만이 가지는 교직의 특성이 있다. 일반적으로 거론되는 교직의 특성(염지숙 외, 2008; 박의수,

2006; 서재복 외, 2009)을 토대로 유아교직의 특성을 간략히 살펴보면 다음과 같다.

첫째, 교직은 인간을 상대로 인간의 조화적 발전을 돕는 직업이다.

칸트는 '인간은 교육을 필요로 하는 유일한 존재'이며, '교육에 의하여 비로소 인간다운 인간이 된다.'고 했다. 즉 한 개인은 교사에 의해서 바람직한 사회구성원으로 성장할 수 있다고 볼 수 있으며, 이로 인해 교직이 어떤 직업보다 큰 보람을 느낄 수 있는 것이다.

한편 유아교직은 유아의 조화로운 발달과 건강한 생활을 위해 부모와의 협력을 최대로 요구하는 직업이다. 교육의 대상이 무한한 가능성을 가진 존재이며, 생애 초기단계로서 부모와 직접적으로 정서적 관계를 맺으며, 교육기관과 부모간 상호협력을 할 때 비로소 전인적인 발달이 이루어지기 때문이다.

둘째, 교직은 인간의 정신생활을 상대로 하는 직업이다.

인간의 정신적 측면의 발달, 즉 지 · 정 · 의의 조화로운 발달을 돕는 활동을 하는 직업이 교직이다. 특히 유아교직은 유아의 발달특성상 지 · 정 · 의 측면에서 교사에게 많이 의존하기 때문에 교사와의 다양한 활동 및 상호작용을 통해 지 · 정 · 의의 조화로운 발달을 도모해야 한다. 이보다 중요한 것은 교사 자신의 심신의 발달을 위한 노력으로 유아에게 모델이 되어, 유아가 교사를 닮아가려 할 때 참된 의미의 교육이 이루어질 수 있다.

셋째, 교직은 주로 미성숙자를 상대로 하는 직업이다.

교사는 아직 사회문화와 가치체계에 대해 적응하지 못하였거나 분명한 자기 관점을 갖지 못한 어린 세대를 대상으로 하며, 사회현상에 대해 자기 스스로 합리적이고 비판적인 사고를 할 수 있는 능력이 부족한 세대를 대상으로 교육을 한다. 특히, 유아교직은 교사의 인격과 가치관 및 태도가 민감기의 유아들에게 직접적인 영향을 미칠 수 있기 때문에 성숙된 사람으로서 노력을 필요로 한다.

넷째, 교직은 봉사와 사명감을 우선으로 하는 직업이다.

모든 직업이 봉사하는 마음이 없이 이루어지는 일은 없다. 특히 교직은 전인으로서의 인간의 발달을 도와야 하기 때문에 학생을 소중한 한 사람으로 존중하며, 봉사와 헌신의 자세를 필요로 한다. 특히, 유아교직은 신체적 · 정신적 측면에서 교사에게 의존을 하기 때문에 유아의 건강한 성장 · 발달을 도모하기 위한 사명감 및 사랑과 더불어 몸과 마음으로 교육에 최선을 다하는 봉사의 마음을 필요로 한다.

다섯째, 교직은 국가나 민족에 지대한 영향을 주는 공적 직업이다.

교육을 받는 학습자는 누구든지 독립된 인격체이면서 동시에 사회와 국가의 일원이기 때문에 교사는 학생 개개인을 존중하며, 공동체의 일원으로 사회와 인류의 평화와 행복에 이바지할 수 있는 자율적 인간으로 성장시켜 가야 한다. 최근 유아교육의 정책변화로 유아가 공교육의 대상이 되면서 더욱 존중하고 최선을 다해 교육해야 함이 강조되고 있다.

여섯째, 교직은 끊임없이 자기 갱신을 통해 자기 향상을 도모하는 데 유리한 직업이다.

학생을 지도하는 과정은 교사 자신의 창의성과 노력을 필요로 하며 동시에 자기 수양과 자기 발전의 계기가 된다. 유아교직의 경우 교사 자신이 인식하지 못했던 자신의 강점을 유아교육현장에서 발견하게 되며, 유아를 사랑하게 되고 그들에게 더 좋은 것, 많은 것을 주고자 하는 동기가 생겨 방학과 주말을 이용해 끊임없이 재교육을 하는 교사들이 많다.

일곱째, 교직은 인류공연에 기여하는 직업이다.

인류가 문화유산을 보존하고 계승하여 새로운 문화를 창출할 수 있는 것은 교육에 의해서 가능하며, 국가발전을 위한 백년지대계(百年之大計) 교육을 일컫는다. 그만큼 장기적인 안목에서 교육을 계획하고 실천해야 한다는 의미이며 인류공영에 크게 이바지할 수 있는 직업이 교직인 것이다. 이는 유아기부터 우리문화를 아끼고 사랑하고 재창조하도록 교육을 수행하고 있기 때문에 유아교직 역시 인류공영에 이바지하는 직업이 될 수 있다.

이러한 일곱 가지 교직의 특성은 교직의 전문성을 설명한 것이라고도 볼 수 있다. '교직은 전문직이다'라는 명제는 전문직이 갖추어야 할 모든 요소를 다 구비하여 현실적으로 모자람이 없는 전문직이라는 의미의 '사실적 명제'라기보다는 앞으로 교사 개인이나 교육 당국에서 더 노력하여 교직은 완전한 전문직이 되어야 한다는 '당위적 명제'로 받아들여야 한다는 것이 정설이다(서재복 외, 2009). 결국 전문가로서의 교사는 교직수행에 필요한 전문적 지식과 정보를 위해 연구 · 노력하며, 학생들의 전인적 발달을 위해 지 · 덕 · 체를 갖추어 사회적으로 존중받는 삶을 가꾸어 나가야 할 것이다.

한편, 경력교사들이 인식하고 있는 유치원 교직문화에 관한 연구(조혜선 · 박은혜, 2009)를 통해 유아 교직문화의 일면을 정리해 볼 수 있다. 첫째, 경력교사들은 유치원 교직문화의 표현특성을 함께 일하기, 부지런히 행동하기, 보수적으로 살기, 외부인식 고려하기, 현장에서 배우기 등으로 인식하고 있다. 둘째, 경력교사들은 유치원 교직문화의 내면기제로 개별성을 인정하는 집단주의가 바탕을 이루는 것으로 인식하고 있다. 셋째, 경력교사들이 유치원 교직문화의 형성요인을 여성적 직업, 소규모 조직, 비구조적인 교육과정, 열악한 근무조건 등으로 인식하고 있다. 이는 초임교사 시기에 느끼고 생각하지 못했던 총체적인 분석일 수 있다고 볼 수 있으며, 예비교사들이 앞으로 적응해야 할 전문직 영역의 특성을 이해하고 준비하는데 도움이 될 수 있을 것이다.

2. 교직의 관점

교사들의 교직관에는 여러 관점이 있을 수 있다. 교사가 되고자 하는 사람이나 현재 교직에 몸담고 있는 교사들이 교직을 바라보는 관점은 교직을 수행하는 데 방향을 제시하는 내비게이션과 같다. 교직관은 시대의 변화에 따라 교직을 바라보는 관점과 교사에게 기대하는 역할에 따라 변화되어 왔다. 교직을 바라보는 일반적인 관점은 성직관, 전문직관, 노동직관, 공직관으로 구분되고 있다.

1) 성직관

교직을 성직으로 보는 관점은 교직이 하나의 독립된 직업이 되기 이전에는 종교기관의 성직자들이 주로 교육을 담당했던 것에서 유래되었으며, 교직관 중에서 가장 오래되었다.

성직자가 신을 대신하여 종교예식을 거행하는 것처럼 교육에서도 교사가 사명감을 갖고 수행해야 한다는 것이다. 성직관에서 교사는 성인 · 군자적인 교사를 이상적인 교사상으로 설정하고 있으며 인격적 지도가 최상의 교육이라고 보며, 교사에게 성직자다운 자질과 자세를 기대하며, 보다 높은 도덕적 · 윤리적 행동수준을 요구하는 경향이 있다(한국교원단체총연합회, 2003). 따라서 교사는 학생들에게 사랑과 봉사를 베풀어야 하며, 보수나 승진 등 세속적인 일에는 관심을 갖지 않는게 바람직하다고 본다.

하지만 최근에는 사회 · 경제의 변화, 가치관의 변화 등으로 학부모와 일반 사람들의 전통적이었던 교직에 대한 관점이 다소 달라져 가고 있다. 대학생들이 교직을 선택하는 이유를 들어보면 교육에 대한 열정이나 사명감보다는 취업의 기회나 직업의 안정성이라는 측면에 비중이 크다는 것을 알 수 있다.

2) 전문직관

세상을 살아가는데 필요한 교육, 의료, 법률 등에서 도움을 주는 직업으로 흔히 교사, 교수, 의사, 변호사 등을 전문직이라고 한다. 이러한 직업에 종사하는 사람들은 사회 · 경제적으로 안정된 직업이며 학문적, 실제적으로 오랫동안 그 분야의 경험을 쌓은 사람을 전문가로 여긴다. 그 중에서도 교직은 가르치기 위한 전문적인 지식과 기술이 요구되는 직업으로 보기 때문에 교사를 가르치는 일의 전문가로, 교직을 전문직으로 인정하는 것이다.

전문직관은 교사가 전문적 지식과 지도 기술을 가져야 한다는 견해로, 계속적인 교육과 연구를 통해 습득 · 유지되는 전문적 지식과 기술을 필요로 하는 자율과 봉사의 공공적 직업임을 강조한다. 또한 교직은 사회적 지위에서 높게 평가되고 경제적으로 우대받도록, 경제적 지위를 보장함으로써 교직에 유능한 인재를 확보해야 함을 강조한다(한국교원단체총연합회, 2003). 이러한 전문직관에 대한 사회적 인식에는 과거에서 현재까지 큰 차이가 없다고 볼 수 있다.

교사가 전문직으로서 교사의 역할을 다하기 위해서는 전문성 확보를 위해 변화하는 사회에 대처할 수 있는 지식과 정보를 습득하며, 교육하는 대상을 위한 계속적인 노력을 하며 자기발전을 도모해야 할 것이다.

3) 노동직관

공휴일 중에는 근로자의 날이 있는데 이날은 학교를 제외한 모든 산업체가 근무를 쉬고 있다. 근로자이기 때문이다. 하지만 교사들은 근무를 한다. 교육자이기 때문이다.

그럼에도 불구하고 노동직관에서 본 교직은 본질적으로 다른 직업과 차이가 없다는 것이다. 즉 다른 직업은 육체적 노동을 하는 반면 교직은 정신노동을 하는 차이일 뿐이라고 본다. 나아가 교사들도 일반 노동자와 같이 직업을 생계유지의 수단으로 삼으며 노동자라고 생각한다(서재복 외, 2009). 이 관점에 의하면 근무조건과 보수향상을 위해 단체결성권, 단체교섭권, 단체행동권이라는 노동 3권을 갖춘 노동조합을 결성하고 단체활동을 할 권리가 있다고 주장한다(염지숙 외, 2008).

교사가 노동직으로서 교사의 역할을 다하기 위해서는 보수만큼의 일을 하기 위해 적극적인 노력을 하거나 보수만큼만 일을 할 수도 있을 것이다. 또한 더 많은 보수와 승진을 위해서는 기대에 비례하여 근무시간과 노력을 조절하면 뜻이 이루어질 수 있다는 것이다.

4) 공직관

교직은 전문적인 능력을 발휘하여 사회의 훌륭한 인재를 길러 내어 국가사회의 유지와 발전에 지대한 영향을 주는 공적 사업으로 본다. 즉 교직이 학생의 전인적인 성장을 위한 교육을 하는 직업에 그치지 않고 정치, 경제, 사회, 문화 등 국가에 필요한 인적 자원을 양성하기 때문에 사회공헌도에 초점을 두고 있는 것이다.

장수명 등(2004)은 교육이 국가의 경쟁력과 사회의 유지, 발전에 필수적이며 교사는 국가의 사활에 영향을 미치는 가장 중요한 촉매로서의 역할을 한다고 하면서 교사의 공무수행의 중요성을 강조하였다(김옥경 · 윤경선 · 이현경, 2011). 이는 국 · 공립 교사뿐 아니라 사립교원, 어린이집 교직원 등 가르치는 일을 하는 사람이라면, 국가에 기여하는 중요한 역할을 맡고 있다는 사명감을 갖고 있을 것이다.

교사가 공직관으로서 역할을 다하기 위해서는 개인보다는 개인이 속한 집단, 나아가 사회와 국가를 위해 맡겨진 일에 최선을 다하고 교직윤리를 지키며 교직을 수행해야 할 것이다.

고전(1997)은 교직의 전문성, 근로성, 공공성에 인격성을 첨가하여 교직의 특성을 다음과 같이 제시하였다(염지숙 외, 2008).

|표 6-1| 교직관에 따른 교직의 특성

교직관	교사의 지위유형	교직의 본질	교사의 지위명칭
성직관	스승(선생)	인격성(윤리성)	인격자
전문직관	교육자(교사)	전문성(자율성)	전문가
노동직관	교육 근로자(교육 노동자)	근로성	근로자
공직관	교원(교육 공무원)	공공성	공직자

유아교사라는 직업은 직무특성으로는 전문적인 특유의 지식을 기초로 다양한 적용과 응용의 기술을 발휘해야 하면서 근무여건은 희생과 봉사에 가까운 것이 유아교사라는 직업의 현실이라 할 수 있다(이경민, 2002). 유아교사의 특성과 관련된 실제 연구들(김은영, 2007; 조운주 · 최일선, 2004)에 의하면 유아교사들은 보수와 근무시간의 열악함을 인식하면서도 이러한 외적 조건보다는 유아에 대한 사랑과 유아교사에 대한 긍정적인 느낌과 가치 때문에 교직에 만족한다는 것을 확인할 수 있다(최윤정 · 이경민, 2010). 이러한 측면 역시 교직관에 따른 교직의 특성과 연관지어 생각해 볼 수 있을 것이다.

생각해 보기

유아교사직을 선택한 이유는 무엇인가? 4가지 교직관(성직관, 전문직관, 노동직관, 공직관)에 근거해서 자신의 생각을 나눠 보자.

> 생각은 말로 나타나고, 말은 행동으로 나타나며,
> 행동은 습관으로 발전되고, 습관은 인격으로 굳어진다.
> 생각과 생각이 가는 곳을 주의 깊게 살펴,
> 모든 존재에 대한 관심에서 우러난 자애로
> 마음이 일어나게 하라.
>
> –「현명한 사람은 마음을 다스린다」 중에서 '마음 챙기기'

3. 교직의 매력

자신의 직업과 직장에 대한 긍정적인 태도와 직무에 대한 만족정도는 업무성과의 질에 영향을 주는 주요 요인으로 다루어져 왔다(김명자, 1991; 신남철, 2003). 교사 역시 직무에 만족하는 교사는 그렇지 못한 교사보다 유아, 동료, 학부모 등과의 적극적인 관계 개입과 효율적인 업무 수행을 함으로써 유아교육현장의 질 개선에 도움이 될 수 있을 것이라 기대될 수 있다(최윤정 · 이경민, 2010). 따라서 예비교사가 유아교직에 대한 매력을 알고 선택할 때, 현직교사가 되어서 교직에 긍정적이며 교사효능감을 갖고 바람직한 교육을 가능하게 할 수 있는 것이다.

1) 유아교사직의 매력

직업으로서 교직의 매력은 무엇일까? 대학에서 학생들에게 교직을 선택하도록 하는데 여러 가지 이유가 있을 것이다. 고등학교 시기에 부모나 교사가 유아교사직을 추천하거나 학생들이 적극적으로 지원하는 이유는 다음과 같은 매력이 있기 때문이다.

(1) 순수한 유아들과 생활하는 데서 즐거움을 얻는다.

유아교육 교사들은 유아들을 대상으로 교육하는 교육자들로서 다른 연령에 비해 가장 순수하고 변화가능성이 풍부한 교육대상자들과 함께 생활하게 된다. 이 시기의 영유아들은 교사가 베푸는 사랑과 교육의 질만큼 비교적 쉽게 변화하기 때문에 교사가 노력하는 만큼 교육자로서의 보람을 크게 얻을 수 있다. 세상에 대해 조금씩 알아가기 시작하는 영유아들은 '우리 선생님이 세상에서 제일 예쁘다'라고 말하기도 하며, 이따금 선생님에 대한 존경과 신뢰를 표현하는 데서 즐거움을 얻는다.

유아교사들은 외적 조건보다는 유아에 대한 사랑과 유아교사에 대한 긍정적인 느낌과 가치 때문에 교직에 만족한다는 조운주 · 최일선(2004)의 연구결과는 순수한 유아들과의 생활이 교사에게 주는 만족감을 나타낸다고 볼 수 있다. 유아들의 사랑을 듬뿍받으면서 생활하는 교사들은 교직에 대해 보람과 행복함을 느끼게 되는데 '유치원 선생님은 늙지 않는다'는 말이 이러한 행복감에 대한 또 다른 표현이 될 수 있을 것이다.

(2) 자율적이고 창의적인 업무가 가능하다.

유아교육기관의 공동체 속에서 교사는 독립된 학급을 책임지며 교육과정을 구성하게 되는데, 이때 효과적이고 창의적인 교수-학습방법에 대해 연구하고 적용하게 된다. 유치원 교사는 교권에 대한 인식으로 '교육내용 및 방법 결정권'과 '성적의 평가권'을 가장 높게 인식한다는 양다경 · 이연승(2012)의 연구결과는 유아교육 교사의 자율적이고 창의적인 의사결정권에 대한 긍정적 인식이라고 볼 수 있다.

(3) 문화생활을 충분히 즐길 수 있다.

유아들과의 견학활동을 통해 여러 가지 체험을 하며, 동일연령의 학급 또는 연계되는 학급의 교사들과 자연스럽게 문화생활을 할 수 있기 때문이다. 물론, 아이들과 함께 견학을 갈 때에는 아이들의 안전에 대한 걱정과 염려로 긴장을 늦출 수 없기 때문에 문화생활을 즐기는 느낌보다는 일을 하고 있는 연장선에서 체험을 하고 있다는 의견도 있기는 하다.

(4) 자기능력을 개발할 수 한다.

교사자격증을 취득하기 위해 이수한 교양, 교직, 전공과정을 통해 유아교사는 졸업 시기에도 창의적이고 다양한 영역에서의 역할이 가능하며 자신감을 갖게 된다. 뿐만 아니라 취업 후에는 교육에 관련된 다양한 연수기회를 접할 수 있으며, 특히 관심 있는 분야에 대해 배움의 기회를 가질 수 있다. 유아교육기관에서 유치원 평가나 어린이집 평가인증을 받을 때 교사의 연수를 중요하게 생각하고 평가하기 때문에 많은 유아교육기관에서는 의무연수 시간을 정하고 재교육의 기회를 부여하고 있으며, 최근에는 재정적 지원을 하는 경우도 많아지고 있다. 특별히 고용보험에 가입하고 있는 교사에 대해서는 정부에서 교육비를 일정부분 부담하기도 하여 더 많은 연수의 기회를 제공받고 있으며, 이를 통해 자기능력을 충분히 개발할 수 있다.

(5) 미래의 나의 자녀교육에 큰 도움이 된다.

유아교사는 동일연령의 다양한 아이들과 함께 생활하며, 특히 연령에 따른 발달특성에 대해 공부하고 실습하기 때문에 자녀를 낳아 기르면서 겪게 되는 시행착오를 많이 줄일 수 있다. 특히 자녀를 키우면서 느끼는 궁금증에 대해 전문서적이나 관련 연구결과를 통해 해결함으로써 올바른 정보로 좀 더 지혜롭게 자녀 양육을 수행할 확률이 높아진다.

(6) 출산 후 다시 취업하기에 용이하다.

유아교사는 유아들과 함께 교육활동을 전개해 나가므로, 자녀를 낳아 출산한 경험이 교직경험에 유리한 요인으로 작용할 수 있다. 이는 출산으로 인한 휴직기간이 개인의 직업역량 및 직장 내 승진에 부정적 영향을 일으키는 타 직업과 차별화된 부분이라 할 수 있다. 유아교사는 현장에서 학부모들과의 다양한 정보교환을 하게 되는데 출산 및 육아의 경험은 학부모의 마음을 이해할 수 있는 토대가 되기도 하며, 좀 더 자상하고 너그러운 부모의 마음으로 영유아들을 대할 수 있는 태도의 출발이 되기도 한다.

(7) 유아교육 전문가로서 자긍심을 느낄 수 있다.

교직은 가르치고 싶은 일을 하고 싶은 사람이면 누구나 할 수 있는 것이 아니라 일정 자격증을 가진 사람이 가르치는 직업으로 교직에 종사하는 유아교사는 유치원 정교사 자격증이나 보육교사 자격증을 취득한 자로써 유아교육의 전문가이다. 이들은 유아교육전문가로서의 여러 가지 역할들을 수행하면서 자긍심을 느낀다. 그 예로 학부모가 교사들을 유아교육전문가로 신뢰하고 자녀의 문제를 상담할 때에 느끼게 되는 전문가로서의 자긍심과 교직에 대한 보람을 들 수 있다.

(8) 유아교육과 관련된 다양한 분야로의 진출이 가능하다.

유아교육과를 졸업한 후 취업가능한 분야가 다양하다. 사립유치원이나 사립 및 국 · 공립어린이집 또는 직장어린이집에 취업할 수도 있고, 유치원임용고시 시험을 통과하면 국 · 공립 유치원 교사로 취업하여 공무원이 될 수 있는 기회도 얻을 수 있다. 또한 유아를 대상으로 하는 여러 가지 교재 · 교구개발연구소에도 취업할 수 있으며, 유아교육과 관련한 국가연구소에도 취업할 수

있는 기회가 주어진다. 유아교육 교사로서 경력을 쌓다 보면 취업해 있는 기관에서 승진의 기회가 주어지기도 하는데, 한 기관의 수석교사나, 원감 선생님, 원장 선생님의 기회가 주어지기도 한다.

예비교사는 이와 같이 유아교직에 매력을 느껴서 전공을 선택하며, 현직교사는 힘들다고 하면서도 교직을 유지하고 있다고 하겠다. 유아교사직을 선택하고 이를 계속해 가는 사람들은 경제적인 보상이나 사회적인 지위의 낮음을 상쇄할 수 있는 매력을 느끼기 때문일 것이다.

2) 유아교사직의 기대감

앞서 5장에서 전문적인 유아교사가 되기 위한 직전교육과 사전실습을 살펴보았으며, 교사가 되었을 때 필수적인 재교육도 살펴보았다. 이러한 일련의 과정을 좀 더 구체적으로 정리해 본다면, 유아교사직을 선택한 현재의 삶과 미래에 대한 기대에 더욱 만족할 수 있을 것이다.

(1) 새 학기 준비에 대한 기대감

유아교사가 다른 직업과 특히 구별되는 점은 처음부터 학급의 담임이 되어 맡겨진 대상을 책임지게 된다는 것이다. 일반 직장과는 다르게 독립된 공간에서 자신의 철학과 노력의 결실을 기대할 수 있다는 점이다. 물론, 많은 책임이 주어지기 때문에 기대감보다는 염려가 앞설 수 있다. 하지만, 염려보다는 기대에 대한 소망을 갖는다면 훨씬 자신감 있는 교사가 될 것이다.

신입생을 맞이하거나 처음으로 학급을 맡게 되어 만나는 유아들을 위해 사전에 어떠한 준비를 해야 하는지는 매우 중요하다. 준비된 교사는 유아와 부모에게 편안함과 신뢰감으로 관계를 시작할 수 있다.

서혜정 · 한혜희(2006)는 아이들을 기다리는 마음을 다음과 같이 표현하였다. '아이들을 기다리며 아이들이 사용할 물건 중 각 유아들이 이름이 붙여져야 하는 것을 준비할 때 가장 주의해야 할 것은 혹시나 한 명이라도 누락되는 유아가 있는지 확인하고 또 확인하는 절차가 필요하다. 첫날 유아들이 왔을 때 신발을 정리하기 위해 또는 가방을 넣을 사물함을 찾으려 할 때 이름이 없다면 유아들은 실망과 상처가 무척이나 클 것이고 첫 이미지를 주는 시기에 원에 대한 이미지를 실추시키기 때문이다.'

이와 같이 교사 자신도 새로운 출발이기 때문에 작은 부분 하나까지도 교사 스스로가 받기를 원하는 기대만큼 유아들의 기대로 채워 주기 위해 노력해야 할 것이다.

생각해 보기

몇 세반의 담임을 기대하는지, 교실환경 구성은 어떻게 할 것인지, 첫날에는 어떤 뜻밖의 일이 생길 수 있는지 등 새 학기 준비에 대한 기대감을 나눠 보자.

(2) 유아교사의 업무에 대한 기대감

유아교사의 역할과 자질에 대해서는 3장에서 충분히 살펴보았고, 9장에서 유아교사의 직무만족도와 스트레스 관리를 다루게 될 것이다. 하지만 그 이전에 유아교사에 대한 긍정적인 이미지를 생각하며, 책임감있는 유아교사로서 하고 싶은 업무, 해야 하는 업무에 대해서 정리해 본다면 새로운 시작에 있어서 두려움보다는 기대감이 생기게 될 것이다.

생각해 보기

담임교사로서 수행해야 하는 기본업무(교육관련, 행사관련, 부모교육 등)에 대해 나눠 보자.

통계청(2000)의 한국표준직업분류에서 유아교사인 유치원 교사와 보육교사의 위치를 보면, 유치원 교사의 경우 초·중등교사와 마찬가지로 교육전문직에 속하며, 보육교사는 서비스종사자에 포함되어 있다. 하지만 영유아보육법의 개정(2011. 6. 7)에 의하여 보육시설 종사자가 보육교직원으로 바뀌었으므로 직업분류 기준 역시 개정할 때에는 반영되어야 할 것으로 생각한다.

0 의회의원, 고위임직원 및 관리자

1 전문가(Professionals)

11	과학 전문가	Science Professionals
12	컴퓨터 관련 전문가	Computer Related Professionals
13	공학 전문가	Engineering Science Professionals
14	보건의료 전문가	Health and Medical Professionals
15	교육 전문가	Teaching Professionals
151	대학교수	College, University Teaching Professionals
15101	인문사회계열 교수	Professors in Civilization and Society
15102	이학계열 교수	Professors in Natural Sciences
15103	공학계열 교수	Professors in Engineering
15104	의약계열 교수	Professors in Medical Sciences
15105	예체능계열 교수	Professors in Arts and Physical Education
15106	사범계열 교수	Professors in Education College
15109	기타 대학교수	College, University Teaching Professionals n.e.c.
152	중등학교 교사	Secondary Education Teaching Professionals
15201	도덕 및 윤리 교사	Ethics Teachers
15202	국어 교사	Korean Language Teachers
15203	수학 교사	Mathematics Teachers
15204	사회 교사	Sociology Teachers

15205	과학 교사	Science Teachers
15206	예체능 교사	Arts and Physical Education Teachers
15207	실업 및 전산 교사	Commercial, Technical and Computer Teachers
15208	외국어 교사	Foreign Language Teachers
153	초등학교 교사	Primary Education Teaching Professionals
154	유치원 교사	Pre-Primary Education Teaching Professionals
155	특수학교 교사	Special Education Teaching Professionals

4 서비스 종사자(Service Workers)

4111	보육 종사자	Child-Care Workers
41111	가정 보육사	Home-Based Child Care Workers
41112	보조 보육교사 및 시설보조 보육사	Institution-Based Child Care Workers

생각해 보기

1. 유아교사직의 매력은 무엇인지 생각해 보자.
2. SBS 스페셜 146회(2008. 12. 21) 「인재전쟁(http: vod.sbs.co.kr)」을 통해 자신이 원하는 것, 가장 잘 할 수 있는 것이 무엇인지 생각해 보자.

모의 취업 상황극

심사자(원장 ,원감, 주임교사)와 면접자(예비교사 5인)가 되어 그룹별로 면접 상황을 재현해 본 후 토론해 보자.

이 학교 출신인 키팅 선생(John Keating: 로빈 윌리암스 분)이 영어 교사로 부임하여, 첫 시간부터 파격적인 수업 방식으로 학생들에게 '오늘을 살라'고 역설하며 참다운 인생의 눈을 뜨게 한다.

감독 : 피터 위어(미국)

제 7 장

유아교사의 권리와 윤리

1. 유아교사의 권리
2. 유아교사의 윤리

교육의 목적은 인격의 형성에 있다. 교육의 목적은 기계적인 사람을 만드는데 있지 않고, 인간적인 사람을 만드는데 있다. 또한 교육의 비결은 상호존중의 묘미를 알게 하는데 있다. 일정한 틀에 짜여진 교육은 유익하지 못하다. 창조적인 표현과 지식에 대한 기쁨을 깨우쳐 주는 것이 교육자 최고의 기술이다.

– 아인슈타인

다섯살 된 자식은 당신의 주인이고, 열살 된 자식은 노예이며, 열다섯살 된 자식은 동등하게 된다. 그 후부터는 교육하는 방법 여하에 따라 벗이 될 수도 적이 될 수도 있다.

– 탈무드

1. 유아교사의 권리

교사가 자신의 직무를 성공적으로 수행하기 위해서는 무엇보다 교권, 즉 교원으로서의 직업적 권위와 권리가 충분히 보장되어야 한다. 교육공무원법 제43조 1항에 '교권(敎權)은 존중되어야 하며, 교원은 그 전문적 지위나 신분에 영향을 미치는 부당한 간섭을 받지 아니한다'고 명시되어 있으며 교육기본법 제14조에 '학교교육에서 교원의 전문성은 존중되며, 교원의 경제적 · 사회적 지위는 우대되고 그 신분은 보장된다'고 규정되어 있다.

일반적으로 교사의 권리로 내세울 수 있는 권리 중 교육권이 가장 대표적인 것이라 할 수 있다. 교육은 학생을 완전한 인격체로 성장시키고 발달시키는 것을 추구하는 의도적인 정책이지만 학생의 교육이라는 교사의 책임과 의무가 적절하고 효과적으로 달성되기 위해서는 교사에게 교육의 자유를 포함한 교육권이 제도적으로 그리고 법적으로 보장되어야 한다(노기호, 2008). 그러나 교원의 권리는 사회적으로 보장되지 못하고 오히려 침해받고 있는 사례가 많다. 한국교총에서 발표한 2007년도 교원의 교육권 침해사건 처리현황을 보면 학부모에 의한 부당한 교육권 침해사례가 가장 많았으며, 이 중에서 비인격적인 폭행, 폭언, 협박 등에 의한 학부모 · 학생의 부당행위로 인한 교육권 침해사례는 총 89건으로 2006년도의 52건에 비하여 71.2% 증가한 것으로 나타났다(노기호, 2008). 특히 유치원이나 어린이집의 경우는 정규 교육에 해당하지 않으므로 교직으로서의 권리가 인정받지 못하고 학부모로부터 부당한 대우를 받는 경우도 발생한다. 유아교사의 교권을 보장하고 존중하는 사회적 분위기가 형성될 수 있도록 유아교사직의 처우를 개선하고 유아교육의 중요성을 부각시켜야 할 것이다.

2. 유아교사의 윤리

1) 직업윤리의 개념

현대 정보화 사회에 있어서는 모든 사람이 직업에 참여할 것으로 요구받으며, 직업이 없이는 떳떳한 사회생활을 할 수 없고 삶의 의미를 찾기도 어렵다. 직업은 개인에게는 생계를 유지하기 위한 수단인 동시에 사회로서는 공동생활을 영위하게 하는 통로가 된다(신익현, 2003). 좁은 의미의 직업은 자활의 한 수단으로 혹은 생활을 위한 수단으로 일의 대가에 따른 경제적 보수가 따른다. 넓은 의미의 직업은 조물주로부터 소명받은 천직관에 의미를 둔다(양복만 · 문승태, 2007). 윤리는 사회규범의 하나로 선과 악, 옳고 그름 사이의 선택을 결정하는 가치규범으로 윤리적이라는 의미는 곧 인간으로서 마땅히 지켜야 할 도리 또는 사회적으로 옳다고 인정되는 덕목에 따르는 것을 의미한다.

직업윤리란 말은 직업과 윤리라는 독립된 단어의 합성어로 직업생활과 관련된 가치관과 규범을 뜻한다. 동 · 서양에서 일상적인 용어로 사용하고 있는

직업윤리의 개념은 어떠한 직업인이 직업을 수행하는 과정에서 지켜야 할 상호적 관계의 도리나 사회적으로 기대되는 내 · 외적인 행위규준으로(이영배, 2001), 한 직업 세계에서 그 직업의 지속과 번영을 위해 요구되는 관습화된 행동규범이라고 할 수 있다(김은설 · 박수연, 2010).

직업윤리는 인간이 맡은 일을 수행함에 있어서 어떻게 하는 것이 바람직한가에 대한 대답을 제시하기 때문에 그 의미가 매우 중요하다. 그런데 새로운 직업구조와 직무형태가 등장하면서 전통적인 직업윤리에 대한 변화가 요구되고 있다. 기존의 직업의식에서 직업윤리는 개인적 차원의 직업윤리였다면 새로운 시대에 요구되는 직업윤리는 사회적 차원의 직업윤리로 근면성과 책임감만을 강조하는 것이 아닌 도덕성, 신뢰성 등을 강조한다(문승태 · 양복만, 2007). 우리나라 국민들은 직업인이 갖추어야 할 직업윤리 덕목으로 책임감을 가장 중요하게 생각하며 그 다음은 성실, 정직, 신뢰성, 창의성, 협조성 등으로 나타났다. 그러나 직무몰입, 자발성, 조직헌신 등의 덕목은 다른 것에 비해 덜 중요한 것으로 인식하였다(한국직업능력개발원, 2007).

직업윤리는 직무성과에 정적인 영향을 미치는 것으로 보고된다. Merrens와 Garrett(1975)은 실험과업(백지 1장마다 150개씩 그려져 있는 원 안에 ×를 기입)에 있어서 높은 프로테스탄트 직업윤리를 가진 실험대상자들은 낮은 프로테스탄트 직업윤리를 가진 집단에 비하여 더 오랫동안 작업을 계속하고 작업량 자체도 훨씬 많았음(이도화, 1996, 재인용)을 보고하였다. 그런데 직업윤리는 전문직을 정의짓는데 필요한 구인으로 어떠한 전문직도 구성원들의 행위를 안내하는 윤리강령 없이는 실제 존재할 수 없다(Campbell, 2000). 전문직은 본질적으로 사회봉사를 수행하며 조직적인 지식체계에 근거하고, 장기간의 학문적 · 실질적 훈련이 필요하며, 고도의 자율성과 일정한 윤리규정을 지니고 연수를 통한 성장을 이뤄가는 직종이다(Hoyle, 1980). 또한 전문직은 일생의 생업으로 볼 수 있으며 개인보다는 대중의 복지, 공공에의 봉사가 요청되고 법적 요구 이상의 의무를 지니며 인격과 능력의 최고도를 지향하며 직업의 평가를 근무연한 같은 외형적인 것이 아닌 업무 자체에 둔다. 조직체와 대변기관을 가지고 윤리강령을 지니며 성문화된 법률적 지위를 지닌 직종이다(김종철, 2004). 교직은 직업상 전문직이기 때문에 고도의 지적 능력과 자율성 및 교권의 확립이 요구되며 이에 따르는 사회적 책임과 직업의 윤리가 강조된다(임승렬, 2007).

2) 교사의 윤리의식

교사의 윤리의식은 교육의 질과 성패에 매우 큰 영향을 미치며 교사들이 사회변동에 효과적으로 적응하기 위해서는 직업에 대한 건전한 윤리의식의 확립이 필수적으로 요구된다(문승태 · 양복만, 2007).

선진 사회로 성공적인 도약을 하기 위해서는 산업 및 직업세계의 변화에 걸맞은 교육훈련 시스템의 혁신, 그리고 직업진로 시스템의 개선도 필요하지만, 동시에 전 국민이 미래 직업세계에 필요한 적극적이고 진취적인 직업가치관과 직업윤리를 갖도록 하는 직업의식의 선진화가 절실히 필요하다(한국직업능력개발원, 2007). 최근 들어 교직윤리의 개념이 중요한 키워드가 되고 있는데(Sockett, 1993), 교사들의 직업윤리는 다른 직업에 비해서 상대적으로 높지만 교육은 일반 직업과 달리 인간이 도덕적 품성과 자질을 육성하는 특수한 활동이고, 교직은 이런 일을 수행하는 전문직이기 때문에 교직윤리는 다른 어떤 직업윤리보다 중요하다.

교사들은 다른 어떤 직종의 사람들보다 높은 도덕관과 직업윤리가 필요하다. 그런데 교사들의 도덕성은 교직에 입문한 이후부터 함양될 수 있는 역량이라기보다는 예비교사 양성과정에서부터 실제 학교 현장에서 교사들이 경험할 수 있는 도덕적 딜레마에 대해 다양한 방식으로 고민할 수 있는 교육적 기회를 제공함으로써 예방백신과 같은 효과를 기대할 수 있다(문용린, 1998). 이러한 점에서 유아교육기관 현장경험과 연계된 교직윤리 교육은 미래의 유아교사가 될 예비 및 현직 유아교사들의 윤리실천 수준 발달의 기초를 다질 수 있으며 대학원 강좌의 유아교사론이나 유아교육장학론 등은 교사교육 관련 과목들은 유아교사 교육자의 교직윤리에 관한 내용을 다룸으로써 윤리실천력 향상에 도움을 줄 수 있다(박은주, 2010).

3) 교사의 윤리강령

(1) 미국의 유아교사 윤리강령

유아교사직은 인간의 성장과 발달에 관한 전문적인 활동이므로 타 전문직보다 윤리의 중요성이 더 부각되며(조형숙 · 박은주 · 류혜숙, 2008), 진정한 전문직으로서의 발전을 위해서는 도덕적 이상과 표준이 담긴 윤리강령 제정이 필요하다(이은화 · 배소연 · 조부경, 1995). 윤리강령은 유아교사가 윤리적 딜레마를 해결할 수 있는 합리적 행동에 대한 가이드 라인이 된다(NAEYC, 2005).

사회에서 가장 취약한 집단 중 하나인 영유아와 함께 생활하는 유아교육기관의 교직원은 자신의 직무에 대하여 높은 윤리적 책임감과 사명의식을 가지고 있어야 한다. 윤리강령은 유아교육기관에 종사하는 교직원들로 하여금 자신의 직무에 대해 전문성과 공공성을 갖추도록 설득하는 주요 근거가 된다(이완정, 2005).

Natonal Association of Early Childhood Teacher Educators와 American Associate Degree Early Childhood Teacher Educators에 의해 1989년에 채택된 'NAEYC 윤리강령(Code of Ethical Conduct)은 1997년에 개정되었고, 2005년에 수정되었다. 2011년에 재확인된 가장 최근의 NAEYC(2011)의 윤리강령은 하루일과 중에 유아교사들이 도덕적이고 윤리적인 결정을 끊임없이 해야 함을 인식하고 유아교육에서 마주치는 주요 윤리적 딜레마를 해결할 수 있는 일반적 기초가 되고 책임감 있는 행동의 가이드라인을 제공하였다.

NAEYC(2011) 윤리강령의 핵심가치는 7가지이다. 첫째, 유아기를 인간의 발달 주기 중 유일하고 가치로운 단계로 인정하는 것이다. 둘째, 유아가 발

달하고 학습하는 방법에 대한 지식을 기초로 일하는 것이다. 셋째, 유아와 가족간의 애착을 지지하고 격려하는 것이다. 넷째, 유아는 가족, 문화, 지역, 그리고 사회의 맥락에서 가장 잘 이해될 수 있음을 이해하는 것이다. 다섯째, 개별 유아(가족 구성원과 동료)의 존엄성, 가치, 그리고 개성을 존중하는 것이다. 여섯째, 유아, 가족, 그리고 동료의 다양성을 존중하는 것이다. 일곱째, 신뢰와 존중이 기초가 되는 맥락 내에서 유아와 성인이 잠재력을 펼칠 수 있다는 점을 인식하는 것이다.

NAEYC(2011)의 윤리강령은 4가지 영역에서 전문가의 책임에 대해 제시하고 있으며 각 영역은 ① 유아, ② 가족, ③ 동료간, ④ 지역사회와 공동체와와의 전문적인 관계를 소개하고 있다. 각 영역은 이상(ideals)과 원칙(principles)으로 구성되며 개념은 유아교사들의 의욕을 반영하며 원칙은 윤리적 딜레마를 해결하는 과정에서 유아교사들을 지지하고 안내하는 것이다. NAEYC(2011) 윤리강령의 영역별 이상, 원칙, 내용은 다음 표 〈7-1〉과 같다.

|표 7-1| NAEYC(2011) 윤리강령의 영역별 이상, 원칙, 내용

영역	이상	원칙	내용
1. 유아에 대한 윤리적 책임	12개 항목	11개 원칙	유아기는 인간의 발달 주기 중 유일하고 가치로운 단계이다. 교사의 주요 책임 범주는 개별 유아가 안전하고, 건강하고, 영양을 섭취하도록 하고, 반응적으로 보육한다. 유아의 발달과 학습을 지지하고, 개인차를 존중하고, 유아가 생활하고, 놀이하고, 협동하는 것을 돕는다. 유아의 자아개념, 자아 존중감, 신체적 안녕 등을 촉진한다.
2. 가족에 대한 윤리적 책임	9개 항목	15개 원칙	가족은 유아의 발달에 중요한 기능을 한다. 가족과 유아교사는 유아의 안녕에 관심을 갖기 때문에 유아의 발달을 촉진하는 다양한 방법으로 유아교육 프로그램과 가정간 의사소통, 협조, 동료관계를 이끌 수 있는 기본적인 책임을 지닌다.
3. 동료에 대한 윤리적 책임	6개 항목	9개 원칙	협조적이고 개인의 인격이 존중되는 직장에서 직무만족도는 향상되고 긍정적인 관계가 발전되고 지속된다. 동료에 대한 책임감은 생산적이

영역	이상	원칙	내용
A. 동료에 대한 책임감	4개 항목	4개 원칙	고 전문적인 요구를 만족시키는 관계를 유지하게 한다. 유아와의 관계와 마찬가지로 직장에서 성인간 관계가 형성되어야 한다. 이 영역은 동료에 대한 책임감과 원장에 대한 책임감으로 구성되어 있다.
B. 원장에 대한 책임감	2개 항목	5개 원칙	
4. 지역사회와 공동체에 대한 윤리적 책임	8개 항목	13개 원칙	유아교육은 유아의 복지에 관심이 있는 단체와 가족으로 구성된 직접적인 지역의 맥락에서 운영된다. 지역에 대한 책임은 유아에 대한 책임을 공유하는 전문가 및 기관과 더불어 가족의 다양한 요구를 만족시키는 것이다. 그리고 지금은 구할 수 없지만 필요로 하는 지역사회의 프로그램을 만들어 내는 것이다. 이 영역은 개인에 대한 책임감과 집단에 대한 책임감으로 구성되어 있다.
A. 개인에 대한 책임감	1개 항목	10개 원칙	
B. 집단에 대한 책임감	7개 항목	3개 원칙	

출처: NAEYC(2011).

NAEYC(2011) 윤리강령의 구체적인 내용은 다음과 같다.

윤리강령(Code of Ethical Conduct)
NAEYC Position Statement
(Adopted 1989 / Amended 1997 / Revised 2005 / Reaffirmed and Updated 2011)

서문(Preamble)

NAEYC는 유아를 대상으로 일하는 사람은 매일 도덕적, 윤리적 의미를 지니는 결정을 해야 한다는 것을 인식하고 있다. NAEYC의 「윤리강령」은 책임있는 행동에 대한 지침들을 제시하고, 어린 유아를 보육하고 교육하는 과정에서 마주치게 되는 중대한 윤리적 딜레마를 해결하기 위한 보편적인 기초를 제공한다. 핵심은 출생부터 8세에 이르는 유아를 위한 프로그램에서 유아 및 그 부모와 관련된 매일의 실제에 두고 있는데, 유아를 위한 프로그램으로는 영아 프로그램, 취학전 교육기관, 보육기관, 가정탁아(family child care homes), 유치원, 초등학교 학급 등이 있다. 이 규칙 속의 조항들 중 상당수는 유아를 직접 상대해서 일하지 않는 전문가

—프로그램 관리자, 부모, 교육이론가, 대학교수, 아동보육자격증을 가진 전문가에게도 적용될 수 있다.

핵심가치

유아를 보육하고 교육하는 과정에서의 윤리적 행동의 기준은 우리 역사 속에 깊이 뿌리 박혀있는 핵심가치들에 입각하여 수립되어 있다. 우리는 다음과 같은 가치들을 지켜 왔다.

* 유아기를 독특하고 가치있는 인생주기의 한 단계로 이해하기
* 유아에 관한 우리의 직무를 유아발달에 관한 지식에 근거하기
* 유아와 가정간의 밀접한 유대관계를 이해하고 지원하기
* 가정, 문화, 집단, 사회의 맥락 속에서만이 유아를 가장 잘 이해할 수 있고 지원할 수 있다는 사실을 인식하기
* 각 개인(유아, 가족구성원, 동료)의 존엄성, 가치, 개성을 존중하기.
* 유아와 성인이 신뢰, 존경, 긍정적인 인식 등을 기초로 한 관계 속에서 그들의 모든 잠재력을 발휘하도록 도와주기

개념적 체계

윤리강령은 (1) 유아, (2) 가정, (3) 동료, (4) 지역사회와 공동체(society)의 4장으로 구분하여 직업의 전문적 책임에 관한 개념을 나타내고 있는데, 각 장은 직업적인 관계들의 활동영역을 나타낸다. 각 장은 ① 그 활동영역에서 유아를 담당한 교사의 중대한 책임에 대한 개념 도입, ② 모범적인 직업적 실천을 지향하는 일련의 이상(理想)들, ③ 어떤 실천이 요구되고, 금지되고, 허용되는지 정의 내리는 일련의 원칙들을 포함하고 있다.

이상들(The ideals)은 전문가들의 희망사항을 반영하고 있다. **원칙들(The principles)**은 이 분야에서 직면하는 윤리적 딜레마들을 해결하는 과정에서 행동의 지침을 제시하고 현직교사들을 도와주기 위한 목적으로 만들어졌다. 각각의 이상마다 반드시 그에 부합되는 원칙이 존재하는 것은 아니다. 이상과 원칙은 모두 교사들이 책임과 관련하여 질문을 받을 경우 의사결정의 기초를 제공하기 위한 목적으로 만들어졌다. 이 윤리강령은 몇몇 윤리적 딜레마를 설명하기 위하여 구체적인 방향과 주장들을 제공하고 현직교사들로 하여금 이 윤리강령의 지침으로 건전한 직업적 판단을 하도록 한다.

윤리강령에 나오는 이상과 원칙은 우리의 중심가치에 대한 직업적 책임을 제시하고 있다. 이 윤리강령은 이 분야의 책임을 공개하고 직무 중에 윤리적 행동을 취하도록 한다. 윤리적 딜레마에 직면한 현직교사들은 이 규칙의 적용 가능한 부분들과 윤리강령 전체에 흐르고 있는

정신으로부터 지침을 발견할 수 있다.

윤리적 딜레마들은 항상 존재한다.

때때로, 취해야 할 최상의 윤리적 행동양식에 대한 "정답"은 분명하지 않다. 하나의 상황을 처리하기 위한 분명하고 긍정적인 방식도 있지 않을 수 있다. 하나의 중요한 가치는 다른 중요한 가치와 상충될 수도 있다. 우리가 "하나의 딜레마"에 처했을 경우에는 취해야 할 가장 윤리적인 행동양식을 찾는 과정에서 모든 관계 당사자와 협의해야 하는 것이 우리의 직업적 책임이다.

제 1 장 유아에 대한 윤리적 책임

유아기는 인생주기에 있어서 독특하고 중요한 하나의 단계이다. 우리의 중대한 책임은 유아에게 안전하고 건전하고 반응적인 환경을 제공하는 것이다. 우리는 1) 유아의 발달을 지원하고, 2) 개인간의 차이를 존중하며, 3) 협동적으로 살고 일하는 방법을 배울 수 있도록 도와주고, 4) 건강, 자기인식, 능력, 자기가치를 증진시켜 주는데 전념해야 한다.

이상들

I - 1. 1. 유아를 보호하고 교육하기 위한 기초지식을 숙지하고 계속적인 교육과 현직 교육 훈련을 통하여 시대 흐름에 뒤떨어지지 않기

I - 1. 2. 프로그램의 실천을 유아발달 및 관련 분야의 최신 지식과 각 유아에 대한 구체적인 지식에 기초하여 프로그램을 실천하기

I - 1. 3. 각 유아의 개성과 잠재력을 인식하고 존중하기

I - 1. 4. 유아가 특별히 상처받기 쉽고 어른에게 의지한다는 것을 이해하기

I - 1. 5. 유아의 사회적, 정서적, 인지적, 신체적 발달을 촉진하고 그들의 존엄성과 기여도를 존중하는 안전하고 건강한 환경을 창조, 유지하기

I - 1. 6. 유아에게 도움이 되는 평가 도구와 전략 이용하기

I - 1. 7. 부가적인 서비스를 필요로 하는 유아를 구분하고, 교수를 지원하며 유아의 발달과 학습을 지원하고 이해하기 위해 평가 정보를 이용하기

I - 1. 8. 장애의 유무에 상관없이 유아의 욕구에 부합하는 포괄적인 환경에서 학습하고 놀이하도록 각 유아의 권리를 지지하기

I - 1. 9. 특별한 요구를 지닌 유아를 포함하여 모든 유아가 성공을 지지하는 서비스에 접근하도록 격려하기

I - 1. 10. 각 유아의 문화, 언어, 인종, 그리고 가족구조를 이해하고 가치롭게 여기기

I - 1. 11. 영어의 사용과 가정 내 언어의 사용을 유지하도록 유아를 지지하고 유아가 알고 있는 언어 경험을 제공하기

I - 1. 12. 유아와 가족이 프로그램을 잘 이해하도록 가족을 돕기

원칙들

P - 1. 1. 무엇보다도 우리는 유아에게 상처를 주어서는 안 된다. 우리는 유아를 존중하지 않고, 열악하고, 위험하고, 착취적이고, 위협적이고, 정서적으로 해를 주고, 또는 유아에게 신체적으로 해로운 실제에 참여해서는 안 된다. 이 원칙은 이 윤리강령에 나오는 다른 모든 원칙들보다 우선한다.

P - 1. 2. 우리는 인종, 민족, 종교, 성별, 출신국가, 언어, 능력, 또는 부모의 지위, 행동, 신념 등에 기초하여 도움을 제공하지 않거나 특혜를 주거나 프로그램이나 활동에서 배제함으로써 유아를 차별하는 실제에 참여해서는 안 된다(이 원칙은 특수한 유아에게 도움을 제공하기 위하여 법적 정당성을 부여받은 프로그램에는 적용되지 않는다).

P - 1. 3. 우리는 관련지식을 가진 모든 사람들(직원과 부모를 포함)을 유아에 관련된 결정과정에 참여시켜야 한다.

P - 1. 4. 모든 유아를 위해서 우리는 교수전략, 학습환경, 커리큘럼 등에 있어서 적용형태를 구체화하고, 가족과 상담하며, 그 프로그램을 통하여 유아의 잠재력을 극대화하기 위하여 적당한 전문가로부터 조언을 구해야 한다.

P - 1. 5. 우리는 신체적, 성적, 언어적, 정서적 학대와 방임을 포함한 아동학대의 증상들을 숙지하고 있어야 한다. 우리는 아동을 학대와 방임으로부터 보호하는 주법(州法)과 지역사회의 절차(community procedures)를 알고 준수해야 한다.

P - 1. 6. 우리가 아동학대와 방임이라고 의심할 만한 정당한 근거를 확보했을 경우 우리는 그것을 적절한 지역사회 담당자에게 알리고 적절한 조치가 취해지는지 끝까지 확인해야 한다. 적절한 조치가 취해졌을 경우에는 부모 또는 보호자에게 책임이전이 이루어졌음을 알려야 한다.

P - 1. 7. 다른 사람이 우리에게 어떤 유아가 학대당하거나 방임을 당하고 있다는 의혹을 알려줄 경우 우리는 그 사람이 유아를 보호하기 위하여 적절한 조치를 취하도록 도와주어야 한다.

P - 1. 8. 유아를 보호하는 담당기관이 학대당하거나 방임을 당하는 유아에게 적절한 보호조치를 제공하는데 실패했을 경우 우리는 집단적인 윤리적 책임을 인정하고 이러한 지원을 향상시키려고 노력해야 한다.

P - 1. 9. 우리가 유아의 건강 또는 안전을 위협하는 실제 또는 상황을 인식하게 되었으나 과거에는 이러한 사실이 알려져 있지 않았을 경우 우리는 윤리적 책임을 가지고서 그러한 상황을 치유할 수 있고 유사한 위협으로부터 유아를 보호할 수 있는 사람들에게 이 사실을 알려주어야 한다.

P - 1. 10. 다른 사람이 우리에게 유아가 학대받거나 방임되고 있음을 말할 때 우리는 그 사람에게 유아를 보호하기 위해 조치를 취해야 함을 알려야 한다.

P - 1. 11. 유아의 건강, 안전, 안녕의 위험이 되는 상황이나 실제를 알게 되면 우리는 유아를 보호할 윤리적 책임이 있으며 가능한 다른 사람이나 부모에게 알려야 한다.

제 2 장 가정에 대한 윤리적 책임

가정은 유아의 발달에 있어서 커다란 의미를 지닌다(가정이라는 용어는 부모뿐만 아니라 유아에 관하여 책임을 담당하는 모든 사람들을 포함하는 개념이다). 가정과 유아를 담당하는 전문가들은 유아의 복지에 관하여 공통적인 이해관계를 가지고 있기 때문에 유아의 발달을 강화하는 방향으로 가정과 학교의 협조를 이룩해야 하는 중요한 책임을 인정해야 한다.

이상들

I - 2. 1. 우리가 지원하는 가정과 상호 신뢰관계를 발전시켜 나가기

I - 2. 2. 유아를 양육하는 가정의 역할을 지원함으로써 그 힘과 능력을 인정하고 길러주기

I - 2. 3. 각각의 가정의 존엄성과 그 문화, 언어, 관습, 신념 등을 존중하기

I - 2. 4. 가정이 갖는 유아 양육의 가치와 자신의 유아들에 대한 의사결정을 할 권리를 존중하기

I - 2. 5. 각 유아의 성장을 발달적인 시각의 체계 내에서 부모에게 이해시키고 가정이 발달적으로 적합한 실제의 가치를 이해하고 인식하도록 도와주기

I - 2. 6. 가정의 구성원이 유아에 대한 이해를 높이도록 도와주고 부모로서 필요한 기술들을 길러주기

I - 2. 7. 가정에게 프로그램 직원, 다른 가정, 지역사회 자원(resources), 전문적인 지원기관과 교류할 수 있는 기회를 제공하고 지원 네트워크에 참여시키기

I - 2. 8. 가족 구성원에게 유아에 대한 이해를 증진시키기 위해 우리는 가족과의 상호작용을 통해 개별 유아에 대한 그들의 이해를 돕고 부모로서 육아 기술을 계속 발달시키도록 가족 구성원을 지지하기

I - 2. 9. 가정의 관계망을 지지하기 위해 필요하다면 프로그램 교직원, 다른 가정, 지역사회

자원, 그리고 전문적인 서비스를 가족에게 제공함으로써 가족 관계망을 만드는데 참여하기

원칙들

P - 2. 1. 우리는 법적 제한이 없는 한 가정의 구성원들이 그들의 유아가 속한 학급 또는 프로그램 환경을 살펴볼 권리를 거부하지 않아야 한다.

P - 2. 2. 우리는 부모에게 프로그램의 철학, 정책, 그 담당자의 자격사항을 알려주고 우리가 왜 현재와 같이 교육하고 있는지, 어떤 것이 유아에 대한 우리의 윤리적 책임과 조화되는 것인지 설명해 주어야 한다.

P - 2. 3. 우리는 부모에게 적절한 시기를 알려주고 그들을 정책결정에 참여시켜야 한다.

P - 2. 4. 우리는 자녀에게 영향을 주는 중대한 의사결정에 부모를 참여시켜야 한다.

P - 2. 5. 우리는 가족이 이해할 수 있는 언어로 효과적으로 소통할 수 있도록 노력해야 한다. 기관에 충분한 자원이 없을 경우 번역가나 통역가 등의 의사소통 자원을 활용해야 한다.

P - 2. 6. 가족과 유아에 대한 정보를 공유하도록 하고 기관의 계획과 실행에 대한 중요한 기여를 할 수 있도록 가족을 포함해야 한다.

P - 2. 7. 기관의 유아 평가의 목적과 특성에 대해 가족에게 알려주고 그들의 자녀에게 그 자료가 어떻게 사용될 것인지 알려야 한다.

P - 2. 8. 유아의 평가 정보에 대한 비밀을 준수하고 법적인 필요가 발생한 경우에만 공유하도록 한다.

P - 2. 9. 우리는 부모에게 그들의 자녀에게 발생한 사건과, 감염의 결과로 인해 초래할 수 있는 유행성 질병에 대한 노출과 같은 위험, 그리고 감정적 스트레스를 초래할 수 있는 사건들에 대해서 알려주어야 한다.

P - 2. 10. 부모가 불화 상태에 있는 경우 우리는 공개적으로 직무를 수행해야 한다. 즉, 유아에 대한 우리의 관찰을 공유하고, 모든 관계 당사자들로 하여금 정보를 얻은 상태에서 의사결정을 할 수 있도록 도와주어야 한다. 우리는 일방적으로 한편을 지지하는 것을 삼가야 한다.

P - 2. 11. 우리는 가정을 도와주는 지역사회 기관들과 전문 지원기관들에 대하여 숙지하고 이를 적절히 활용해야 한다. 책임이전이 이루어진 후에도 우리는 도움이 적절하게 제공되었는지 끝까지 확인해야 한다.

P - 2. 12. 유아의 기록에 대한 개방과 비밀유지에 대한 문서화된 방침이 있어야 한다. 문서화된 방침은 개인과 가족을 위한 모든 프로그램에 적용되어야 한다. 가족 구성원, 프로그램 관계자, 자문자 외에 유아의 기록을 노출할 때는 가족의 동의를

구해야 한다(아동학대와 방임의 경우는 제외).

P - 2. 13. 가정 생활에 침입하거나 가족의 정보를 노출하지 않도록 가족의 사생활의 권리를 보호하고 존중해야 한다. 그러나 유아의 복지에 위험이 있다고 생각될 때, 유아의 권리를 존중하는 법적 권리를 지니는 개인 및 기관과 정보를 공유할 수 있다.

P - 2. 14. 가족 구성원간 갈등이 있을 경우, 유아 관찰에 대해 공개하고 모든 가족 구성원이 정보와 관련된 결정을 하도록 도와야 한다. 그러나 한쪽 편만을 옹호해서는 안 된다.

P - 2. 15. 우리는 가정을 도와주는 지역사회 기관들과 전문 지원기관들에 대하여 숙지하고 이를 적절히 활용해야 한다. 책임이전이 이루어진 후에도 우리는 도움이 적절하게 제공되었는지 끝까지 확인해야 한다.

제 3 장 동료에 대한 윤리적 책임

유아교육 및 보육에 관한 협동적인 직무환경에서 인간의 존엄성은 존중되고, 직업에 관한 만족도는 향상되어야 하며, 긍정적인 관계가 형성되어야 한다. 우리의 중심가치에 근거해 볼 때 이 활동 영역에서의 우리의 중요한 책임은 생산적인 직무수행을 지원하고 직업적 요구사항들을 충족시킬 수 있는 환경과 관계를 형성하고 유지하는 것이다. 유아에게 적용되는 것과 같은 이상들이 성인에 대한 책임에도 내재되어 있다.

A. 동료에 대한 책임

이상들

I - 3A. 1. 동료와 존경, 신뢰, 협동의 관계를 수립, 유지하기

I - 3A. 2. 동료와 자료와 정보를 공유하기

I - 3A. 3. 동료가 그들의 직업적 요구조건을 달성하고 직업적 발달을 이루도록 지원하기

I - 3A. 4. 동료의 직업적 성취도에 대한 정당성 인정하기

원칙들

P - 3A. 1. 우리는 동료의 기관에 대한 기여를 인정하고 그들의 평가에 부정적인 일에 참여하지 않아야 하며 유아와 가족과 일하는 그들의 노력을 훼손해서는 안

된다.

P - 3A. 2. 우리는 한 동료의 직업적 행동에 관하여 관심을 갖게 되었을 경우, 먼저 그 사람에게 개인의 존엄성과 여러 교직원 중에서 발견되는 다양성을 존중함을 보이면서 자신의 관심을 알리고, 그 후 협동적으로 그 문제를 해결하려고 시도해야 한다.

P - 3A. 3. 우리는 동료의 개인적 성향 또는 직업적 행동에 관하여 의견을 표현할 때 주의를 기울여야만 한다. 진술내용은 일차적으로 지식에 기초해서 유아와 기관의 이익에 관련있는 것이어야 한다.

P - 3A. 4. 우리는 성, 인종, 민족, 종교, 또는 기타 소속, 연령, 결혼상태, 가족구조, 장애, 또는 성적 취향 때문에 동료를 차별해서는 안 된다.

B. 고용인에 대한 책임

이상들

I - 3B. 1. 최고 수준의 서비스를 제공하는 프로그램을 지원하기

I - 3B. 2. 규칙의 조항을 보호하도록 만들어진 법과 규정을 위반하는 것이 아니라면 운영 프로그램의 평가에 해를 끼치는 어떤 일도 하지 않기

원칙들

P - 3B. 1. 프로그램의 정책에 동의하지 못할 경우 우리는 먼저 조직 내의 건설적인 행동을 통하여 변화를 주려고 시도해야 한다.

P - 3B. 2. 우리는 오직 허가(위임)받은 경우에 한해서만 조직을 대표해서 말하거나 행동해야 한다. 우리는 조직을 위해 발언하는 경우와 개인적인 판단을 말하는 경우를 구분해야 한다.

P - 3B. 3. 우리는 유아를 보호하기 위해 만들어진 법 또는 규정을 위반해서는 안 되며, 만일 그러한 위반을 인식했을 경우에는 이 윤리강령에 일치하는 적절한 조치를 취해야만 한다.

P - 3B. 4. 만약 동료의 행동이 유아의 안녕을 위협한다는 염려가 든다면, 개인적으로 염려를 언급할 수 있다. 만약 동료에게 주의를 끌도록 했음에도 불구하고 위험에 놓은 유아를 개선하지 않는다면, 적절한 권위를 지닌 기관에 그 동료의 윤리적 또는 미숙한 행동에 대해 알려야 한다.

P - 3B. 5. 우리는 기관의 교육과 보호의 질에 영향을 미치는 조건이나 상황이 염려된다면

우리는 기관장에게 알려야 하고 필요한 경우 다른 적절한 권위를 지닌 기관에 알려야 한다.

제 4 장 지역사회와 공동체(Society)에 대한 윤리적 책임

유아에 관한 프로그램은 가정과 유아의 복지를 담당하는 기타 기관들로 구성된 근접지역 내에서 운영된다. 지역사회에 대한 우리의 책임은 지역사회의 요구조건을 만족시키는 프로그램을 제공하고, 유아에 대한 책임을 나누는 기관과 전문가와 협조하며, 현재 실시되고 있지는 않지만 필요한 프로그램를 개발하는 것이다. 유아의 복지와 보호에 관한 책임을 다 해야 하며 유아의 발달에 관한 전문화된 지식을 가지고 유아를 위한 대변인으로서의 역할을 수행해야 한다.

이상들(개인)

I - 4. 1. 지역에 양질의(연령과 개인에 따라 적절하고, 문화적 · 사회적으로 건전한) 교육/보육 프로그램을 지원하기

이상들(집단)

I - 4. 2. 유아, 부모, 교사의 복지를 담당하는 기관 간 협조관계와 전문가 간의 학문 분야를 초월한 협조관계를 증진시키기

I - 4. 3. 교육, 연구, 지원을 통하여 모든 유아들이 적절한 건강관리, 음식, 안식처 등을 얻고, 양육되며 폭력없이 생활할 수 있는, 환경적으로 안전한 세상을 만드는 방향으로 직무를 수행하기

I - 4. 4. 교육, 연구, 지원을 통하여 모든 유아가 높은 수준의 교육/보육 프로그램들에 접근할 수 있는 방향으로 직무를 수행하기

I - 4. 5. 다양한 정보 자료를 포함하는 평가 시스템을 지니고 유아에게 도움이 되는 목적을 위해 이용하기

I - 4. 6. 유아와 그들의 요구 사항에 대한 지식과 이해를 증진시키기. 유아의 권리에 대한 사회적 인식을 확대시키고 그들의 복지에 대한 책임을 사회적으로 수용하는 분위기를 확산시키는 방향으로 직무를 수행하기

I - 4. 7. 유아와 가정의 복지를 증진시키는 정책과 법을 지지하고, 그들의 복지에 해를 주는 것들에 대해서는 반대하기. 필요한 정책과 법을 개발하는데 참여하고 이러한 목적을 위해서는 다른 개인 또는 집단과 협조하기

I - 4. 7. 유아에 대한 보육과 교육의 분야를 보다 전문적으로 발전시키고 이 윤리강령에 반영되어 있는 핵심가치에 대해 이해하기

원칙들(개인)

P - 4. 1. 우리가 제공하는 서비스의 특성과 수준에 관하여 공개적으로 진실된 의견을 교환해야 한다.

P - 4. 2. 우리는 개인적으로 적합하지 않고 전문적인 자격에 넘치는 직위를 받아들이거나 일해서는 안 된다. 우리는 능력, 자격, 자료가 부족한 서비스를 제공해서는 안 된다.

P - 4. 3. 우리는 우리의 프로그램 실제에 기초가 되는 지식을 알리는데 있어서 객관적이고 정확해야 한다.

P - 4. 4. 우리는 유아와 그 가정을 대상으로 일하는 다른 전문가들과 협동해야 한다.

P - 4. 5. 우리는 능력, 자격, 성격이 직위에 적합하지 않은 사람을 고용하거나 추천해서는 안 된다.

P - 4. 6. 우리는 비공식적인 해결책이 효과가 없을 경우 동료의 비윤리적 또는 능력결함을 상급자에게 보고해야 한다.

P - 4. 7. 우리는 우리의 프로그램 내의 유아를 보호하기 위한 법과 규정을 숙지하고 있어야 한다.

P - 4. 8. 우리는 우리의 프로그램 내의 유아를 보호하기 위한 법과 규정에 위반되는 실제에 참여해서는 안 된다.

P - 4. 9. 우리는 유아에 관한 프로그램이 유아를 보호하는 법과 규정에 위배된다는 증거를 확보한 경우 그 프로그램의 책임자에게 그 사실을 알려야 한다. 만약(법과 규정에 대한) 적절한 시간 내에 준수되지 않는다면 그 상황을 개선할 것으로 예상되는 적절한 관계당국에 그 위반사실을 알려야 할 것이다.

P - 4. 10. 우리는 유아, 가정, 교사에 대한 지원을 담당한 기관 또는 전문가가 의무를 다하지 못하고 있다는 증거를 확보한 경우 그 문제를 적절한 관계당국 또는 일반 대중에게 알려야 할 집단적인 윤리적 책임이 있음을 인식해야 한다.

원칙들(집단)

P - 4. 11. 정책이 유아에게 도움이 되지 않는 목적을 수반할 때, 우리는 이 정책을 변화시키기 위해 일해야 하는 집단적 책임이 있다.

P - 4. 12. 유아의 복지를 증진하고자 의도된 서비스를 제공해야 하는 기관이 그들의 목적에 부합하지 않을 경우, 우리는 적절한 권위를 지닌 기관이나 대중에게 그 문제를 알려야 하는 윤리적 · 집단적 책임이 있음을 알아야 한다. 그 상황이 해결될 때까지 우리는 계속 방심하지 않아야 한다.

P - 4. 13. 아동보호기관이 학대받거나 방임된 아동에 대한 적절한 보호를 제공하지 않을 경우, 우리는 이들 서비스를 개선하는 노력을 해야 할 집단적 · 윤리적 책임을 지님을 알아야 한다.

선서문(Statement of Commitment)

유아를 담당하는 개인으로서 나는 NAEYC의 윤리강령에 반영되어 있는대로 유아의 교육에 대한 가치를 향상시키는데 전념한다.

내 능력을 최대한 발휘해서 나는

* 절대로 유아에게 해를 가하지 않는다.
* 유아에 관한 프로그램이 유아발달과 유아교육에 대한 최근 연구와 지식에 기초하도록 한다.
* 유아를 양육하는 가정의 임무를 존중하고 지원한다.
* 유아를 교육하는 동료를 존중하고 그들이 NAEYC의 윤리강령을 준수할 수 있도록 지원한다.
* 지역사회와 공동체 내에서 유아, 가정, 교사의 대변자로서 역할을 다한다.
* 직업적 행동의 높은 기준을 유지한다.
* 개인의 가치, 의견, 편견이 전문적 판단에 얼마나 영향을 미칠 수 있는지 인식한다.
* 새로운 사상에 개방적인 자세를 취하고 다른 사람의 주장으로부터 배울 것은 기꺼이 배운다.
* 전문가로서 끊임없이 배우고, 성장하며, 기여한다.
* NAEYC의 윤리강령의 이상과 원칙을 존중한다.

(2) 우리나라의 유아교사 윤리강령

① 우리나라 유아교사 윤리강령

우리나라의 교사 윤리강령으로는 한국문화협회에서 제정한 사도강령(1954. 10. 9), 한국교원단체총연합회(전 대한교육연합회)에서 제정한 한국교원윤리강령(1958. 9. 19)과 사도강령 및 사도헌장(1982. 5. 15), 그리고 전국교직원노동조합에서 제정한 참교육실천강령(2002. 5. 15) 등이 있다.

대한교육연합회 대의원에서 1958년 9월 19일에 채택한 한국교원윤리강령은 전문과 제1장 학생, 제2장 가정, 제3장 사회, 제4장 교직, 제5장 교양으로 구성되어 있다. 1981년 11월 30일 경서중학교 이윤상 군의 유괴 살인사건의 범인이 바로 해당 학교의 체육교사인 주영형으로 밝혀진 사건은 교원의 윤리 문제가 사회적 관심사로 크게 대두되는데 결정적으로 작용했다. 대한교육연합회(현 한국교원단체총연합회)는 1982년도에 들어서자마자, 우선 실추된 교권의 회복이 무엇보다 중요하다고 생각하고 교육자 스스로의 윤리적 자각을 바탕으로 한 교원윤리헌장을 제정키로 했다. 정부에서도 교사의 권위회복이 교육발전의 관건임을 밝히고, 1982년도를 '교권확립의 해'로 설정하였다. 현행 '사도헌장'은 당초 그 명칭이 '교원윤리헌장'의 제정으로 추진되었다.

사도헌장은 전문과 ① 스승과 제자, ② 스승의 자질, ③ 스승의 책임, ④ 교육자와 단체, ⑤ 스승과 사회 등 5개항으로 되어 있으며, 전문과 본문을 합하여 모두 250자로 구성되어 있다. 이는 교사들이 걸어가야 할 스승의 길에 관한 기본지표를 명문화한 것이라고 할 수 있다.

사도헌장의 내용은 다음과 같다.

사도헌장

오늘의 교육은 개인의 성장과 사회의 발전과 내일의 국운을 좌우한다. 우리는 국민교육의 수임자로서 존경받는 스승이요, 신뢰받는 선도자임을 자각한다. 이에 긍지와 사명을 새로이 명심하고 스승의 길을 밝힌다.

1. 우리는 제자를 사랑하고 개성을 존중하며 한마음 한뜻으로 명랑한 학풍을 조성한다.
2. 우리는 폭넓은 교양과 부단한 연찬으로 교직의 전문성을 높여 국민의 사표가 된다.
3. 우리는 원대하고 치밀한 교육계획의 수립과 성실한 실천으로 맡은 바 책임을 완수한다.
4. 우리는 서로 협동하여 교육의 자주혁신과 교육자의 지위향상에 적극 노력한다.
5. 우리는 가정교육 · 사회교육과의 유대를 강화하여 복지국가 건설에 공헌한다.

1982년 사도헌장을 제정 · 선포하는 동시에 종전의 '교원윤리강령'을 '사도강령'으로 개정하여 선포하였다. 한국교원단체총연합회에서 1982년에 채택한 사도강령은 제1장 스승과 제자, 제2장 스승의 자질, 제3장 스승의 책임, 제4장 교육자와 단체, 제5장 스승과 사회로 구성되어 있다.

사도강령의 내용은 다음과 같다.

사도강령

민주국가의 주인은 국민이므로 나라의 주인을 주인답게 길러내는 교육은 가장 중대한 국가적 과업이다.

우리는 겨레가 오랜 역사의 찬란한 문화를 계승, 발전시키며, 선진 제국과 어깨를 나란히 하여 인류복지 증진에 주도적으로 기여하려면 무엇보다도 문화국민으로서의 의식 개혁과 미래사회에 대비한 창의적이고 민주적인 인간육성에 온 힘을 기울여야 한다. 그러기 위하여 우리의 교육자는 국가발전에 민족 중흥의 선도자로서의 사명과 긍지를 지니고 교육을 통하여 각자의 능력을 최대한으로 개발하며, 개인의 자아실현과 국력의 신장, 그리고 민족의 번영에 열과 성을 다하여야 한다. 또한 교육자의 품성과 언행이 학생의 성장 · 발전을 좌우시킬 뿐만 아니라 국민윤리 재건의 관건이 된다는 사실을 명심하고, 사랑과 봉사, 정직과 성실, 청렴과 품위, 준법과 질서에 바탕을 둔 사도 확립을 위해 우리 스스로 헌신하여야 한다.

우리의 이러한 뜻은 교직에 종사하는 모든 교직자가 주체의식을 가지고 노력하여야만 이루어질 수 있다는 것을 인식하고, 사도헌장 제정에 때 맞추어 우리의 행동지표인 현행 '교원윤리강령'을 '사도강령'으로 개정하여 이를 실천함으로써 국민의 사표가 될 것을 다짐한다.

제1장 스승과 제자

스승의 주된 임무는 제자로 하여금 고매한 인격과 자주 정신을 가지고 사회에 봉사할 수 있는 유능한 국민을 육성하는 데 있다. 그러므로

1. 우리는 제자를 사랑하고 그 인격을 존중한다.
2. 우리는 제자의 심신발달이나 가정의 환경에 따라 차별을 두지 아니하고 공정하게 지도한다.
3. 우리는 제자의 개성을 존중하며, 그들의 개인차와 욕구에 맞도록 지도한다.
4. 우리는 제자에게 직업의 존귀함을 깨닫게 하고, 그들의 능력에 알맞은 직업을 선택하도록 지도한다.

5. 우리는 제자 스스로 원대한 이상을 세우고, 그 실현을 위하여 정진하도록 사제동행한다.

제2장 스승의 자질

스승은 스승다워야 하며 제자의 거울이 되고 국민의 사표가 되어야 한다. 그러므로

1. 우리는 확고한 교직관과 긍지를 가지고 교직에 종사한다.
2. 우리는 언행이 건전하고 생활이 청렴하여 제자와 사회의 존경을 받도록 한다.
3. 우리는 단란한 가정을 이룩하고 국법을 준수하여 사회의 모범이 된다.
4. 우리는 학부모의 경제적, 사회적 지위를 이용하지 아니하며, 또 이에 좌우되지 아니한다.
5. 우리는 자기 향상을 위하여 전문적인 지식과 전문화된 기술을 계속 연마하는데 주력한다.

제3장 스승의 책임

스승은 제자 교육에 열과 성을 다하여 맡은 바 책임을 다하여야 한다. 그러므로

1. 우리는 사회의 일원으로 모든 책임과 의무를 다한다.
2. 우리는 교재연구와 교육자료 개발에 만전을 기하여 수업에 최선을 다한다.
3. 우리는 생활지도의 중요성을 인식하여 제자들이 올바른 사람이 될 수 있도록 지도의 철저를 기한다.
4. 우리는 교육의 성과를 공정하게 평가하고 이를 교육에 충분히 활용한다.
5. 우리는 제자와 성인들을 위한 정규교과 외의 활동에 적극 참여한다.

제4장 교육자와 단체

교육자는 그 지위의 향상과 복지의 증진을 위하여 교직단체를 조직하고 적극 참여함으로써 단결된 힘을 발휘할 수 있다.

1. 우리는 교직단체 활동을 통하여 교직자의 처우와 근무조건의 개선을 꾸준히 추진한다.
2. 우리는 교직단체 활동을 통하여 교직자의 자질 향상을 기함으로써 교원의 확립에 박차를 다한다.
3. 우리는 편당적, 편파적 활동에 참여하지 아니하고 교육을 그 방편으로 삼지 아니한다.
4. 교직단체는 국가 주요 교육정책 결정에 참여하여 교육자의 여망과 주장을 충분히 반영시킨다.
5. 교직단체는 교육자의 혁신과 국가의 발전을 위하여 다른 직능단체나 사회단체와 연대 협동한다.

> **제5장 스승과 사회**
> 스승은 제자의 성장 · 발달을 돕기 위하여 학부모와 협력하여 학교와 사회 간의 상호작용의 원동력이 되고 국가발전의 선도자가 된다. 그러므로
> 1. 우리는 학교방침과 제자의 발달상황을 가정에 알리고, 학부모의 정당한 의견을 학교교육에 반영시킨다.
> 2. 우리는 사회의 실정을 정확하게 파악하고 지역사회의 생활과 문화향상을 위하여 봉사한다.
> 3. 우리는 사회적 요구를 교육계획에 반영하며 학교의 교육활동을 사회에 널리 알린다.
> 4. 우리는 국민의 평생교육을 위하여 광범위하게 협조하고 그 핵심이 된다.
> 5. 우리는 확고한 국가관과 건전한 가치관을 가지고 국민의식 개혁에 솔선수범하며, 국가발전의 선도자가 된다.

② 우리나라 보육교사 윤리강령

보육교사는 돌봄과 가르침을 수행하면서 만남과 관계를 형성하는 영유아, 부모, 동료, 시설장 등과 윤리적 딜레마를 경험하게 되며, 이러한 양자택일의 곤란 상황에서 본인이 보다 중시하는 기준에 따라 윤리적 의사결정을 하게 된다(박은주, 2009).

김은설과 박수연(2010)의 '어린이집 원장 · 교사 윤리강령 개발 연구'에 제시된 어린이집 원장 · 교사 윤리강령의 내용은 서문, 1장 영유아에 대한 윤리, 2장 가정에 대한 윤리, 3장 동료에 대한 윤리, 4장 사회에 대한 윤리, 그리고 보육인 윤리선언으로 구성되어 있다. 어린이집 원장과 교사 윤리강령의 영역별 내용은 다음 표 〈7-2〉와 같다.

|표 7-2| 어린이집 원장 · 교사 윤리강령

영역	내용
서문	전문직업인으로서의 보육교직원과 윤리강령의 의지, 윤리강령이 다루고 있는 범위를 제시하여 각 장에 대한 도입의 의미를 가진다. 윤리강령의 준수에 임하는 의지와 자세를 제시하고 있다.
1장	모두 11개 항목으로 되어 있으며 유엔 아동권리협약에 의거한

영역	내용
영유아에 대한 윤리	영유아의 기본권 4가지에 따라 구분된다. 영유아 기본 권리인 생존권, 보호권, 발달권, 참여권의 나열 순서에 따라 윤리강령의 각 조항들이 순서지워져 있다.
2장 가정에 대한 윤리	어린이집 원장과 보육교사들의 영유아의 가정과 원활하게 소통관계를 유지해 갈 수 있도록 인식과 태도에 대한 항목으로 구성되어 있다. 중요한 기본적 의식으로서 각 가정의 양육가치와 의사를 존중할 것을 우선적으로 제시하고, 가정에 대한 정보 제공과 참여 유도를 강조한다.
3장 동료에 대한 윤리	어린이집 원장으로서 보육교사에 대한 윤리와 보육교사가 어린이집 원장 및 동료 보육교사에 대해 갖는 윤리적 측면 두 부분으로 나뉘어진다. 어린이집 원장이 준수해야 할 윤리적 덕목은 보육교사의 보육활동에 대한 지원, 보육교사에 대한 존중, 근무여건 개선 등임. 즉 보육시설장은 보육교사가 보육서비스 제공에 몰두할 수 있도록 인적, 물적 환경을 조성하고 보육교사를 신뢰하고 존중하며 그의 전문성과 자율성을 인정하도록 해야 한다.
4장 사회에 대한 윤리	사회에 대한 보육은 무엇보다 질적으로 훌륭하고 좋은 서비스를 제공하는 것이 가장 중요한 책임이다. 공적 비용이 투입되는 시설로서 투명한 재정을 유지하고 사적 이익이 개입되지 않아야 한다, 사회적으로 영유아 전체 인권 증진을 위해 노력하는 책무를 이행하고, 지역사회의 주요 기관으로서 역할을 찾아 이를 실천하는데 참여하는 것도 필요하다.

출처: 김은설 · 박수연(2010).

어린이집 원장 및 보육교사의 윤리강령의 구체적인 내용은 다음과 같다.

어린이집 원장 및 보육교사 윤리강령

보육은 영유아를 건강하게 양육하고, 안전하게 보호하며, 발달특성에 적합한 교육을 제공하는 복지서비스이며, 보육인은 사랑과 존중과 전문지식을 바탕으로 영유아의 전인적 성장에 영향을 미치는 전문직업인이다. 그러므로 보육인은 윤리적 의식과 태도를 가지고 사회적 본분에 임해야 한다.

이에 어린이집 원장과 보육교사는 스스로 책무성을 발현하여 윤리강령을 제정함을 밝힌다. 본 강령을 직무수행의 규준으로 삼아, 보육현장에서 발생하는 윤리적 갈등을 해결하고, 생존권, 보호권, 발달권, 참여권 등 영유아의 권리를 보장함으로써, 직무상의 윤리적 책임을 다하여 전문직업인으로서의 위상을 공고히 하고자 한다.

더불어 영유아와 그 가정, 동료와 사회의 존엄성을 존중하는 보육의 실천으로 다각적인 신뢰를 구축하고, 영유아의 잠재력을 최대한 발휘시킴으로써 영유아가 긍정적인 자아개념을 형성하고 유능한 사회인으로 성장할 수 있도록 도와, 궁극적으로는 영유아와 그 가정, 동료와 사회의 통합적 · 이상적 복지 실현에 기여하고자 한다.

제 I 장 영유아에 대한 윤리

1. 영유아에게 고른 영양과 충분한 휴식을 제공하여, 몸과 마음이 건강한 사람으로 자라도록 돕는다.
2. 성별, 지역, 종교, 인종, 장애 등 어떤 이유에서도 영유아를 차별하지 않고, 공평한 기회를 제공한다.
3. 영유아는 다치기 쉬운 존재임을 인식하여 항상 안전하게 보호한다.
4. 영유아에 대한 정서적, 언어적, 신체적 학대를 행하지 않는다.
5. 시설 내외에서의 영유아 학대나 방임을 민감하게 관찰하며, 필요한 경우 관련기관("아동보호전문기관" 등)에 보고하고 조치를 취한다.
6. 영유아의 인격을 존중하고, 개인의 잠재력과 개성을 인정한다.
7. 개별적 상호작용 속에서 영유아의 요구를 수용하기 위해 노력한다.
8. 영유아의 사회 · 정서 · 인지 · 신체 발달을 통합적으로 지원하는 보육프로그램을 실시한다.
9. 특별한 도움을 필요로 하는 경우, 전문가와 협력하여 영유아의 입장에서 최선의 대안을 찾는다.
10. 보육활동을 계획, 실행, 평가하는 모든 과정에 영유아의 흥미와 의사를 반영한다.
11. 영유아의 개인적 기록과 정보에 대해 비밀을 보장한다.

제 II 장 가정에 대한 윤리

1. 상호 신뢰를 바탕으로 영유아의 가정과 동반자적인 관계를 유지한다.
2. 각 가정의 양육가치와 의사결정을 존중한다.
3. 경제적 수준, 가족형태, 지역, 문화, 관습, 종교, 언어 등 어떤 것에 의해서도 영유아의 가정을 차별 대우하지 않는다.

4. 보육활동 및 발달 상황에 관한 정보를 정확하게 제공하여 영유아에 대한 가정의 이해를 돕는다. 다문화, 심신장애 등으로 의사소통에 도움이 필요한 경우 문제를 해결할 최선의 방법을 도모한다.
5. 시설 운영 전반에 관한 정보를 공개하여 영유아 가정의 알 권리에 응한다.
6. 보육프로그램과 주요 의사결정에 영유아의 가정이 참여하도록 안내한다.
7. 필요한 사회적 지원, 전문서비스 등 관련 정보를 제공하여 영유아 가정의 복리증진을 돕는다.
8. 영유아 가정의 사생활을 보호하고 익명성을 보장한다.

제Ⅲ장 동료에 대한 윤리

[어린이집 원장]
1. 최상의 보육서비스 제공에 필요한 인적, 물적 환경의 조성 및 유지를 위해 노력한다.
2. 보육교사를 신뢰하고 존중하며 전문성과 자율성을 인정한다.
3. 성별, 학연, 지연, 인종, 종교 등에 따라 보육교사를 차별하지 않는다.
4. 업무 관련 의사결정이 필요한 경우, 보육교사의 의견 개진 기회를 보장한다.
5. 보육교사에게 지속적 재교육 등 전문적 역량 제고의 기회를 부여한다.
6. 보육교사에게 적정 수준의 보상(보험, 급여 등)을 안정적으로 제공하며, 복지 증진에 힘쓴다.
7. 보육교사 개인의 기록과 정보에 대한 비밀을 보장한다.

[보육교사]
1. 존중과 신뢰를 바탕으로 협력하며, 서로의 전문성과 자율성을 인정한다.
2. 상호간 역량계발과 복지증진에 부합하는 근무환경이 되도록 힘쓴다.
3. 시설장 및 동료와 영유아 보육에 대한 신념을 공유한다.
4. 보육교사로서의 전문성 향상을 위해 스스로 노력한다.
5. 시설 내에서 영유아 및 보육교사의 인권과 복지를 위협하는 비윤리적 사태가 발생한 경우, 법률규정이나 윤리기준("한국보육시설연합회 윤리강령위원회" 참조)에 따라 조치를 취한다.

제Ⅳ장 사회에 대한 윤리

1. 공보육에 대한 책임을 인식하고, 항상 질 좋은 보육서비스를 제공한다.
2. 영유아의 안전을 위협하는 환경이나 정책이 발견될 시, 관계기관과 협의하여 개선한다.

3. 공적 책임이 있는 시설로서 재정의 투명성을 유지하고, 부정한 방법으로 사적 이익을 취하지 않는다.
4. 영유아의 권익보호를 위해 관련 정책 결정 및 법률 제정에 적극 참여하며, 사회적으로 이를 널리 알리는 데 앞장선다.
5. 지역사회 실정에 맞는 시설의 책임과 역할을 인지하고, 실천하고자 노력한다.

출처: 김은설 · 박수연(2010).

생각해 보기

1. 유아교사의 권리 중 가장 중요하게 고려해야 할 내용이 무엇인지 생각해 보자.
2. 유아교사의 윤리 중 가장 중요하게 고려해야 할 내용이 무엇인지 생각해 보자.

제 8 장

유아교사의 대인관계와 리더십

1. 유아교사의 대인관계
2. 유아교사의 리더십

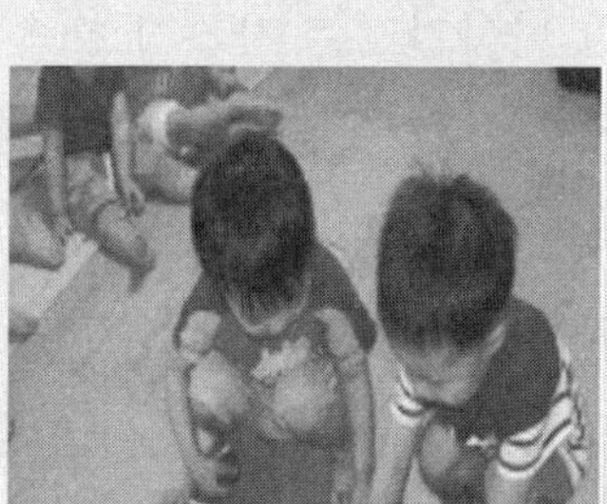

> 사람들이 그들의 가장 바람직한 모습이 될 수 있도록 도와 주어라.
> 그리고 그들이 이미 가장 바람직한 모습이 된 거처럼 대하라.
> – 요한 볼프강 폰 괴테

1. 유아교사의 대인관계

유아교육기관은 원장, 교사, 원아, 학부모, 그리고 지역사회가 연관되어 있는 하나의 사회이다. 유아교육기관 내에서 다양한 상호작용이 이루어지며 대인관계가 이루어진다. 유아교사는 영유아와의 관계, 동료교사와의 관계, 원장과의 관계, 학부모와의 관계 등 다양한 대인관계를 갖는다. 교사가 유아교육기관에서 맺는 대인관계는 유아에게 중요한 영향을 미칠 수 있다. 따라서 본 장에서는 일반적인 대인관계의 개념과 특징 그리고 유아교사의 대인관계에 대해서 살펴보고자 한다.

1) 대인관계의 개념

인간은 혼자서 살 수 없고 언제나 집단을 형성해서 살아간다. 또 인간은 무엇을 하든 다른 사람과 더불어 해야 하며 자신의 행동은 원하든 원하지 않든 간에 다른 사람 나아가서는 자기가 소속된 집단에 영향을 미치게 된다. 한 인간으로 생존하고 정체감을 확립하기 위하여 상호작용을 할 타인이 필요하며 타인과 효과적인 인간관계 정립을 통해서 완성된 인간으로 발달할 수 있다(이형득, 1989; 김홍배, 1995).

인간관계는 서로 간에 영향을 주고받는 상호작용에 의해 생활하는 관계의 연속이며, 여러 가지 형태의 끊임없는 대인관계로 이루어져 있다. 다시 말해서 인간관계란 대인관계이며 곧 인간 상호간의 관계이다. 인간은 태어나면서부터 다른 사람과 관계를 맺으며 살아가는 사회적 존재이기 때문에 인간이 잘 적응해 나가는데 있어 대인관계가 차지하는 비중은 아주 크며 삶에 있어서 매우 중요하다고 할 수 있다. 또한 타인들과 만족스럽고 효과적인 인간관계의 정립을 통하여 보다 풍부하고 완성된 인간으로 발달할 수 있는 것이다(김미혜, 2004).

요즈음 흔히 사용되고 있는 인간관계라는 말은 인간과 인간과의 심리적인 관계 또는 사람 대 사람과의 상호적 행위양식이나 원만한 심리상태인 인화술 및 사교술을 의미하고, 인간요소의 일반을 지칭한다. 이에 비하여, 대인관계는 사람을 대하는 개개인의 보편적 · 심리적 지향성이라는 측면에서 소인, 특히 두 사람 사이의 일대 일인 보편적 · 심리적 지향성이라는 측면에서 소수인, 특히 두 사람 사이의 일대 일인 관계에 보다 중점을 두고 있다고 보고 광의의 인간관계와 구별하는 견해가 있다(김현경, 1986).

Heider(1964)는 대인관계란 사람을 대하는 심리적인 보편적 지향성이며, 개인의 내적 성격과 외적 행동과의 관계라고 하였고(김영례, 1982), 한광택(1990)은 대인관계를 다른 사람과의 상호작용이며 자신과 다른 사람을 보다 잘 이해하는 것으로 제시하였다. 즉, 대인관계란 타인에 대해 어떻게 생각하고 느끼며, 타인의 행동에 어떻게 반응하는가 하는 심리 지향성의 양식으로 소수인, 두 사람 이상 사이의 관계라고 할 수 있다(황현정, 2006).

인간은 다른 사람을 떠나서는 살 수 없고, 집단의 역동성을 사용하여 인간관계를 특징짓는 비교적 안정된 에너지의 변형형태로 인간은 뚜렷한 존재가 된다고 할 수 있다. 다시 말해서, 대인관계는 일정한 목표를 달성하기 위하여 집단 내 성원들의 협력관계를 조성하는 방법 또는 기술이라 할 수 있다. 우리는 일상의 생활 속에서 무수히 많은 타인들과 관계를 맺고 있으며 타인들과의 만족스러운 대인관계를 통하여 보다 풍부하고 완성된 인간으로 발달할 수

있으며 이러한 관계를 통하여 인간다운 인간으로 성장 · 발달하게 된다는 것이다.

2) 대인관계의 특징

대인관계의 특징을 살펴보면 다음과 같다(황현정, 2006).

첫째, 대인관계는 독특성이 있다. 관계하는 두 사람간의 인간관계는 사람마다 다른 특성을 가지고 있는데, 같은 사람일지라도 관계하는 사람에 따라 그 관계 유형이 다르며 특정의 인간관계 자체가 갖는 독특성 때문에 어떠한 인간관계도 다른 관계에 의해 대체될 수는 없고 관계가 깊을수록 더욱 그러하다.

둘째, 대인관계는 상호의존적이다. 상호의존성이란 우리가 흔히 친구와 함께 기쁨과 슬픔을 나누고, 고민해결을 위해 함께 노력하는 것으로서, 관계를 맺고 있는 상대방의 입장과 처지가 바뀜에 따라 나의 입장과 처지 또한 바뀔 수 있는 경험을 하게 된다.

셋째, 대인관계에서는 자기개방이 필수적이다. 관계의 종류 및 깊이에 따라 개방의 정도 차가 있으며 관계가 깊어질수록 자신의 생각, 감정, 경험에 대한 노출을 자연스럽게 이루어진다.

넷째, 대인관계를 통한 참 만남은 행복한 인생을 살아갈 수 있게 한다. 이것은 관계가 보다 밀접하고 깊이가 있을수록 관계 그 자체가 주는 내적 보상이 크기 때문이다. 사람은 평생을 살면서 온갖 종류의 인간관계를 경험하지만 진정한 참 만남의 관계를 경험하기란 그리 쉽지 않다. 특히 오늘날과 같은 산업사회, 물질문명 사회에서는 인간관계를 그 자체로서의 의미가 아닌 자신의 다른 목적을 달성하기 위한 수단이나 도구로서 생각하는 경향이 강하기 때문에 순수한 참 만남의 관계는 그만큼 귀하고 소중한 것이다.

3) 대인관계의 대상

유아교사는 유아교육기관에서 다양한 대인관계를 맺고 있다. 즉 유아, 동료 교사, 원장 그리고 학부모와 교사는 긴밀한 대인관계를 맺고 있는데 이에 대해 살펴보고자 한다.

(1) 교사와 유아와의 대인관계

교사와 유아와의 관계는 유아가 생애에서 만나는 다양한 대인관계 중 유아의 성장과 발달에 중요한 영향을 미친다. 유아기에 형성되는 교사와 안정된 관계는 안정된 애착관계를 형성하게 된다. 즉 유아가 교사와 안정된 관계를 맺으면 보다 적극적으로 환경을 탐색하고 긍정적인 정서를 갖게 되며, 타인과의 유능한 사회적 상호작용을 증진시키게 되는 것이다(오경희, 2009). 그러나 유아가 교사와 불안정한 관계를 맺게 되면 아동의 성장 · 발달에 부정적인 영향을 미치게 되는 것이다. 그러므로 부모-자녀 관계에서와 마찬가지로 교사와 유아와의 관계는 유아의 행동을 예측하고 유아의 성장 · 발달에 결정적인 영향을 미친다고 볼 수 있다.

교사와 유아의 대인관계가 긍정적이고 좋은 관계를 맺기 위해서 교사는 다음과 같은 태도를 지녀야 한다.

첫째, 교사는 유아에 대한 진실한 사랑과 따스한 관심과 배려심이 있는 태도를 지녀야 한다.

둘째, 교사는 유아를 대할 때 항상 일관된 모습과 태도를 보여서 유아가 안정성을 갖도록 해야 한다.

셋째, 교사는 유아의 발달 심리적 특성에 대한 충분한 이해를 가져야 한다.

넷째, 교사는 유아들을 항상 공정한 태도로 대하고 훈육이 필요할 때는 되고 안됨을 확고하게 안내해 주는 구조(structure)가 필요하다.

(2) 교사와 동료교사 상호간의 대인관계

동료 교사간의 대인관계는 교사들이 주위 동료로부터 격려와 지지를 받는다고 지각하는 정도(이재영, 2008)를 말하며 이는 유아교육기관의 업무에 많은 영향을 미친다. 즉 동료 교사들 간에 대인관계가 긍정적이면 서로 협조적으로 시너지 효과를 창출하게 된다. 따라서 교사 상호간의 이해와 존중, 그리고 배려와 양보, 협동하는 태도를 지녀야 한다. 그러나 교사 상호간의 대인관계가 부정적이고 서로 배타적일 경우에는 업무도 비효율적으로 이루어지고 유아에게도 부정적인 영향을 미칠 수 있게 된다. 교사는 무엇보다 좋은 성품과 조화로운 인격을 갖춘 인간이어야 한다(김정규, 1997).

(3) 교사와 원장과의 대인관계

교사와 원장과의 대인관계는 원장의 능력에 대한 교사들의 일반적인 평가뿐만 아니라 교사들이 자신의 수행에 대해 받는 피드백의 양과 질 모두를 포함한다(Jorde-Bloom, 1989).

유아교육기관에서 교사와 원장과의 관계는 수직적인 관계이므로 자칫 많은 갈등을 초래할 수 있다. 원장이 교사를 인격적으로 대우해 주지 않고 무시하거나 독선적이고 권위적으로 무조건 형식과 규칙을 강요하게 되면 교사들의 사기는 저하되고 소진된다. 따라서 원장은 교사를 대할 때 인격적으로 존중해 주고 엄격한 수직적 관계이기보다는 수평적 관계에서 상호간의 의사교환이 자유롭게 이루어질 수 있도록 노력하여야 한다. 교사와 원장과의 좋은 대인관계는 유아교육기관의 효율적 운영과 유아에게 긍정적인 영향을 미칠 것이다. 또한 교사는 원장의 권위를 존중해 주고 현장의 선배로서 원장의 지혜와 조언을 겸허히 수용하고 무엇보다 서로 이해하고 예절을 지켜 나가는 태도가 중요하겠다.

(4) 교사와 학부모와의 대인관계

유아교육기관의 교육 효과는 기관과 가정 그리고 지역사회가 상호간 긴밀한 유대관계를 맺고 상호 지지적 · 협력적 관계로서 파트너십을 가지고 운영될 때 가장 크다고 볼 수 있다. 특히 유아교육기관에서 교사와 학부모와의 관계는 유아의 발달에도 많은 영향을 미칠 수 있다.

그러나 유아교육기관의 교사의 입장에서는 교사와 학부모간의 관계가 학부모에 비해 낮은 연령으로 권위가 하락되고, 자녀수의 감소 및 과잉보호, 학부모의 고학력화에 대한 상대적 저학력에 따른 교육자로서의 의욕 저하 등이 학부모와의 대인관계에 부정적인 영향을 미치고 있다. 반면 학부모의 입장에서는 사이버 공간 내에서의 활발해진 학부모간 대화의 장, 전문적인 교사의 교육에 대한 불신, 그로 인해 상급자와의 상담 등이 학부모와 교사와의 대인관계에 부정적인 형향을 주고 있다. 따라서 교사와 학부모 간의 입장의 차이와 갈등이 생길 수 있으므로 이를 해소하기 위한 노력이 필요하다(최유경, 2009).

2. 유아교사의 리더십

1) 리더십의 정의

리더십에 대한 정의는 시대에 따라 학자마다 다양하게 정의되고 있다. 1970년대까지 학자들은 리더십을 사회적 영향력의 한 형태로 이해하였다(House & Baetz,1979). 그 이후에는 리더십을 영향력 자체보다는 영향력을 행사하는 과정으로 본 학자들도 있는데, Hersey와 동료들(2001)은 주어진 상황에서 개인이나 집단의 목표달성을 위한 활동에 영향을 미치는 과정으로 보았으며,

Yukl(2002)은 집단이나 조직의 한 구성원이 사건의 해석, 목표나 전략의 선택, 직업 활동의 조직화, 목표성취를 위한 구성원의 동기부여, 협력적 관계의 유지, 구성원들의 스킬과 자신감 개발, 외부인의 지원와 협력의 확보 등에 영향을 미치는 과정으로 리더십을 설명하였다.

리더십의 개념은 리더십을 활용하는 목적이나 주어진 환경에 따라 다양하게 규정될 수 있다. 현대사회에서 리더십은 모든 조직과 집단에 필요하며, 셀프리더십이 있을 정도로 주변 곳곳에 자연스럽게 스며들어 있다. 따라서 유아교육기관에서도 원장과 교사의 리더십 발휘는 작은 조직이지만 힘든 직무여건에서의 보육교사에게 있어서는 매우 큰 작용을 한다고 본다. 이러한 리더십은 크게 유아교육기관의 성패를 좌우하는 중요한 요소이기도 하다.

리더십에 대한 외국의 학자들의 정의를 살펴보면 다음과 같다.

Hunter(1998)는 공동의 이익을 위해 설정된 목표를 향해 매진할 수 있도록 사람들에게 영향력을 발휘하는 기술이라고 하였으며, Robbins(1998)는 목적달성을 위해 특정집단에 행사할 수 있는 영향력이라고 하였다(김영민, 2008 재인용). Boyer(1999)는 리더십을 섬세한 특성을 지니고 경청하는 리더, 부하들과 동료들의 발전을 격려하고 임파워먼트를 중시하는 리더로 정의하였다. Spear(1995)도 리더십은 모든 인간의 존엄성과 가치에 대한 믿음에서 출발하며 리더의 권위는 추종자로부터 기인한다는 민주적인 원칙에 입각한 리더십이라고 표현하였다(김종구, 2008 재인용).

아울러 우리나라의 학자들의 정의를 살펴보면, 김영민(2008)은 리더십이란 사람을 움직이게 하는 힘이라고 정의하였으며, 유현(2008)은 한 개인이 다른 구성원에게 이미 설정된 목표를 향해 정진하도록 영향력을 행사하는 과정으로 정의하였다.

다음의 〈표 8-1〉은 여러 학자들이 내린 리더십의 개념인데, 이를 살펴보면, 몇 가지 공통된 점이 있다. 우선 구성원에게 영향을 미치는 과정이나 특성, 조직의 목표 달성, 구성원의 행동, 자발적 몰입, 변화의 추구 등이다.

이와 같은 리더십에 대한 정의를 종합해 보면, 리더십이란 매우 다양하게 정의될 수 있고, 한 개인의 영향력이라고 할 수 있으며, 구성원을 자발적으로 움직이게 하여 집단의 목적이나 목표를 달성하는데 미치는데 필요한 모든 과정을 포함한 개인의 역량이라고 할 수 있다.

리더십의 효과(Leadership Effect: LE)는 리더의 리더십과 파트너의 리더십, 주어진 일의 상황의 함수관계에 따라 결정된다. 그리고 여기에 커뮤니케이션 능력이 더해진다. 즉, 각각의 구성요소가 지닌 힘의 합이 아니라, 힘과 힘 간의 곱셈의 결과라는 말이다. 다시 말해 아무리 뛰어난 리더십이라 해도 파트너가 파트너십을 발휘하지 않으면 효과를 낼 수 없다는 얘기이며, 상황에 맞지 않는 리더십도 효과를 보지 못한다는 것이다. 그래서 어제의 최고도 오늘의 최고가 아닌 경우가 많으며 상황이나 사람에 따라 리더의 영향력 발휘 방법은 달라져야 한다는 것이다. 이는 메시지의 표현이 달라져야 한다는 말이기도 하고 커뮤니케이션 방법이 달라져야 한다는 말이기도 하다(김영민, 2008).

리더가 발휘하는 영향력이 효과를 가져 오려면 먼저 파트너의 수용을 극대화할 수 있어야 하며 리더와 파트너가 발휘하는 능력이 수행하는 일의 상황, 즉 일의 시급성 및 중요성과 맞아야 한다. 여기서 일의 시급성과 중요성에 대한 판단은 당연히 리더의 몫이 된다. 아무리 능력이 뛰어나도 표현이 나쁘면 상대의 마음은 떠나가고 만다.

|표 8-1| 리더십의 정의

저 자	리더십의 정의
Webster 사전	어떤 과정에 있어 안내하고 방향을 제시함 : 하나의 통로로서의 역할을 수행
Bass(1990)	상황이나 집단 구성원들의 인식과 기대를 구조화, 또는 재구조화하기 위해서 구성원들 간에 교류하는 과정임(따라서 리더란 변화의 주도자이다.)
Hersey & Blanchard(1982)	주어진 상황에서 개인이나 집단의 목표 달성을 위한 활동에 영향을 미치는 과정

저 자	리더십의 정의
Yukl(1998)	주어진 상황에서 개인이나 집단의 목표달성을 위한 활동에 영향을 미치는 과정
Nanus(1992)	집단이나 조직의 한 구성원이 사건이 해석, 목표나 전략의 선택, 작업 활동의 조직화, 목표성취를 위한 구성원 동기부여, 협력적 관계 유지, 구성원들의 기술과 자신감 계발, 외부인의 지지와 협력의 확보 등에 영향을 미치는 과정
Katz & Kahn (1978)	기계적으로 조직의 일상적 명령을 수행하는 것 이상의 결과를 가져올 수 있게 하는 영향력
Jago(1982)	강제성을 띠지 않은 영향력 행사과정으로 구성원들에게 방향을 제시하고 활동을 조정하는 것 : 성공적으로 영향력을 행사하는 사람들이 갖는 특성들
Lord & Maher (1993)	리더십이란 특정 개인이 다른 사람들에 의해 리더라고 인정받는 과정이며, 일정한 직위를 가지고 있기 때문에 리더가 되는 것이 아니라 다른 사람들로부터 리더라고 인정받는 것이 중요하다.
Bryman (1986)	리더십은 어떤 사람이 공식적으로 리더의 직위에 임명되었을 때 발생한다.
SK의 Supex 리더개발과정 (1997)	특정 상황에서 집단이나 조직이 실현시킬 비전을 설정하고 그 비전을 실현하도록 구성원들의 행동에 영향을 미쳐 구성원들이 기꺼이 스스로 실행하도록 개인과 조직을 변화시켜 가는 과정

출처 : 백기복, 2003, p. 58.

2) 리더십이론

리더십이론은 여러 형태로 분류되는데, 그 중 특성이론, 행동이론, 상황이론에 대해서 살펴보기로 하겠다(백기복, 2003; 신난철, 2010; 윤정란, 2005; 이민경, 2005).

(1) 특성이론

특성이론은 20세기 초 리더십 연구에 영향을 주었던 Stogdill의 이론인데, 이 이론에 따르면 집단이나 조직의 지도자는 다른 사람과는 다른 어떤 특성을 가지고 있다고 가정한 후 이를 파악하여 지도자의 보편적인 특성을 알아낼

수 있다는 결론을 내리고 있다. 즉 지도자의 선천적인 지도자적인 특성과 자질을 연구의 대상으로 삼은 것이다. 아울러 리더십 연구의 권위자인 뉴욕주립 대학의 Bass 교수는 리더십을 하나의 공통적인 자질로 보고, 모든 상황과 문화에 있어서 비슷한 특성과 자질을 지닌 사람만이 지도자가 된다고 하여 Stogdill의 특성이론을 지지하였다(윤정길 외, 2003). 특성이론은 리더십 이론의 발전에 많은 기여를 함과 동시에 몇 가지 한계를 가지고 있다. 가장 큰 한계는 리더와 리더가 아닌 사람을 나누어 생각한다는 것은 아무나 리더가 될 수 없다는 문제가 생긴다.

(2) 행동이론

1940년대 말기부터는 특성이론과 다른 관점에서 리더십을 행위나 스타일로 보기 시작한 행동이론들이 발표되기 시작했다. 이들은 대부분 리더가 하급자와의 관계를 중시하는가, 과업을 중시하는가의 문제와 의사결정과정에 하급자를 얼마나 참여시키는가의 문제를 중심으로 리더십 스타일을 설명하고 있다(백기복, 2003).

① Lewin, Lippitt과 Whithe의 리더십 유형

Lewin 등은 리더십 유형을 다음과 같이 분류하여 각 유형이 집단의 태도와 생산성에 미치는 영향을 분석하였는데, 그 결과는 〈표 8-2〉와 같다.

|표 8-2| 리더십의 유형

전제적 리더십	민주적 리더십	자유방임형 리더십
지시적이며, 의사결정에 구성원의 참여를 허락하지 않고 지도자의 권한과 책임으로 일한다.	지도자가 구성원 모두의 의사를 반영하여 민주적인 절차에 의해 집단 토의를 하고 의사결정을 한다.	지도자가 집단에 완전히 자유를 주고 모든 것을 각 개인의 결정에 맡기며, 리더십을 제공하지 않는다.

출처 : 이민경, 2005, p. 8.

이 연구에 의하면 집단구성원들이 민주적 리더십을 가장 선호하였고, 그 다음은 자유방임적 리더십, 그리고 마지막이 전제적 리더십으로 나타났다. 전제적 리더십은 공격적이거나 또는 무기력한 행동을 불러일으켰으며, 자유방임적 리더십에서는 가장 높은 공격적 행동이 나타났다. 그리고 생산성에서는 민주적 리더십보다는 전제적 리더십에서 약간 높게 나타났으나 장기적으로는 생산성 측면에서 전제적 리더십이 민주적 리더십보다 낮게 나타났다(장원동 · 문도연, 2004).

② Halpin과 Winer의 리더십 유형

1945년 오하이오 주립대학교의 Halpin과 Wiiner는 리더십을 구조화(initiating structure)와 배려(consideration)의 두 차원으로 설정하고 배려와 구조주도간의 배합을 보여주기 위해 [그림 8-1]과 같이 개발하였다. 오하이오 대학의 연구는 배려가 높고, 구조주도가 높은 리더십 유형이 가장 효과적인 리더십 유형임을 보여주었다.

고 ↑ 배려 ↓ 저	저 ← 구조주도	구조주도 → 고
고	배 려 (고) 구조주도 (저)	배 려 (고) 구조주도 (고)
저	배 려 (저) 구조주도 (저)	배 려 (저) 구조주도 (고)

[그림 8-1] 배려와 구조주도 리더 행동유형

출처 : 추헌(1994: 강해경, 2007에서 재인용)

이들은 다음의 〈표 8-3〉과 같은 리더행동기술설문지(LBDQ-XII: Leader Behavior Description Questionnaire)를 이용하여 여러 형태의 집단과 상황에 따른 리더십을 분석하였다. 이 설문지는 그간 리더의 스타일을 대표하는 행위로 인식되어 많은 연구들에서 사용되었다(강해경, 2007).

|표 8-3| LBDQ의 설문의 예

구 분	질 문 내 용
구조 주도	- 하급자들에게 분명한 직무를 정해 준다. - 수행할 일에 대한 스케줄을 짜 준다. - 집단구성원들이 정해진 규칙과 규정을 따르도록 요구한다. - 데드라인을 중요시한다.
배려	- 이야기를 함께 나누면 편안함을 느끼게 된다. - 친구처럼 대해 주며 언제든 만날 수 있게 해 준다. - 집단구성원들 각자의 개인적인 사정도 신경을 써 준다. - 제안을 받으면 그것을 실행에 옮긴다.

출처 : 윤정란, 2005, p. 14.

(3) 상황이론

상황이론은 집단 또는 조직 구성원들의 특성, 리더와 구성원들과의 관계, 과업의 특성, 조직 구조의 성격 등에 초점을 두고 상황을 구체화한 이론이다. 이 상황이론은 상황변수들의 특성과 리더의 스타일간의 관계를 체계적으로 설명하고 있다.

상황이론에서 보이는 세 가지의 관점은 [그림 8-2]와 같은데, 리더의 결정력을 강조하는 자의론과 상황의 힘을 중시하는 대체론을 양극이라고 하면, 상황적합론의 관점은 그 중간에 해당한다고 할 수 있다(백기복, 2003).

- 자의론에 해당되는 이론 : Fiedler의 상황이론
- 대체론에 해당되는 이론 : Kerr & Jermier의 리더십 대체이론
- 상황적합화 해당 이론 : House의 목표-경로 이론

  Hersey & Blanchard의 성숙도 이론

[그림 8-2] 상황이론의 세 관점

출처 : 백기복(2003), 이슈리더십, p. 183.

최초의 상황이론은 평가받는 Fiedler의 상황모델은 스타일을 관계중심적 스타일과 과업중심적 스타일로 설정하고 상황특성을 리더-구성원 관계, 과업 구조, 직위권한 등 세 가지로 구체화하여 각각의 상황특성에 적합한 리더십 스타일을 제시하였다(백기복, 2003).

두 번째 목표-경로 상황이론에서의 리더 역할은 추종자들이 개인이나 조직의 목표를 달성하는데 있어 동기를 부여하는 것이라고 보는 이론이다. 이 이론에서는 리더의 행동을 네 가지로 파악하였는데, 지시적 리더십, 후원적 리더십, 참여적 리더십, 성취 지향적 리더십 등이다. House는 이러한 리더십들이 효과적일 수 있는 상황변수들을 제시하였는데, 그것은 집단구성원들의 개인 특성에 관련된 변수들과 작업환경 변수들이다. 이 이론은 Fiedler의 이론에서 진일보했다는 평가를 받으면서도 상황이론이면서 상황변수들에 대해서는 명확하지 않다는 점, 기대이론에 입각하고 있어 그 한계를 벗어날 수 없다는 점, 동기부여에의 관점에서만 리더십을 이해하고 있다는 점 등이다(백기복, 2003).

세 번째, Hersey와 Blanchard(1997: 백기복, 2003에서 재인용)의 성숙도 이론은 상황리더십 이론 중의 하나로 모든 상황에 맞는 한 가지 리더십 유형을 발견하는데 집착하지 않고 효과적인 리더십이란 리더와 구성원간의 상호조화 관계를 중요시하고 구성원의 성숙 정도에 따라 리더십 스타일을 달리해야 한다고 주장하였다(Hersey & Blanchard, 1984). 이 성숙도 이론은 행동론적 관점에서 리더의 행동을 유형화하였고, 리더는 동일한 행동스타일을 보이는 것이 아니며 상황에 따라 상이한 리더십 유형을 발휘하게 되는 상황조절 변수로 부하의 성숙도를 설정하였다.

이 이론에서는 리더십 유형을 지도자가 구성원들의 역할을 조직화하는 정도인 과업행위와 지도자 자신과 구성원 간에 개인적 관계를 유지하는 정도인 관계성 행위 두 가지로 구분하였다. 즉, 과업행위는 지도자가 추종자들에게 무슨 과업을 언제, 어떻게 수행해야 할 것인가를 설명함으로써 일방적인 의사소통에 전념하는 것을 말하며, 관계성 행위는 지도자의 사회 정서적인 지원을 제공하고 일을 촉진하는 행동을 함으로써 쌍방향 의사소통에 전념하는 것을 말한다. 과업과 관계성 행동이라는 두 개의 리더십 차원을 동원하여 [그림 8-3]과 같이 리더십 유형을 다음과 같은 4가지로 구분하였다(신난철, 2010).

고 ↑ 관계지향 ↓ 저		
	참여형 높은 관계지향 낮은 과업지향	**설득형** 높은 과업지향 높은 관계지향
	위임형 낮은 관계지향 낮은 과업지향	**지시형** 높은 과업지향 낮은 관계지향
	저← 과업지향	→ 고

[그림 8-3] 과업지향과 관계지향 행위에 따른 4가지 리더십 유형

출처 : 이민경, 2005, p. 16.

① 지시형(directing)

높은 과업지향 행위와 낮은 관계지향 행위로 부하의 역할을 명확하게 무엇을 어떻게 언제 무엇을 등 여러 가지 작업방법을 지시적으로 가르치는 특징을 갖고 일방적 의사소통과 리더 중심의 의사결정을 하는 주도적 지도자 스타일이다.

② 설득형(coaching)

높은 과업지향 행위와 높은 관계지향 행위로 여기에서도 많은 지시가 지도자로부터 내려지지만 정보교환, 사회 연대적 참여를 통해 구성원이 지시를 심리적 저항 없이 받아들이도록 노력하고 상하 쌍방적 커뮤니케이션과 공동

의사결정을 강조하는 후원적 지도자 스타일이다.

③ 참여형(supporting)

낮은 과업지향 행위와 높은 관계지향 행위로 리더와 구성원 상호간에 정보교환이 활발하고 지도자의 촉진적 행위를 통한 쌍방 의사결정의 참여가 주류를 이루는 장려적 지도자 스타일이다.

④ 위임형(delegating)

낮은 과업지향 행위와 낮은 관계지향 행위로 구성원의 과업관련 성숙도와 정신적 성숙도가 다 같이 높기 때문에 책임권한을 대폭 위임하고 감독방법도 너그럽게 하여 구성원에게 마음대로 일하게 한다. 업무에 대해 합의가 이뤄지면 그 직무의 수행방법의 결정과 책임까지 구성원에게 넘겨 위임하는 것이다(Hersey & Blanchard, 1969).

3) 유아교사의 리더십

유아교육기관은 다른 조직에 비해 규모가 작은 조직이기 때문에 원장은 인간 관계 뿐만 아니라 과업, 대내적인 활동, 유아 및 교사, 학부모 그리고 지역사회와의 관계 등 다양한 직무를 수행하고 있다. 이러한 원장의 역할 수행은 유아교육기관의 성패를 결정한다 해도 과언이 아닐만큼 원장의 리더십은 기관 운영과 유아의 발달에도 영향을 미친다. 유아교육기관을 운영하는데 있어 핵심적 요소는 그 기관을 운영하는 사람, 즉 리더이다. 유아교육기관의 리더는 유아들을 보다 잘 보호하고 교육하기 위해 앞서 전반적인 운영정책을 계획하고 실행하고 평가하는 일련의 행정적인 절차에 따라 기관을 운영해야 하며, 합리적이고 효율적으로 유아교육기관을 운영하기 위해서는 훌륭한 리더십을 가지고 있어야 한다. 특히 유아교사는 유아들에게 훌륭한 리더십을

가지고 유아에게 좋은 모델링의 역할을 해야 한다.

다음은 유아교사가 지각한 원장의 리더십 척도의 예이다.

문 항	전혀 그렇지 않다	별로 그렇지 않다	보통이다	대체로 그렇다	매우 그렇다
1. 우리 원장님은 교사들끼리 팀워크를 조성할 필요가 없다고 생각한다.	1	2	3	4	5
2. 우리 원장님은 교사들에게 복종을 강요한다.	1	2	3	4	5
3. 우리 원장님은 교사들의 창의성을 자극하여 부상을 주고 격려한다.	1	2	3	4	5
4. 우리 원장님은 교사들이 업무를 수행할 때 잘 하도록 설득하는 편이다.	1	2	3	4	5
5. 우리 원장님은 원의 발전을 위해 교사들의 팀워크를 강조한다.	1	2	3	4	5
6. 우리 원장님은 교사 개인의 개성을 존중한다.	1	2	3	4	5
7. 우리 원장님은 계획에 따라 부여된 대부분의 과업을 완수할 때 가끔 독단적이다.	1	2	3	4	5
8. 우리 원장님은 교사들의 결정에 제한을 두지 않고 모두 받아들인다.	1	2	3	4	5
9. 우리 원장님은 권위를 앞세운다.	1	2	3	4	5
10. 우리 원장님은 교사 개개인의 장점을 알고 그 장점을 부각시켜 주려고 한다.	1	2	3	4	5
11. 우리 원장님은 교사들이 자유롭게 근무하도록 배려한다.	1	2	3	4	5
12. 우리 원장님은 교사들의 조언 없이 업무결정을 한다.	1	2	3	4	5
13. 우리 원장님은 교사들에게 업무를 이야기할 때 목표와 기준을 강조한다.	1	2	3	4	5

문 항	전혀 그렇지 않다	별로 그렇지 않다	보통이다	대체로 그렇다	매우 그렇다
14. 우리 원장님은 교사들의 제안을 받아들인다.	1	2	3	4	5
15. 우리 원장님은 교사들에게 많은 활동에 참여하도록 격려한다.	1	2	3	4	5
16. 우리 원장님은 교사들의 결정을 존중한다.	1	2	3	4	5
17. 우리 원장님은 교사에게 때로는 두려운 존재 이다.	1	2	3	4	5
18. 우리 원장님은 어린이집의 문제 및 결정에 대해 교사들에게 위임한다.	1	2	3	4	5
19. 우리 원장님은 모든 교사들에게 업무를 적절히 분배한다.	1	2	3	4	5
20. 우리 원장님은 기관 구성원들이 우리 기관의 전체 사명을 이해하도록 지시한다.	1	2	3	4	5

출처: 신난철, 2009, pp. 69-70.

생각해 보기

1. 유아교사들간의 동료갈등을 해결하는 방법과 예방할 수 있는 방안에 대해 생각해 보자.
2. 유아교사로서 갖추어야 할 리더십의 특성은 무엇인지 생각해 보자.

제9장

유아교사의 직무만족도와 스트레스 관리

조건이 제아무리 척박해도
얼마든지 딛고 일어설 가능성이 있다.
기대하는 것만으로는 변화가 일어나지 않는다.
구체적인 행동을 하기로 작정하라.
그 순간 모든 것이 달라지기 시작할 것이다.

- 닉 부이치치의 「허그」 중에서

1. 유아교사의 직무만족도

1) 직무만족도의 개념

직무만족도란 한 기관의 구성원이 자신의 직무에 대해 적응하고 만족하는 정도로서 직무를 수행해 가는 과정이나 직무수행 결과에서 느끼는 욕구충족의 정도를 의미하는데 이는 조직 환경과 개인의 특성간의 상호작용의 결과로 생긴다. 여기서 개인의 특성은 개인이 가진 능력과 욕구를 포함한 성격(personality)의 체계이고, 환경의 특성은 성격적 특면과 경제적 측면의 욕구를 보강해 주는 요건으로 구성되는 조직체계를 말한다(최현미, 2010).

이러한 직무만족도에 대한 정의는 학자들마다 다양한 의견을 제시하고 있는데, 크게 두 가지 접근법으로 나누어 볼 수 있다.

첫째는 직무에 대한 전반적인 만족도에 관심을 갖는 총체적(global) 접근법으로 개개인이 가장 핵심적이고 중요하다고 생각되는 직무의 단면만을 가지고 전반적인 직무만족도를 평가하는 접근법이다.

둘째는 단면(facets) 접근법으로 직무의 상이한 직무 단면들에 대한 개별 만족도를 합한 것으로 직무만족도를 평가하는 접근법이다.

직무만족도에 대한 국외 및 국내의 정의를 좀 더 살펴보면 다음과 같다.

Locke(1976)는 직무만족도란 감정적 반응이기 때문에 자기반성에 의해서만 발견되거나 이해할 수 있는 것으로, 직무만족은 개인이 직무를 평가하거나 직무를 통해서 얻게 되는 유쾌한 긍정적인 정서 상태이며 반대로 직무불만족은 업무를 달성하지 못함으로써 얻게 되는 불쾌한 감정 상태라고 정의하였다.

Muchinsky(2006)에 의하면, 직무만족도는 종업원이 자신의 직무로부터 얻는 즐거움의 정도를 말한다. Hulin과 Judge(2003)는 직무에 대한 종업원들의 정서적 반응은 직무로부터 초래되는 실제 성과와 종업원들이 바라는 혹은 기대하는 성과와는 비교를 통해 결정되어야 된다고 주장하였다. Dawis(2004)는 직무만족감이 시간과 상황에 따라 변할 수 있다고 언급하였다. 사람들마다 무엇이 중요한지에 대한 기준은 다르고, 동일한 사람일지라도 시간과 상황에 따라 그 기준은 달라질 수 있다는 것이다.

Alderfer(1972)는 직무만족도란 한 개인이 직무에 대하여 가지는 일련의 태도이며 직무 또는 직무수행 결과로 충족되어지는 유쾌한 정서 상태로서 인간의 건강, 귀속, 성장 등 제반욕구의 차원에서 설명되어진다고 했다.

신우철(1998)은 직무만족을 두 가지 유형, 즉 내재적인 만족과 외재적인 만족으로 다음과 같이 구분하였다.

- 내재적인 만족(직무 그 자체의 내재적 가치가 주는 만족감) — 직무의 난이도, 도전감, 중요성, 다양성, 책임 등이다.
- 외재적인 만족(직무 수행 결과에 따라 직무 외적으로 부여된 보상 가치에 대한 만족감) — 보상, 작업환경, 직무와 관련되 승진 등이다.

김효진(2008)은 조직구성원 개인의 태도와 가치, 신념 및 욕구의 수준이나 자원에 따라서 직무를 수행해 나가는 과정에서 느끼는 감성적이고 정서적인 태도 또한 제반 경험을 평가함으로써 얻게 되는 유쾌함이나 정서 상태와 수준

의 주관적인 인식이라고 정의하였다.

정여훈(2008)은 직무와 직무환경에 대하여 느끼는 만족의 정도를 뜻하는 개념으로 조직에서의 욕구나 기대에 대한 개인의 주관적 인식이라 할 수 있다고 하였다.

이인숙(2010)은 조직 내에서 개인이 직무를 수행해 나가는 과정 또는 직무수행 결과에서 경험하는 긍정적인 감정 상태로 개인적 요인과 환경과의 상호작용에서 느끼는 만족감의 정도이며 이는 조직구성원의 사기와 직무 욕구를 가능하는 척도가 된다고 보았다.

이와 같이 직무만족도란 간단하게 설명할 수 있는 것이 아니며 다양하고 복잡한데, 이는 심리적이고, 극히 개인적이며, 감정적이고, 욕구의 충족량, 하루의 정서 상태, 맡겨진 역할, 환경 등의 영향에 따라 달라지며, 어떤 주어진 일을 해 나가는데 필요한 의욕을 말한다. 따라서 직무만족도란 조직구성원들이 그들의 직무와 역할, 직무환경, 경험 등에 대해 느끼는 만족과 욕구충족의 정도라고 요약할 수 있겠다.

2) 직무만족도의 중요성

직무만족도의 중요성은 직무만족도가 근무성과와 관계가 있기 때문이다. 즉 직무만족도가 높은 사람은 조직 내에서 맡겨진 업무에 대해 즐겁게 일하며, 근무성과를 높일 것이다. 그러나 직무만족도가 낮은 사람은 개인의 욕구가 충족되지 않아 급기야는 조직이 흔들리고 불화로 이어져 조직의 목표를 달성하기 어렵게 되기 때문이다.

직무만족도의 상대적 용어로는 직무불만족이 아니라 직무만족도를 못한다는 개념으로 이해해야 한다. 이에 대해, Herzberg 등(1959)은 요인이론에서 직무에 대한 만족과 불만족은 직무의 성질과 내용에 따라 달라진다는 것이다. 그는 임금이 만족요인으로서의 동기요인은 못되고 위생요인으로서의 역할만

한다고 주장하고 있다. 그러나 Belcher는 보상이 지나치게 낮거나 보상관리 자체가 불공정성일 때는 절대적 불만족요인이 되며, 금전적 보상이 성과에 대한 강화수단으로서 사용될 때 그것은 만족요인이며 동시요인이 된다는 상반된 주장을 보인다(민경호, 2005).

이렇게 직무만족도는 조직에 중요한 영향을 미치게 되는데, 이는 조직뿐 아니라 개인에 대해서도 영향을 미친다. 개인이 직무만족도를 할 때 조직에 대한 열정을 가질 뿐 아니라 몸과 마음도 건강하여 자신의 삶의 질을 높이는 데 기여하기 때문이다. 하지만 직무만족도를 하지 못할 경우에는 조직 내에 부정적인 영향을 주고, 나아가 동료 직원들로부터 소외감을 느끼게 되어 개인적인 삶의 질을 높이는데 쏟을 여력이 없게 되는 것이다. 이처럼, 직무만족도는 조직 내에 중요한 영향을 주는데, 이는 고정된 것이 아니라 외부요인에 의해 얼마든지 변화가 가능하다는 점에서 특징을 갖는다(신난철, 2010).

특히 유아교사는 유아교육기관에서 중심적 위치를 차지하고 있으며, 유아에게 가장 결정적인 영향을 미치고 있는 인적 환경이라 할 수 있다. 따라서 유아교사가 직무에 얼마나 만족하고 직무를 어떻게 수행하느냐에 따라 교육 및 보육의 질이 다르게 나타날 것이다(박진영, 2012).

직무만족의 중요성을 다음의 두 가지 측면, 즉 개인적 측면과 조직적 측면에서 살펴볼 수 있다(정세희, 2002; 박진영, 2012).

(1) 개인적 측면

첫째, 개인적 측면에서 직무만족의 중요성은 개인의 삶의 가치 판단적 측면에서 중요하다고 볼 수 있다. 즉 사람들은 대부분 직장에서 많은 시간을 보내고 있고 직장 생활이 생계소득원의 부분을 차지하고 있지만 직무성과에 대한 성취감이 개인의 생활의 활력소가 된다.

둘째, 정서적인 측면에서 직무만족도는 중요한 부분인데, 이는 심리적 조정을 할 수 있도록 하기 때문이다. 사람들은 자신의 생활 중 어떤 부분이 불만족스러우면 그로 인해 생활의 다른 부분에도 불만족스러워지는 전이 효과(spill-over effect)를 보이는 경향이 있다. 따라서 직장생활의 불만이 개인의 신체적인 증상으로 나타날 수도 있다.

(2) 조직적 측면

조직적 측면에서 직무만족도가 중요한 이유는 직무 성과에 직접적인 영향을 준다는 점이다. 자신의 직무에 만족하는 사람은 직무에 대하여 안정감과 열의를 보이며, 조직 내부의 인간관계에서도 원만함을 유지한다.

이상과 같이 직무만족도는 개인과 조직에게 긍정적인 결과를 만들어 내며, 따라서 유아교육기관장들은 유아교사에게 직무의 성과와 만족을 이룰 수 있는 직무 환경을 만들어 주는 것이 중요하다.

또한 유아교육기관에서 가장 중요한 주체인 유아교사들이 느끼는 직무만족은 교사의 역할 수행과 긍정적인 직무태도 및 직무 성과를 나타내는 것으로 교사들의 직무만족에 따라 교육의 질이 달라질 수 있음이 예측되며, 유아교육 및 보육의 성패를 가름하는 주요한 지표가 된다(박진영, 2012).

3) 직무만족도의 하위요인

직무만족도를 결정하는 하위요인은 매우 다양한데, 이것은 직무만족이 개인적 특성 요인 뿐만 아니라 조직 및 집단 특성과 변화하는 시대적 · 사회문화적 환경과도 밀접한 관계를 갖기 때문이다.

Herzberg 등(1959)은 직무만족도를 결정하는 하위요인을 다음과 같이 개인적 · 주관적 요인과 사회적 · 객관적 요인으로 나누어 설명하였다.

① 개인적 · 주관적 요인

직무나 직장에 대한 개인의 만족과 같은 구성원의 내적 수준이다.

- 개인적 요인 — 연령, 성별, 인종, 지능, 성격, 직무경험, 직업적 흥미, 직위 등
- 환경적 요인 — 보수, 복지시설 및 제도, 근무환경, 근무조건, 직업안정성, 직장의 인간관계, 회사 정책과 절차, 관리 및 감독 스타일

② 사회적 · 객관적 요인

수익, 지위, 명성, 안정성 등과 같은 외적 수준이다.

Bently와 Remply(1970)는 교사들의 직무만족도를 측정하기 위하여 PTO (Purdue Teacher Opinionnaire)를 개발하였다. 하위요인으로는 봉급, 승진 기회, 안정 등 근무조건에 관련되는 것과, 동료와의 관계, 상사와의 관계 등 인간관계에 관련되는 것, 안정감, 성장 · 발전 등 심리적 요인에 관련되는 것 등 10가지 요인을 들었다.

Locke(1976)는 직무만족도 차원에 대한 영향요인으로 직무자체(본질적 흥미, 다양성, 양, 난이도 성공에 대한 기회), 임금, 승진, 인정(성취에 대한 칭찬, 수행한 일에 대한 비판), 부가급부(연금, 의료혜택, 유급휴가), 작업조건(작업시간, 휴식시간, 온도, 습도), 감독(감독유형, 영향력), 동료(우호성, 기술적 능력), 회사 경영방침 등으로 분류했다.

대한교육연합회에서는 교사의 직무만족을 측정하기 위해 개발한 교사직무만족도(KTO: Korean Teacher Opinionnaire)에서 하위요인을 인간관계, 직무, 근무환경, 보상, 전문성 신장, 행정체계, 인정지위로 분류하고 있으며, Klecker와 Loadman(1997)은 오하이오 주 정부와의 협조 아래 307개 공립학교 교사를 대상으로 직무만족도 결정요인을 도출한 결과, 보수, 교장과의 관계, 유아교사와의 관계, 수업자율성 여부, 학급규모, 학급분위기, 직업성취도, 연령, 자아동기, 동료교사와의 관계, 자기평가, 근무조건 등을 제시하였다(김현지, 2010).

우리나라의 서명순(2007)의 연구에서는 직무만족도의 하위요인으로 유아들

과의 관계 및 직장환경, 대외적 평가, 일하는 내용, 경제적인 측면으로 보았는데, 연구 결과, 유아들과의 관계 및 직장 환경, 대외적 평가, 일하는 내용, 경제적인 측면의 순으로 높게 나타났다.

김종구(2008)는 유아교육기관의 교사에게 있어서 직무만족도에 영향을 미칠 수 있는 요인으로 교사 자신의 교육에 대한 신념이나 원장과 동료교사, 학부모와의 인간관계, 근무조건, 담당직무, 보수수준이나 승진의 여부, 사회적 인식, 행정지원체계 등을 제시하였다.

이외에도 교사의 직무만족도에 영향을 미치는 외적인 환경이나, 열악한 근무환경, 높은 이직률, 사기저하, 저임금, 과노동, 빈약한 복지후생과 물리적 환경, 교사의 교육수준과 경력, 연령, 결혼 상태 등을 들 수 있다(서맹은, 2006).

직무만족도의 결정요인에 따라 직무만족도가 높은 사람은 직무에 대해 긍정적인 태도를 보이고, 반면에 직무만족도가 낮은 경우에는 부정적인 태도를 보여 이 영향이 구성원 전체에 문제를 일으킬 수 있는 소지가 된다.

한편, Muchinsky는 Fisher와 Ashkanasy(2000)가 일터에서 정서에 관한 연구는 조직에서의 인간 행동에 대한 이해를 증진시킬 수 있다고 결론 내렸다고 하였는데, 이는 그만큼 정서가 조직에서의 태도와 행동에 어떤 영향을 미치는지에 대하여 앞으로 많은 연구를 해야 한다고 하였다(유태용 역, 2009).

다음은 교사 및 원장의 직무만족도 검사유형의 예이다.

|표 9-1| 직무만족도 검사유형의 예

교사용 설문지 내용	전혀 그렇지 않다	별로 그렇지 않다	보통이다	대체로 그렇다	매우 그렇다
1. 나는 업무수행을 의욕적으로 하며, 업무를 통해 성취감을 느낀다.	1	2	3	4	5
2. 어린이집에서 동료교사들과 일하는 것이	1	2	3	4	5

교사용 설문지 내용	전혀 그렇지 않다	별로 그렇지 않다	보통이다	대체로 그렇다	매우 그렇다
즐겁다.					
3. 어린이집 생활은 즐겁고 보람이 있다.	1	2	3	4	5
4. 나는 원장님으로부터 때대로 업무수행능력을 인정받는다.	1	2	3	4	5
5. 나는 나의 업무에 만족한다.	1	2	3	4	5
6. 나는 원장과 동료들을 신뢰하고 상호 존중한다고 생각한다.	1	2	3	4	5
7. 함께 일하는 동료교사들은 나를 격려하고 지지한다.	1	2	3	4	5
8. 동료교사들과 사적인 생활에 대해 이야기를 나눈다.	1	2	3	4	5
9. 근무 분위기가 좋으며 공동 업무시 상호 협동적이며 동료들은 서로 정보를 주고받는다.	1	2	3	4	5
10. 내가 업무상 곤경에 처했을 때 원장님과 동료교사들이 도와 준다.	1	2	3	4	5
11. 어린이집에 업무분담이 잘 되어 있어 체계적이고 효율적으로 업무가 이뤄지고 있다.	1	2	3	4	5
12. 어린이집에 교수-학습 자료가 충분하고 교육과정이 균형 있게 운영된다.	1	2	3	4	5
13. 더 나은 보육서비스와 수업준비를 위해 별도의 보조 인력이 필요하다.	1	2	3	4	5
14. 어린이집의 사고나 재해에 대한 보장제도가 잘 되어 있다.	1	2	3	4	5
15. 나의 일일수업 시간과 업무량이 적절하다.	1	2	3	4	5
16. 학부모들은 보육교사를 믿고 인격적으로 대한다.	1	2	3	4	5
17. 어린이집 교사에 대한 사회적 인식이 높다고 생각한다.	1	2	3	4	5
18. 나는 보육교사 직업에 대해 자부심과 보람을 느낀다.	1	2	3	4	5

교사용 설문지 내용	전혀 그렇지 않다	별로 그렇지 않다	보통이다	대체로 그렇다	매우 그렇다
19. 나는 보육교사의 일이 매우 중요하다는 것을 잘 인식하고 있다.	1	2	3	4	5
20. 보육교사는 전문직으로서 대우를 받고 있다.	1	2	3	4	5
21. 원장님은 내가 하는 업무를 존중해 준다.	1	2	3	4	5
22. 원장님은 나의 견해를 묻는다.	1	2	3	4	5
23. 원장님은 내가 새로운 생각을 실행하도록 격려해 준다.	1	2	3	4	5
24. 우리 원장님은 나에게 필요한 피드백을 제공한다.	1	2	3	4	5
25. 우리 원장님은 재치가 있다.	1	2	3	4	5
26. 나의 보수는 적당하다.	1	2	3	4	5
27. 나의 보수는 경력과 능력을 고려해 볼 때 공정하다.	1	2	3	4	5
28. 나는 장래에 원장이 될 수 있다고 생각한다.	1	2	3	4	5
29. 근무 연수와 실력에 따라 주임 및 원감 직책이 주어져야 한다고 생각한다.	1	2	3	4	5
30. 나는 내가 받은 교육, 나의 업무량에 상응하는 보수를 받는다고 생각한다.	1	2	3	4	5

원장용 설문지 내용	전혀 그렇지 않다	별로 그렇지 않다	보통이다	대체로 그렇다	매우 그렇다
1. 나는 교사들끼리 팀워크를 조성할 필요가 없다고 생각한다.	1	2	3	4	5
2. 나는 교사들이 원장에게 순종하는 것이 바른 태도라고 생각한다.	1	2	3	4	5
3. 나는 교사들의 창의성을 자극하여 부상을 주고 격려한다.	1	2	3	4	5
4. 나는 교사들이 업무를 수행할 때 잘 하도록	1	2	3	4	5

원장용 설문지 내용	전혀 그렇지 않다	별로 그렇지 않다	보통이다	대체로 그렇다	매우 그렇다
설득하는 편이다.					
5. 나는 교사들의 팀워크를 강조한다.	1	2	3	4	5
6. 나는 교사 개인의 개성을 존중한다.	1	2	3	4	5
7. 나는 계획에 따라 부여된 대부분의 과업을 완수할 때 가끔 내생각을 강조한다.	1	2	3	4	5
8. 나는 교사들의 결정에 제한을 두지 않고 모두 받아들인다.	1	2	3	4	5
9. 나는 원장은 권위가 있어야 한다고 생각한다.	1	2	3	4	5
10. 나는 교사 개인의 장점을 알고 그 장점을 부각시켜 주려고 한다.	1	2	3	4	5
11. 나는 교사들이 자유롭게 근무하도록 배려한다.	1	2	3	4	5
12. 나는 교사들의 조언 없이 업무결정을 한다.	1	2	3	4	5
13. 나는 교사들에게 업무를 이야기할 때 목표와 기준을 강조한다.	1	2	3	4	5
14. 나는 교사들의 제안을 받아들인다.	1	2	3	4	5
15. 나는 교사들에게 많은 활동에 참여하도록 격려한다.	1	2	3	4	5
16. 나는 교사들의 결정이 나와 맞지 않아도 존중한다.	1	2	3	4	5
17. 원장은 교사에게 때로는 두려운 존재여야 한다고 생각한다.	1	2	3	4	5
18. 나는 어린이집의 문제 및 결정에 대해 교사들에게 위임한다.	1	2	3	4	5
19. 나는 모든 교사들에게 업무를 적절히 분배하려고 한다.	1	2	3	4	5
20. 기관 구성원들이 우리 기관의 전체 사명을 이해하도록 지시한다.	1	2	3	4	5

출처: 신난철, 2010, pp. 73–74.

2. 유아교사의 스트레스 관리

1) 스트레스의 개념과 긍정적 효과

급변하고 역동적인 현대사회에서 살고 있는 현대인들은 하루가 다르게 변화하고 진보하는 사회의 일원으로서 잘 적응하고 생존하기 위해 더욱 빠르게 달려가고 있다. 이렇게 복잡하고 치열한 경쟁사회 속에서 인간은 수많은 스트레스를 경험하고 있으며, 스트레스는 살아가는 과정에서 필연적인 결과이며 현대사회에서는 인생 자체가 스트레스의 연속이라고 할 만큼 스트레스의 관리는 현대인들에게 중요한 과업이 되었다고 말할 수 있다.

스트레스(stress)라는 어원은 라틴어의 strictus 또는 stringere라는 말로, "팽팽하게 죄다"라는 뜻에서 유래되었다. 스트레스는 생리학자 Cannon(1914)이 최초로 명명한 용어로 심리학, 사회학, 교육학 등 다양한 분야에서 등장하였는데, 20세기에 들어서면서부터 의학적 맥락에서 스트레스라는 용어를 쓰기 시작하였으며, 질병이나 정신질환의 원인으로 설명되기 시작하였다(김광웅, 2010).

일반적으로 스트레스(stress)는 '개인이 환경에서 특정한 스트레스 요인의 자극을 받았을 때 이에 적응하는 개인의 생리적, 심리적, 정서적, 형태적 반응'이라고 정의한다. 여기서 스트레스 요인(stressor)은 '개인의 적응에 필요한 어떠한 자극, 즉 사건, 상황, 사람 또는 대상'을 말한다.

과학적으로 스트레스의 개념을 최초로 설명한 사람은 Seyle(1974)로, 그는 스트레스를 일으키는 외부적인 자극 또는 원인을 스트레스 요인이라고 명명하고 이러한 스트레스 요인에 의한 유기체의 소모적인 비특이 반응을 스트레스라고 정의하였다. 그러므로 과학적인 측면에서 스트레스는 심리학과 생물학에서 유기체의 기능을 교란시키는 긴장이나 장애를 일컫는 용어라고 볼 수 있다. 스트레스는 인간의 신체적 · 심리적 적응에 있어 부정적인 영향을 미치기도 하고 긍정적인 영향을 미치기도 한다. 즉 우리 몸에 도움을 주어 더 나은 상태를 유지하게 하는 좋은 스트레스(eustress)와 우리 몸에 혼란을 야기하고 병들게 하는 나쁜 스트레스(distress)가 있다.

Holms와 Rahd(1967)는 인생의 다양한 사건들이 스트레스를 받는 외적 요인이라고 보았는데, 이는 긍정적, 부정적 인생 사건들이 모두 포함된다. Holms와 Rahd(1967)가 제시한 인생사건척도(Life Events Scale)는 다음의 〈표 9-3〉에 제시되어 있는데, 이것은 지난 한 해 동안 일어난 인생사건들을 체크하고 해당되는 항목들의 점수를 합산해 봄으로써 아래의 총점과 비교해 자신의 외적 스트레스 정도를 확인해 볼 수 있다.

|표 9-2| 스트레스 점수에 따른 상태

점수	스트레스 상태
0~150점	스트레스 관련 질병의 가능성 없음
151~199점	경증의 생의 위기(53%에서 질병 발생 가능성 있음)
200~ 299점	중증도의 생의 위기(50%에서 질병 발생 가능성 있음)
300점 이상	중증의 생의 위기(80%에서 질병 발생 가능성 있음)

|표 9-3| 인생사건척도(Life Events Scale)

인생사건	점수	인생사건	점수
배우자의 사망	100	직장업무의 변화	29
이혼	73	자녀의 출가	29
별거	65	시댁과의 문제	29
복역	63	우수한 개인적 성취	28
가족구성원의 죽음	63	아내의 맞벌이 시작 및 중직	26
개인적 질병, 상해	53	학교 입학 및 졸업	26
결혼	50	주거 환경의 변화	26
직장 해고	47	개인습관의 변화	25
별거 후 재결합	45	상사와의 갈등	23

직장 은퇴	45	근무시간 및 근무조건의 변화	20
가족의 건강문제	44	거주지 변화	20
임신	40	학교의 변화	20
성적 고민	39	취미활동의 변화	19
새로운 가족구성원의 증가	39	교회활동의 변화	19
직장 재적응	39	사회활동의 변화	19
재정적인 변화	38	수면시간의 변화	16
친한 친구의 죽음	37	식사습관의 변화	15
다른 분야로 직업 전환	36	휴가	13
배우자와의 말다툼 빈도 변화	35	사소한 경범죄 위반	11

출처: Holms, T. H. & Rahd, R. H.(1967). The social readjustment rating scale. Journal of Psychosomatic Research, 11, 213-218.

Sorensen(1993)에 의하면 ① 반응으로서의 스트레스, ② 자극으로서의 스트레스, ③ 역동적 상호작용으로서의 스트레스 등 3가지로 나눌 수 있다(최유경, 2009; 장미경 외, 2012).

(1) 반응으로서의 스트레스

반응으로서의 스트레스는 초기 연구자들에 의한 외적 조건에 대한 신체적, 생리적, 감정적 또는 행동적 평형 상태의 붕괴나 변화에 대해 항상성을 유지하려는 반응으로 정의된다. 인간의 신체는 어떤 사건으로 인하여 항상성이 깨지면 스스로를 보호하기 위해 내적인 반응태세를 갖춘다고 보는 개인의 초점을 맞춘 이론이다. 이 이론에서는 스트레스의 유발요인을 스트레스원(stressor)이라고 부르며, 추위, 질병, 외상, 흥분 등으로 인한 생리적 반응의 스트레스를 설명한다.

(2) 자극으로서의 스트레스

자극으로서의 스트레스는 가장 보편적인 개념으로 행동주의 이론에 기초하여 개인을 부정적으로 자극하는 환경요인을 스트레스로 보는 입장이다. 여기서는 일정한 상황을 유지하고 있는 상태에서 긴장, 갈등, 혼란을 일으키는 변화 자체를 스트레스로 보는데, 반응으로서의 스트레스가 신체적 반응의 결과적인 측면이라면 자극으로서의 스트레스는 원인이다.

Lazarus와 Cohen(1977)은 스트레스 자극을 ① 다수의 사람들에게 영향을 주는 중대한 변화, 즉 통제할 수 없는 자연재해, 전쟁 같은 사건, ② 소수에게 영향을 주는 중대한 변화, 즉 사랑하는 사람의 죽음, 이혼, 질병, 출산 등, ③ 일상적인 문제라고 불리는 생활의 사건들, 이 세 가지 유형으로 설명하였다(강승호 · 정은주, 1999).

(3) 역동적 상호작용으로서의 스트레스

역동적 상호작용으로서의 스트레스는 환경과 개인의 역동적인 상호작용을 의미한다. 이것은 상황에 대한 개인의 주관적 지각에 의해 변화하는 과정으로 보는 입장이다. 즉 스트레스에 대한 인지적 평가의 중요성을 강조하고, 개인이 가지고 있는 자원의 한계를 넘어서 자신의 안녕을 위협한다고 평가되는 개인과 환경의 역동적 관계에서 일어나는 심리적 과정으로 해석하는 입장이다. 그러므로 스트레스를 이해하기 위해서는 외부적인 환경의 변화뿐 아니라 개인의 내적, 심리적 과정에 대한 이해가 요구된다.

이러한 스트레스는 항상 부정적인 것만은 아니다. 오히려 적절한 스트레스는 성취동기에 자극을 주는 긍정적인 효과가 있다.

스트레스의 긍적적 효과는 다음의 세 가지로 요약될 수 있다(장연집 외, 2008).

첫째, 스트레스 상황은 자극을 받고 도전하려는 인간의 욕구를 자극한다. 여러 연구들에 의하면 대부분의 사람들은 자신의 삶에서 아무런 스트레스가 없는 상태보다 적정 수준의 자극과 모험을 선호한다는 사실을 연구결과 밝혀

냈다.

둘째, 스트레스는 개인적인 성장이나 자기 발전을 증진시키는 기능을 할 수 있다. 스트레스 사건으로 인해 인간은 새로운 기술을 발전시키고, 새로운 통찰을 하게 되며 보다 긍정적인 개선과 변화를 이루게 하는 효과가 있는 것이다.

셋째, 스트레스를 경험함으로써 미래에 닥칠 더 큰 스트레스에 대해 예방접종과 같은 면역기능이 생길 수 있다고 보는 것이다. 스트레스가 과도하지 않다면 스트레스에 노출시키는 것이 스트레스에 대한 내성을 증가시킬 수 있는 긍정적 효과가 있다고 보는 것이다.

2) 유아교사의 스트레스 관리 및 대처방식

급변하는 사회 환경 속에서 인간은 스트레스와 욕구과절, 갈등을 경험하게 되는데, 스트레스 유발요인의 하나는 일상생활에서의 욕구좌절이다. 즉 자신이 원하는 목적을 달성하지 못한 경우에 욕구좌절을 경험하게 되는데, 이는 자신이 통제할 수 없는 어떤 외적인 힘에 의해 발생되거나 개인적인 특성 또는 사회 구조적인 특성에서 기인하게 된다.

스트레스를 유발하는 또 다른 요인은 갈등이다. 갈등은 어떤 선택을 해야 하는 상황에서 발생한다(박선환 외, 2001). 이러한 스트레스는 신체에 가해지는 어떤 요구가 유쾌하든 불쾌하든 간에 신체에 일어나는 모호하고 비특징적인 신체반응이다.

이러한 스트레스를 관리하고 대처하는 방안에 대한 연구는 행동주의 이론가들이 개인이 위험에 직면했을 때 적응하는 행동을 예언하려는 시도에서 연구하기 시작하였으나, 그 후 학자들은 대처방안을 스트레스에 대한 반응, 즉 스트레스로 인한 충격을 감소하거나 없애는 과정으로 정의하였다(이명주, 2002).

스트레스를 관리하고 대처해 나가는 방식으로 Lazarus와 Folkman(1984)의 대처방식에 김정휘(1991)가 요인 · 분석하여 정리한 4가지의 방안이 있는데, 즉 문제중심 대처와 사회적 지지추구, 정서완화 대처와 회피적 대처이다.

첫째, 문제중심 대처는 문제해결을 목표로 하거나 스트레스 요인 자체를 변화시켜 문제를 해결하고자 노력하는 대처이다.

둘째, 사회적 지지추구는 타인과 상의하고 도움을 얻어 해결하거나 의미있는 사람과의 관계를 통해 사회적 욕구를 충족하는 대처이다.

셋째, 정서완화 대처는 스트레스 요인으로 인한 정서적 위협과 고통을 조절하려는 대처이다.

넷째, 회피적 대처는 스트레스원 자체를 해결하지 못하고 그 상황에서 벗어나고 피하려는 대처이다.

이 4가지의 대처방식의 유형별 내용은 다음의 〈표 9-4〉와 같다.

|표 9-4| 스트레스 대처방식의 유형별 내용

대처방식	내용
문제중심 대처	· 문제의 원인을 파악하고 대책을 세운다. · 문제의 당사자와 대화와 타협을 통해 해결한다. · 내 입장을 지키면서 바라는 바를 위해 싸운다(항의). · 문제를 해결하기 위해 더 열심히 노력하고 자기계발을 한다.
사회적 지지 추구	· 타인에게 조언을 구하거나 정보를 제공받아 문제를 해결하려고 한다(지적, 정보적 지지). · 타인에게 일의 분담을 부탁해서 문제를 해결하려고 한다(물리적 지지). · 타인에게 자신이 처한 상황의 동조와 이해를 구한다(정서적 지지).
정서완화 대처	· 어차피 감당할 업무라면 마음을 편안히 가지고 결과에 신경쓰지 않는다. · 기분 전환이 될 만한 말을 자신에게 한다(자기 격려). · 문제의 대상에게 화를 낸다. · 술을 마신다. · 취미, 여가활동(산책, 영화, 쇼핑 등)을 통해 불편한 감정을 푼다. · 상황이 지금보다 더 나쁠 수도 있음을 상기한다.

회피적 대처	· 그 일이 얼른 끝나고 지나가길 바란다. · 업무와 관련된 생각을 하지 않으려고 한다. · 나의 능력 부족을 탓한다. · 그 일을 무시해 버린다.

출처: 오숙희, 2006, p. 27.

유아교육기관 내 유아교사의 스트레스는 단지 교사 개인의 문제로 끝나는 것이 아니라, 인간의 전인적 성장의 제반 기초가 이루어지는 시기이며 발달의 결정적 시기로서 환경의 영향을 가장 많이 받는 시기의 유아들을 위한 교육 및 보육의 질을 저하시킬 수 있는 위험을 가지고 있다(최유경, 2009). 따라서 유아교육기관에서 유아교사는 스트레스를 적절히 해결하고 효율적으로 대처하는 스트레스 관리가 중요하며, 이는 개인의 노력만으로 스트레스를 대처할 수 있는 것이 아니므로 유아교육기관 내 조직 차원에서 교사들의 성격 유형을 파악하여 보다 체계적인 스트레스 관리방법을 강구해야 할 것이다.

다음의 〈표 9-5〉는 교사의 직무스트레스 설문지의 예이다.

|표 9-5| 교사의 직무스트레스 설문지의 예

설문지 내용	전혀 그렇지 않다	별로 그렇지 않다	보통 이다	대체로 그렇다	매우 그렇다
	1	2	3	4	5
1. 학습활동에 참여하지 않으려는 유아들에게 동기를 부여하는데 힘이 든다.					
2. 나는 유아들을 적절히 통제하지 못한다.					
3. 부적응 유아들을 어떻게 지도해야 할지 모르겠다.					
4. 교육활동에 필요한 수업자료가 너무 부족하다.					

설문지 내용	전혀 그렇지 않다	별로 그렇지 않다	보통 이다	대체로 그렇다	매우 그렇다
	1	2	3	4	5
5. 학습활동을 계획하고 조직하는데 너무 광범위한 능력이 요구된다.					
6. 수업 및 학급운영을 위하여 준비할 시간이 충분하지 않다.					
7. 교육시간이 과다하여 건강에 무리가 있다.					
8. 청소, 설거지, 차량지도 등의 잡무가 너무 많다.					
9. 제작에 대해 과다한 요구를 받고 있다.					
10. 나의 의견이 무가치하게 받아들여 질때가 있다.					
11. 우리 어린이집은 좋은 수업에 대한 인식이 부족하다.					
12. 어린이집에 관련된 많은 문제에 대해 나의 생각을 허심탄회하게 말할 수 있다.					
13. 내가 맡은 학급의 일에 대해 상사의 간섭이 심하다.					
14. 우리 어린이집 운영방식을 일관성이 없다.					
15. 우리 어린이집 교사들 간에는 서로 협조하는 정신보다는 경쟁이 심하다.					
16. 우리 어린이집은 교사들간의 관계가 좋지 않다.					
17. 우리 어린이집에는 자기에게 부여된 업무를 적절히 수행하지 않는 교사들이 더러 있다.					
18. 우리 어린이집의 교사들간에는 파벌이 존재한다.					
19. 우리 어린이집은 교사들 간에 의사소통이 잘 이루어지지 않는다.					

설문지 내용	전혀 그렇지 않다	별로 그렇지 않다	보통 이다	대체로 그렇다	매우 그렇다
	1	2	3	4	5
20. 우리 어린이집 학부모들은 어린이집 문제에 지나친 관여를 한다.					
21. 우리 어린이집 학부모들은 어린이집에 많은 것을 요구한다.					
22. 학부모와의 관계가 원만하지 못하다.					
23. 유아들 간의 싸움이나 안전사고 등으로 어린이집에 항의하는 학부모가 많다.					
24. 나의 보수는 나의 임무와 책임에 상응하지 못한다.					
25. 시간외 수당이 이루어지지 않는다.					

출처: 김영선, 2000, pp. 54-55.

3) 유아교사의 스트레스를 효과적으로 해소하는 방법

유아교사가 스트레스를 효과적으로 해소하는 방법을 소개하면 다음과 같다.

먼저 유아교사는 스트레스에 대한 내성을 높이기 위해서는 최적의 신체 상태를 유지하도록 해야 하는데, 먼저 숙면으로 충분한 휴식을 취해야 한다. 그리고 규칙적인 식사와 적당한 체중을 유지하고 섬유질이 많은 음식을 섭취하며 마지막으로 정기적인 운동을 해야 한다(이영실 · 이윤로, 2008; 이영실 · 임정문, 2005).

다음은 스트레스 해소에 도움을 줄 수 있는 방법들인데 궁극적으로 스트레스를 효과적으로 해소하려면 스트레스에 대한 대처능력을 향상시켜야 한다(배수진, 2000; 이영실 · 이윤로, 2008; 이영실 · 임정문, 2005).

① 스트레스의 원인을 밝혀 낸다. 즉 스트레스를 주는, 심리적 갈등의 제공자가 누구인지 어떤 사건인지를 정면으로 대처하는 것이 최상의 극복 방법이다.

② 뚜렷한 가치관이나 삶의 철학을 세운다.

③ 원만한 인격으로 보다 적극적인 대인관계를 맺어서 실패나 어려운 문제에 봉착했을 때 자신의 고민을 털어놓을 수 있는 사람, 즉 서로에 대한 신뢰 그리고 감정이입을 할 수 있는 'I-Thou'의 인간관계(서로간의 참 만남이 이루어지고 상호간에 성장하고 자아실현할 수 있는 관계)를 가질 수 있는 사람을 만든다.

④ 타인을 위해서 무슨 일인가를 한다. 이는 타인에게 손을 뻗어 도와주고자 할 때 우울하고 침체되었던 스스로의 마음이 열리게 되기 때문이다.

⑤ 무슨 일을 할 때 동시에 두 가지 이상하지 말고 자기 스스로의 능력을 알고 한계를 수용한다.

⑥ 규칙적인 생활과 건전한 생활리듬을 유지한다.

⑦ 자기 분수에 맞는 취미생활, 오락, 스포츠 등으로 심신의 스트레스를 해소한다.

⑧ 주인 의식을 갖고 즐겁고 충실히 살려는 노력과 습관을 가진다.

⑨ 필요한 경우엔 상담자나 심리치료사를 찾아 상담을 받는다.

또한 스트레스 해소를 위한 방법에는 근육이완훈련방법이 있는데, 이를 소개하면 다음과 같다(구본영 외, 2010).

- 편안하고 조용한 환경에서 실시하십시오.
- 하루에 아침, 저녁 두 번씩, 식사 후 2시간 이후에 실시하십시오.
- 수동적인 태도를 취하십시오.
  얼마나 이완이 잘 이루어지고 있는지에 대해 초점을 두지 말고 하나의 단어나 대상(예, 꽃)에 집중하십시오. 그렇게 했을 때 이완반응의 방해를 막을 수 있습니다.

① 가부좌나 반가부좌 자세로 편안하게 바닥에 앉는다(침대에 눕거나 의자에 앉아서도 가능하다).

② 천천히 두 눈을 감으면서 호흡에 집중한다.

③ 심호흡을 몇 번 한 후에 서서히 들어 마시는 숨(흡식)과 내쉬는 숨(토식)을 나누어 생각하면서 들어마실 때 하나, 둘, 셋하고 세고, 내쉴 때 하나, 둘, 셋하고 센다. 호흡은 깊고 자연스럽게 한다. 숨을 내쉴 때 모든 긴장과 걱정이 "사라진다"고 생각하라.

④ 근육에 집중한다. 먼저 오른손 주먹에 초점을 두고서 주먹을 꽉 쥔다. 점점 더 힘있게 꽉 쥐면서 긴장감을 느껴 본다. 이어서 서서히 이완시키고 이완되었을 때의 느낌을 느껴 본다. 이완하는 시간이 긴장하는 시간보다 길어야 한다. 다시 한 번 더 반복해서 실시한다.

⑤ 발가락에서 머리끝까지 모든 근육을 차례차례 이완시킨다. 이완되었으면 이완 상태를 지속한다.

⑥ 10-20 동안 심호흡을 계속한다. 끝내야겠다고 생각되면 4에서부터 거꾸로 1까지 세어 본다. 눈을 뜨고 몇 분간 조용히 앉아 있다가 일어선다.

마지막으로 유아교사가 스트레스를 받게 될 때, 스트레스원이 되는 문제 상황을 해결하는 단계에 대해 구본영 등(2010)이 제시한 단계를 재구성하면 다음과 같다.

1단계 : 스트레스원이 되는 문제 규정하기

유아교사의 스트레스원이 되는 문제를 해결하기 위해 가장 먼저 필요한 것은 스트레스가 되는 상황을 "결정해야 할 문제"로 규정해 보는 것이다. 즉, 문제를 결정해야 할 어떤 것으로 규정하는 것이다. 유아교사들이 겪고 있는 문제는 둘 중 한 가지로 결정해야 하는 문제들은 아닐 것이다. 그러나 자세히 살펴보면 그 복잡한 문제들은 몇 개의 결정해야 할 문제들로 나누어질 수 있다. 따라서 스트레스가 되는 상황을, 결정해야 할 몇 개의 문제들로 규정해 보는 것이 첫 번째 단계이다.

2단계 : 문제를 해결하는 방법 제시하기

2단계는 문제를 규정한 후에 그 문제를 해결할 수 있는 방법, 즉 해결책을 모두 생각해 보는 단계이다. 이 단계에서는 해결책의 가능성이나 효과 등보다는 다양한 해결책에 대한 아이디어를 생각해 내는데 초점을 둔다.

(a) 조용한 분위기 속에서 방법들을 생각한다.
(b) 해결책을 찾을 때는 다른 사람들의 아이디어를 함께 공유하는 것도 좋다.
(c) 문제를 다시 한 번 살펴본다. → 1단계를 다시 한 번 해 본다.
(d) 종이 한 장을 꺼내 놓는다.
(e) 문제에 대한 해결책이라 생각되는 방법은 모두 다 종이에 적는다.
(f) 생각을 적을 때는 실현가능성이나 효과 등은 생각하지 말고 우선 생각나는 것은 모두 다 적는다.
(g) 이전에 나온 해결책에서 발생되는 아이디어들도 소중한 해결책이 될 수 있다.
(h) 모두 다 적었다고 생각되면, 그 아이디어들을 유목화하거나 통합한 후 두세 가지를 선택한다.

3단계 : 적정 시간 안에 관련 정보 수집하기

3단계는 2단계에서 선택된 두세 가지의 해결책들에 대한 관련 정보들을 수집하는 단계이다. 앞선 단계에서 선택된 해결방법들 중 한 가지를 선택하기 위해서는 그 방법들에 따른 정보들(장단점)을 수집하는 것이 필요하다. 그러나 정보를 수집하는데 너무 많은 시간을 소비해서는 안 된다. 최소한의 시간 내에 최대한의 정보를 수집하는 것이 좋다. 정보를 수집하는 방법은 그것에 대해 아는 사람에게 물어볼 수도 있고, 인터넷을 통해 검색을 하거나 자신의 머릿속에 들어있는 정보들을 수집할 수도 있다.

(a) 2단계에서 선택한 2, 3개의 해결 대안들을 아는 사람들에게 물어 본다.
(b) 인터넷 검색을 통해 정보를 찾는다.
(c) 각 대안들에 대해 내가 생각하는 장단점들을 찾아 적어 본다.
(d) 각 대안들에 대해 내가 생각하는 이 대안을 선택해야 하는 이유와 선택하지 말아야 하는 이유를 적어 본다.
(e) 각 대안들에 대해 종이에 각각 적는다.

4단계 : 각 대안에 대한 찬반 정도 검토

4단계는 각 대안들에 대해 수집된 정보에 따라, 어떤 대안에 더 찬성하는지 그 정도를 검토하는 단계이다. 앞선 단계에서 여러 가지를 통해 각 대안들에 대한 정보를 찾았던 것은 그 대안들에 대한 찬반의 무게를 더 정확하게 재기 위해서였다. 이 단계는 문제해결을 위한 최선의 해결책을 찾기 위해 이 과정들을 거치는 것이다. 이 단계에서는 머릿속에서만 생각해 왔던 대안들에 대한 자신의 찬반에 대한 마음을 숫자로 한번 정리하여 더 정확히 살펴볼 수 있을 것이다.

(a) 앞 단계에서 각 대안들에 대한 정보들을 적어 놓았다.
(b) 정보를 적은 대안들 오른쪽에 그 정보가 대안을 선택할 이유이면 +로 표시하고 선택하지 않을 이유이면 -로 표시한다.
(c) 각 정보들에 대해서 그 정보가 얼마나 중요한 것인지를 점수로 표현하여 적는다. 점수는 1점부터 10점까지의 점수로, 많이 중요하지 않으면 1점, 아주 크게 중요하면 10점을 준다.
(d) 각 대안에 대해 적은 점수들을 다 더한다. 이때, -로 된 점수들은 빼준다.

(e) 합한 점수를 정보의 개수로 나누어 준다.
(f) 각 대안들에 대해 최종 찬반 점수를 비교해 본다.

5단계 : 최선의 대안 선택하기

4단계에서는 각 대안들의 찬반점수를 매기고 각각 비교해 보는 과정이었으나, 최종 대안 선택의 몫은 유아교사의 것이다. 다시 한 번, 각 대안들에 대한 정보와 찬반 이유들을 살펴보고 자신의 마음이 가장 많이 가 있는 최선의 대안을 선택하게 하자.

(a) 문제 규정부터 적어 놓은 시트지들을 다시 한 번 읽어 본다.
(b) 각 대안들에 대한 최종점수를 검토해 본다.
(c) 각 대안의 최종점수가 나의 마음을 얼마나 대변해 주고 있는가?
(d) 대안들 중에 최선의 대안이라고 생각되는 것을 선택한다.

6단계 : 선택된 해결방법 실행하기

앞선 단계에서 문제를 해결하기 위한 최선의 대안을 선택하였다면 이제 그 해결방법을 실행해야 한다. 실행은 결정보다 훨씬 더 힘든 일이다. 따라서 결정의 실행을 위해서 구체적으로 실행할 계획을 세워야 한다.

(a) 언제 결정을 실행할 것인가?
(b) 누구에게 말할 것인가?
(c) 어떻게 표현할 것인가?
(d) 결정을 실행하는데 있어, 예상되는 어려움은 무엇인가?
(e) 그 어려움은 어떻게 극복할 것인가?
(f) 위의 실행방법들을 계획해 보았다면, 실행한다.

7단계 : 해결책 효과 평가하기

이 단계는 구체적으로 계획한 해결책을 잘 실행하였는지를 평가하는 단계이다. 선택하고 실행된 해결책이 효과가 있다면 그것을 더 실행할 수 있도록 해 보고, 만약 실패를 했다면 다른 대안을 찾아보도록 한다. 또한, 해결을 실행하지 못했다면, 좀 더 구체적으로 실행 계획을 세우는 것이 필요할 것이다.

(a) 실행하지 못했다면, 6단계의 실행계획 세우기를 다시 하라.

(b) 해결책이 효과가 있었다면, 얼마만큼 효과가 있었는지 생각해 보고, 더 많은 효과가 있게 하려면 어떻게 해야 하는지를 생각해 본다.

(c) 해결책이 효과가 없었다면, 다시 1단계로 돌아가자. 어떤 것이 문제인지부터 다시 정리해 보면 더 나은 해결책을 찾을 수 있을 것이다.

생각해 보기

유아교사로서 가장 효과적인 스트레스 해소 방법은 무엇인지 생각해 보자.

제 10 장

유아교육기관의 조직환경

1. 유아교육기관의 조직적 환경
2. 유아교육기관의 근무환경

> 장벽에는 다 이유가 있다.
> 장벽은 우리가 무엇을 얼마나 절실하게 원하는지
> 깨달을 수 있도록 기회를 제공하는 것이다.
>
> – 랜디포쉬의 「마지막 강의」 중에서

1. 유아교육기관의 조직적 특성

유아교육기관은 1차적 수혜 대상자인 유아가 다른 학교기관의 학생들과 달리 발달 초기에 있기 때문에 유아의 학습과 발달에 있어서 다른 교육기관의 교사들보다 유아교육기관의 교사의 중요성은 더욱 강조된다. 또한 유아교육기관은 유아와 교사 간에 고유한 조직적 특성을 가지고 있다. 유아교육기관의 조직적 특성을 구체적으로 살펴보면 다음과 같다(김동춘, 1997; 김진영, 2007).

첫째, 유아교육기관은 유아를 가르치는 바람직한 방향으로 변화시킨다는 광범위한 목적을 가진 조직으로 융통성 있고 교수-학습의 질적인 면에서 공헌하여야 한다.

둘째, 유아교육 프로그램의 질을 지속시키고 향상시키는 과정에 참여하는 사람을 돕기 위함이다.

셋째, 유아교육기관은 유아교사가 되기 위하여 전문적 교육을 받아야 하고, 유아교사는 유아학교에서 교육목적을 수행하기 위하여 자신의 독립된 영역에서 자신의 판단에 따라 자신이 맡고 있는 유아들을 가르친다. 그러나 모든 유아교육기관이 이 유형에 속해 있는 것은 아니며 부분적으로 집권화된 단순구조제도도 있다.

넷째, 유아교육기관은 정해진 규칙과 절차가 기계적으로 적용되지 않을

수 있어서 느슨한 구조를 가진 체제를 가졌다. 예를 들어 교사가 가진 재량권은 유아교육기관의 교육의 목적과 내용에 대한 교사의 전문적 해석을 가능하게 한다.

다섯째, 유아교육기관은 체제유지 조직이며 적응적 조직이다. 체제유지 조직은 사회체제를 유지하기 위하여 구성원을 사회화시키는 특징이 있고, 적응적 조직은 지식을 창조하거나 새로운 법칙과 이론을 발전시켜 사회 문제를 해결하여 사회의 새로운 상황에 적응시키는 역할을 갖고 있다.

이 외에도 유아교육기관의 조직적 특성은 여러 가지가 있다. 김경화(2001)는 유아교육기관의 조직적 특성은 교육활동, 교육조건, 제도적 측면으로 분류하였다. 교육활동은 유아의 발달적 특성에 따라 놀이중심 및 아동중심의 통합교육이 일반적이며, 유아, 교사, 교구 간에 상호작용이 활발하게 이루어지고, 교육조건은 일반 학교에 비해 규모면에서 작으며, 제도적 측면에서는 사립유치원이나 민간어린이집의 비중이 높게 나타나는 특성이 있다고 하였다.

Jorde-Bloom(1989)은 유아교육기관의 조직적 특성을 고려하여 유아학교의 조직 문화를 측정하는 10가지의 도구를 개발하였는데, 그 요인은 다음과 같다(김진영, 2007).

- 교사간의 동료관계
- 전문성 증진
- 원장과의 관계
- 조직 기능의 명확성
- 보수 및 승진제도
- 의사결정
- 프로그램 목적에 대한 교사 간의 일치도
- 업무수행
- 물리적 환경
- 개혁성

종합적으로 유아교육기관의 조직적 특성을 정리하면, 유아교육기관은 교육 또는 보육과 봉사를 주요 기능으로 하고 있으며 전문성을 강조하고 느슨한 구조의 조직특성을 갖고 있다고 볼 수 있으며, 교육 또는 보육의 수혜자인 유아는 생애 초기단계에 있기 때문에 유아의 학습과 발달에 있어서 매우 중요한 요인으로 작용하고 있으며, 따라서 교사의 중요성 또한 강조되고 있다. 따라서 의미를 만드는 주체로서 교사의 교수 활동은 교사 주관에 의해 좌우되는 특성을 가지고 있다(김진영, 2007).

2. 유아교육기관의 근무환경

1) 유아교육기관의 근무환경 특성

근무환경은 유아교육기관에 종사하는 유아교사에 대한 보수, 복리후생, 근무, 업무부담, 인간관계, 풍토 등과 관련된 제반 조건을 의미하는데, 보수는 봉급 및 수당이 포함된 정규급여이고, 복리후생은 유아교육기관의 유아교사를 위한 휴게시설, 퇴직금 등이 포함된 연금, 공제회제도, 건강진단 · 의료보험제도 등이다(김유리, 2010).

유아교육기관의 근무조건은 유아교사의 능력과 직무 특성 등이 최대한 고려하여 적절한 수준으로 정해져야 되며, 최대한의 유아교육 및 보육이 이뤄지게 하기 위해 교사의 근무여건을 최우선으로 적정 수준화시키는 문제는 매우 중요한 과제이다. 유아교사는 근무환경상 매일 유아교육 및 보육과 관련된 업무량이 절대적으로 많으며, 이로 인해 교사는 사기가 저하되며 자질 향상 및 전문성 향상에 방해를 받게 된다(배종근, 1979).

다음은 유아교사의 근무환경과 관련된 법적 규정과 전반적인 유아교사의 근무환경의 특성을 설명하고자 한다.

(1) 근무시간

영유아보육법 시행규칙에서 정해진 어린이집 운영기준의 근무시간은 평일 오전 7시 30분부터 오후 7시 30분까지 12시간을 원칙으로 학부모의 근로 시간을 고려하여 조정 및 운영할 수 있다. 또한 학부모와 원장이 협의하여 시간을 고려하여 조정, 운영할 수 있다. 그리고 보육교사는 오전 9시부터 오후 6시까지 근무하며 초과근무수당을 지급하도록 명시되어 있다.

(2) 보수체계

보수는 자신이 일한 것에 대한 가치를 보상해 주는 것으로, 개인이 직업 선택에 있어서 근무자의 직무만족과 능률에 결정적 영향력을 가지고 있으며 논리성 · 직무수행 · 성실성 향상을 기대할 수 있다.

먼저 보육교직원은 '사회복지시설 직원 인건비 보조지침'에서 정하는 바에 따라 보수를 지급받아 오다가 1997년부터는 '보육시설 종사자(가정 어린이집 제외) 보수기준'이 별도로 제정됨에 따라 동 기준에서 정하는 바에 따라 보수를 지급받아 왔다. 그러나 1999년부터 보육교직원에 대한 보수기준이 「'99년도 사회복지시설직원 인건비 국고보조 기준」을 참조로 어린이집에서 자체보수기준을 정하여 자율적으로 보수를 지급하도록 하였다. 따라서 지방자치단체의 장 또는 어린이집을 설치, 운영하는 자는 동보수 기준에도 불구하고 재정형편에 따라 기준을 초과하여 보수를 지급할 수 있으며, 교직원 인건비 지원과 같은 국고보조를 받지 않는 시설은 다른 법령에서 특별히 규정한 경우를 제외하고는 동기준과 관계없이 시설의 재정형편에 따라 원장과 교직원과 협의하여 보수기준을 달리 정할 수 있도록 규정하고 있다. 인건비 국고보조기준은

정부에서 국고보조금으로 지원할 수 있는 상한선을 정한 것으로 봉급에 기말수당, 정근수당, 복리후생비, 장기근속수당 등 제수당과 의료보험, 국민연금 및 퇴직적립금 등 사회보험부담금을 포함하여 환산한 금액으로 연봉제 형식으로 보수 지급 방식이 바뀌었다.

또한 2006년부터는 12시간 이루어지는 보육시설 운영기준을 감안해 기본 근무시간 8시간(점심시간 미포함)을 제외한 나머지 3시간은 돌아가며 근무하도록 규정하였으며 수당은 3만원에서 4만원으로 증액시켰다.

다음의 〈표 10-1〉과 〈표 10-2〉는 2012년 유치원 교사 및 어린이집 교직원 보수를 제시한 것이다.

|표 10-1| 2012년도 유치원 교사 호봉표

호봉	봉급액	호봉	봉급액	호봉	봉급액	호봉	봉급액
1	1,294,600	11	1,698,100	21	2,467,300	31	3,406,800
2	1,333,900	12	1,741,700	22	2,558,400	32	3,505,400
3	1,373,700	13	1,821,200	23	2,648,900	33	3,506,700
4	1,413,300	14	1,900,800	24	2,739,400	34	3,705,600
5	1,453,300	15	1,980,300	25	2,829,900	35	3,805,800
6	1,493,200	16	2,059,900	26	2,902,700	36	3,905,400
7	1,532,400	17	2,138,800	27	3,015,300	37	3,992,300
8	1,571,900	18	2,221,300	28	3,110,000	38	4,079,200
9	1,611,900	19	2,303,500	29	3,208,700	39	4,166,200
10	1,655,300	20	2,385,400	30	3,308,800	40	4,252,700

|표 10-2| 2012년도 보육교사 호봉표

호봉	원장		보육교사		취사부	
	보수총액	월지급액	보수총액	월지급액	보수총액	월지급액
1	20,171,400	1,680,950	16,707,360	1,392,280	13,723,560	1,143,630
2	20,716,440	1,726,370	17,191,200	1,432,600	14,127,720	1,177,310
3	21,392,640	1,782,720	17,721,480	1,476,790	14,704,440	1,225,370
4	22,032,960	1,836,080	18,278,040	1,523,170	15,010,800	1,250,900

호봉	원장		보육교사		취사부	
	보수총액	월지급액	보수총액	월지급액	보수총액	월지급액
5	22,679,040	1,889,920	18,839,520	1,569,960	15,341,280	1,278,440
6	24,102,000	2,008,500	20,134,080	1,677,840	16,037,760	1,336,480
7	24,954,840	2,079,570	20,987,400	1,748,950	16,739,520	1,394,960
8	25,512,120	2,126,010	21,371,280	1,780,940	17,013,960	1,417,830
9	26,248,080	2,187,340	21,954,840	1,829,570	17,574,120	1,464,510
10	26,990,880	2,249,240	22,587,120	1,882,260	18,117,240	1,509,770
11	27,923,280	2,326,940	23,407,920	1,950,660	18,848,520	1,570,710
12	28,738,320	2,394,860	24,112,800	2,009,400	19,487,400	1,623,950
13	29,355,000	2,446,250	24,729,720	2,060,810	20,016,000	1,668,000
14	30,015,840	2,501,320	25,280,280	2,106,690	20,566,560	1,713,880
15	30,676,560	2,556,380	25,830,960	2,152,580	21,095,280	1,757,940
16	31,520,520	2,626,710	26,608,680	2,217,390	21,807,120	1,817,260
17	32,159,280	2,679,940	27,181,440	2,265,120	22,335,600	1,861,300
18	32,864,160	2,738,680	27,754,200	2,312,850	22,886,400	1,907,200
19	33,547,080	2,795,590	28,326,840	2,360,570	23,415000	1,951,250
20	34,141,680	2,845,140	28,899,480	2,408,290	23,965,440	1,997,120
21	35,146,800	2,928,900	29,838,480	2,486,540	24,838,560	2,069,880
22	35,807,640	2,983,970	30,411,240	2,534,270	25,345,200	2,112,100
23	36,402,240	3,033,520	30,918,000	2,576,500	25,851,720	2,154,310
24	36,996,960	3,083,080	31,490,640	2,624,220	26,336,280	2,194,690
25	37,657,920	3,138,160	32,019,120	2,668,260	26,864,880	2,238,740
26	38,274,600	3,189,550	32,547,840	2,712,320	27,349,560	2,279,130
27	38,847,360	3,237,280	33,010,200	2,750,850	27,768,120	2,314,010
28	39,441,960	3,286,830	33,516,840	2,793,080	28,252,680	2,354,390
29	39,992,640	3,332,720	34,067,400	2,838,950	28,715,160	2,392,930
30	40,609,320	3,384,110	34,552,080	2,879,340	29,199,720	2,433,310

(3) 후생복지

어린이집 교직원들의 휴가는 연가, 병가, 공가 및 특별휴가로 구분된다.

① 연가

연가일수는 교직원들의 근속기간에 따라 차이가 있는데 근속기간에는 휴직기간을 산입하지 않으며 결근, 휴직일수는 연가일수에 산입하도록 되어 있다. 원장은 교직원들이 연가가 동일기간에 편중되어 보육활동에 지장을 주지 않도록 여가계획을 잘 세워야 한다. 연가일수가 7일을 초과하는 경우에는 2회 이상 나누어 실시하되, 특별한 사유가 있는 경우에는 예외로 한다. 다음의 〈표 10-3〉에 교직원의 근속기간별 연가일수가 제시되어 있다.

|표 10-3| 근속 기간별 연가일

근 속 기 간	연 가 일 수
3개월 이상 ~ 6개월 미만	3일
6개월 이상 ~ 1년 미만	7일
1년 이상 ~ 2년 미만	8일
2년 이상 ~ 3년 미만	11일
3년 이상 ~ 4년 미만	14일
4년 이상 ~ 5년 미만	17일
5년 이상 ~	20일

② 병가

병가는 질병, 부상 등으로 직무수행이 곤란한 경우에 연 2개월까지 가능하다. 단, 병가일이 7일 이상일 경우에는 의사진단서를 첨부하여야 한다.

③ 공가

공가는 천재지변이나 공무 등의 사유로 출근이 어려울 때 필요기간을 허가한다.

④ 특별휴가

경조사가 있는 경우나 출산을 한 경우에는 출산 전 후 60일 이내의 특별

휴가가 가능하다. 대상별 특별휴가일수는 〈표 10-4〉와 같다.

|표 10-4| 대상별 특별휴가일수

구 분	대 상	휴가일수
결혼	본인 자녀	5일 1일
출산	배우자	5일
사망	배우자, 본인 및 배우자의 부모 본인 및 배우자의 조부모 · 외조부모 자녀와 그 자녀의 배우자 본인 및 배우자의 형제자매	5일 2일 2일 1일

(4) 징계

징계의 종류에는 해임, 정직, 감봉, 견책이 있다.

① 해임

해임은 대상 교직원이 맡고 있는 직책을 면하게 하는 것이다.

② 정직

정직은 해당 교직원의 신분은 보유하나 직무에 종사하지 못하게 하는 것으로 그 기간은 1개월 이상 3개월 이하이며, 이 기간 중 기본급의 2/3를 감한다.

③ 감봉

감봉기간은 1개월 이상 3개월 이하이며, 이 기간 중 기본급의 1/3을 감한다.

④ 견책

견책은 해당 교직원의 전과에 대하여 훈계하고 회개하게 하는 것이다.

2) 유아교사의 자격관리

(1) 유치원 교사의 자격관리

임용이란 특정한 직위에 임명하는 것으로서 신규채용, 승진, 승급, 전직, 전보, 휴직, 복직, 강임, 직위해제, 면직 및 파면 등을 포함한다. 임용에서 가장 핵심적인 사항은 선발과 임명이다. 선발이란 자격을 갖춘 후보자들 중에서 최적임자를 선정하는 것을 말하며 임명이란 선발된 후보자에게 직위를 보하는 것을 말한다(임재택, 1999).

교직원의 임용은 현행 제도상에서 자격, 재교육 성적, 근무 성적, 기타 능력 등에 근거하여 자격 임용주의와 성적주의 및 전형주의의 원칙을 따른다. 유치원의 교직원 임용은 공립 유치원의 경우 임용권자인 교육청장이 맡고, 법인체 사립유치원의 경우 「사립학교법」 제53조 2항에 따라 원장의 제청으로 이사회의 의결을 거쳐 결정된다. 또한 법인체를 제외한 사립유치원의 경우 원장의 제청으로 설립자의 의결을 거쳐 구비서류를 당해 교육청장에게 제출하여 최종적으로 결정된다.

유치원 교사의 신규임용을 위해서는 신원조사 의뢰와 이에 따른 서류를 필요로 한다. 교육청(http://www.goean.kr)에 제시된 내용을 소개하면 다음과 같다.

① 신원조사 의뢰

신원조사 의뢰는 유치원이 교육청에 하며, 교육청에서는 경찰서로 신원조사를 요청하게 된다. 신원조사의뢰 서류는 신원조사 의뢰 공문, 신원진술서 2부(자필 기재), 기본증명서 1부, 신원조사대상자 명단을 포함한다.

- 신원조사 결과는 교육청에서 하게 되며, 연락을 받은 유치원은 신원조사 회신일 이후 날짜로 임용을 한다.

- 사학 연금 또는 국민건강보험 가입이 되어 있어야 각종 수당 지급이 가능하다(「사립학교교원연금법」 및 「국민건강보험법」 적용).
- 임면한 날부터 7일 이내에 관할청으로 보고한다(사립학교법 제54조 제1항).

② 신원조회 결과 후 교육청에 제출할 서류

공문, 임용장, 인사기록카드 1부(직인 날인), 가족관계증명서, 주민등록초본, 최종학력증명서, 경력증명서, 공무원 채용신체검사서, 신원조사회보서, 자격증 사본, 범죄경력회신서, 사진(반명함판), 사학 연금 또는 국민건강보험 가입 확인서

(2) 보육교사의 자격관리

영유아보육법 제22조의 “어린이집의 원장 또는 보육교사 자격증의 교부 등에 관한 규정”에서 보건복지부장관은 어린이집의 원장 또는 보육교사의 자격을 검정하고 자격증을 교부하도록 명시하고 있으며, 이러한 규정에 의한 자격의 검정 및 자격증의 교부 등에 관하여 필요한 사항은 보건복지부령으로 정하도록 하고 있다. 보건복지부는 자격증 발급에 관한 업무를 한국보육진흥원 보육인력개발국에서 관장하도록 하고 있다.

보육교사 자격증 발급 및 교부의 방법은 [그림 10-1]의 보육교사 자격증 교부 신청을 작성하여 업무담당기관인 한국보육진흥원 보육인력개발국에 신청한다.

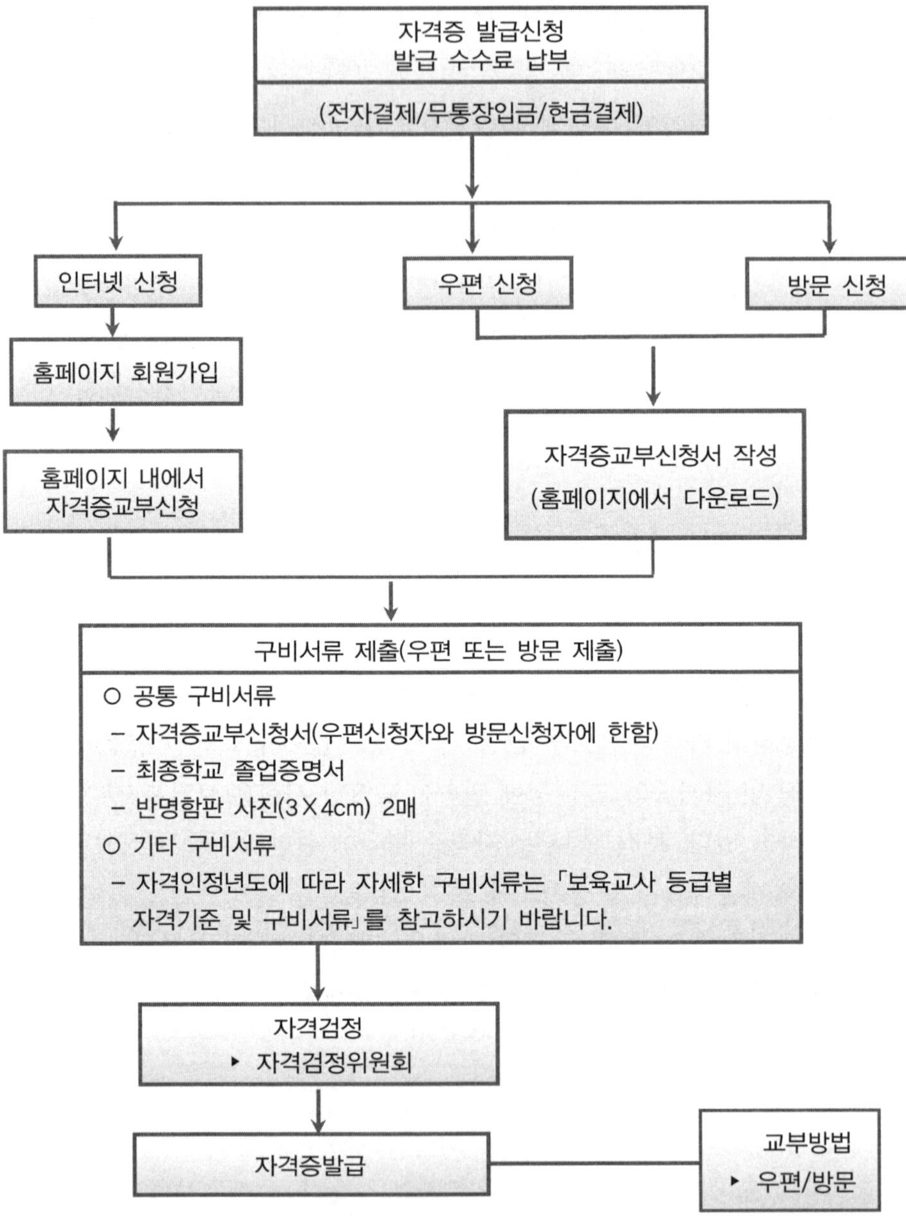

[그림 10–1] 보육교사 자격증 발급신청 및 교부절차

출처 : 보건복지부(2005)

인터넷이나 우편, 방문신청 등의 방법을 통해 신청구비서류와 함께 자격증 신청을 하면, 보육교사 자격관리사무국에서는 자격검정위원회에서 해당 자격기준에 의거 자격인정여부를 평가하고 해당 자격증을 발급해 주게 된다.

〈표 10-5〉는 어린이집 원장 또는 보육교사 자격증 신청서이다.

|표 10-5| 어린이집 원장 및 보육교사 자격증 발급신청서

■ 영유아보육법 시행규칙 [별지 제11호서식] 〈개정 2011. 12. 8〉

(어린이집의 원장 · 보육교사) 자격증 발급신청서

접수번호	접수일	처리기간 14일

<table>
<tr><td rowspan="5">신청인</td><td rowspan="5">사진(3cm×4cm)</td><td>성명</td><td>주민등록번호</td></tr>
<tr><td colspan="2">현재 근무 어린이집 명칭
어린이집</td></tr>
<tr><td colspan="2">주소</td></tr>
<tr><td>전화번호(휴대전화)</td><td>전자우편</td></tr>
</table>

<table>
<tr><td rowspan="2">자격
종류</td><td>어린이집 원장
( ) 일반 ( ) 40명 미만 ( ) 가정 ( ) 영아 전담 ( ) 장애아 전담</td></tr>
<tr><td>보육교사
( ) 1급 ( ) 2급 ( ) 3급</td></tr>
</table>

<table>
<tr><td rowspan="3">학력</td><td>부터</td><td>까지</td><td>최종학교명
(교육훈련시설명)</td><td>전공 또는
부전공 학과목</td><td>학위등록번호
(수료증 번호)</td></tr>
<tr><td>. . .</td><td>. . .</td><td></td><td></td><td></td></tr>
<tr><td>. . .</td><td>. . .</td><td></td><td></td><td></td></tr>
</table>

<table>
<tr><td colspan="6"></td></tr>
<tr><td rowspan="6">근무
경력</td><td>부터</td><td>까지</td><td>근무 어린이집 명칭</td><td>자격 구분(등급)</td><td>발령자</td></tr>
<tr><td>. . .</td><td>. . .</td><td></td><td></td><td></td></tr>
<tr><td>. . .</td><td>. . .</td><td></td><td></td><td></td></tr>
<tr><td>. . .</td><td>. . .</td><td></td><td></td><td></td></tr>
<tr><td>. . .</td><td>. . .</td><td></td><td></td><td></td></tr>
<tr><td>. . .</td><td>. . .</td><td></td><td></td><td></td></tr>
<tr><td colspan="6"></td></tr>
<tr><td rowspan="3">보수
교육</td><td>부터</td><td>까지</td><td>교육훈련기관</td><td colspan="2">교육훈련 내용(직무교육, 승급교육)</td></tr>
<tr><td>. . .</td><td>. . .</td><td></td><td colspan="2"></td></tr>
<tr><td>. . .</td><td>. . .</td><td></td><td colspan="2"></td></tr>
<tr><td colspan="6">「영유아보육법」 제22조 및 「영유아보육법 시행규칙」 제18조 제1항에 따라 위와 같이 ([ ] 어린이집의 원장, [ ] 보육교사) 자격증 발급을 신청합니다.
년 월 일
신청인 (서명 또는 인)
귀하</td></tr>
<tr><td colspan="6"></td></tr>
<tr><td>첨 부 서 류</td><td colspan="4">1. 공통: 사진(6개월 이내에 촬영한 탈모 정면 상반신 반명함판) 2장
2. 어린이집의 원장 자격증 발급신청자: 자격증 사본, 경력증명서, 졸업증명서, 성적증명서, 사전직무교육 수료증 등 어린이집 원장의 자격을 증명할 수 있는 모든 서류
3. 보육교사 자격증 발급신청자: 대학 또는 이와 같은 수준 이상의 학교의 졸업증명서 · 성적증명서 및 보육실습확인서(다만, 보육실습확인서는 1998년 3월 이후 졸업한 해당자만 한정합니다), 교육훈련시설 수료증(해당자만 첨부합니다), 보수교육 수료증(승급자만 해당합니다), 경력증명서 등 보육교사 자격을 증명하는 모든 서류</td><td>수수료
10,000원</td></tr>
<tr><td colspan="6">210mm×297mm[일반용지 70g/m²(재활용품)]</td></tr>
</table>

보육교직원의 임면에 관한 사항은 영유아보육법 시행규칙 제11조 제3항의 [별표 3]에 제시되어 있는데, 그 내용은 다음과 같다.

[별표 3] 〈개정 2011. 12. 8〉

<u>보육교직원의 임면</u>(제11조 제3항 관련)

1. 보육교직원의 채용은 공개경쟁을 원칙으로 한다.
2. 임면권자는 보육교직원 채용 시 임금, 근로시간 및 그 밖의 근로조건을 명시한 근로계약을 체결하여야 한다. 이 경우 근로계약과 관련하여 부당한 내용이 포함되어서는 아니되며, 관할 행정기관은 이를 적극 지도 · 감독하여야 한다.

3. 보육교직원 채용 시 제출하여야 하는 서류는 다음과 같다.

   가. 공통 제출서류: 별지 제7호서식에 따른 인사기록카드, 주민등록등본, 채용신체검사서, 성범죄 경력 조회 결과서
   나. 어린이집의 원장: 어린이집의 원장 자격증 사본
   다. 보육교사: 보육교사 자격증 사본
   라. 간호사 · 영양사 등 자격이 필요하는 종사자: 자격증(면허증) 사본

4. 임면권자는 보육교직원 결원 시 1개월 이내에 보육교직원을 채용하여야 한다.

5. 임면권자는 보육 등 아동복지에 관련된 학과의 학생 또는 육아경험이 있는 여성들을 자원봉사자로 활용할 수 있다. 이 경우 어린이집의 사정에 따라 수당을 지급할 수 있다.

(3) 보수교육

어린이집 교직원은 전문성 향상을 위해 계속적인 자기개발에 노력해야 하며, 이를 위해 보건복지부장관은 어린이집 교직원의 자질 향상을 위한 보수교육을 실시하여야 한다.

보수교육 실시 기준은 영유아보육법 시행규칙 제20조 제4항과 관련한 [별표 7]에 제시되어 있는데 그 내용은 다음과 같다.

[별표 7] 〈개정 2011. 12. 8〉

보수교육 실시기준(제20조 제4항 관련)

1. 교육의 구분 및 대상자

가. 직무교육

보육 대상자에 따라 일반직무교육과 특별직무교육으로 구분하여 실시하되, 직무교육을 이수하여야 하는 연도에 직무교육을 이수하지 못한 경우에는 그 다음 연도 12월 31일까지 이수하게 하여야 하며, 특별직무교육을 이수한 경우에는 일반직무교육을 이수한 것으로 본다.

1) 일반직무교육

가) 보육교사 직무교육: 현직에 종사하고 있는 보육교사로서 보육업무 경력이 만 2년이 지난 사람과 보육교사 직무교육(승급교육을 포함한다)을 받은 해부터 만 2년이 지난 사람

나) 어린이집의 원장 직무교육: 현직에 종사하고 있는 어린이집의 원장으로서 어린이집의 원장의 직무를 담당하는 첫 해에 해당하는 사람과 어린이집의 원장 직무교육을 받은 해부터 만 2년이 지난 사람

2) 특별직무교육

가) 영아보육 직무교육: 영아보육을 담당하고 있는 일반직무교육 대상자와 영아보육을 담당하려는 보육교사 및 어린이집의 원장

나) 장애아보육 직무교육: 장애아보육을 담당하고 있는 일반직무교육 대상자와 장애아보육을 담당하려는 보육교사 및 어린이집의 원장

다) 방과후보육 직무교육: 방과후보육을 담당하고 있는 일반직무교육 대상자와 방과후보육을 담당하려는 보육교사 및 어린이집의 원장

나. 승급교육

직무교육과 승급교육을 같은 해에 받아야 하는 경우에는 승급교육을 받은 사람은 직무교육을 생략할 수 있다.

1) 2급 보육교사 승급교육은 3급 보육교사 자격 취득 후 보육업무 경력이 만 1년이 지난 사람

2) 1급 보육교사 승급교육은 2급 보육교사 자격 취득 후 보육업무 경력이 만 2년 이상이 경과한 사람. 다만, 보육교사 2급 자격을 취득한 후 보육 관련 대학원에서 석사학위를 취득한 경우는 보육업무 경력이 만 6개월이 지난 사람

2. 보수교육의 평가

가. 보수교육은 해당 교육시간을 모두 출석한 경우에만 이수한 것으로 본다.

나. 직계가족의 사망 · 사고 또는 결혼 등으로 인한 결석이나 본인의 사고 · 질병 등으로

인한 결석의 경우에는 교육시간의 최대 10퍼센트 범위에서 출석한 것으로 인정할 수 있다. 다만, 출석 인정을 받기 위해서는 반드시 관련 서류를 제출하여야 한다.

다. 승급교육 대상자 중 출석기준은 충족하였으나 평가시험에서 80점 이상을 받지 못한 경우에는 승급교육을 이수한 것으로 인정할 수 없다.

3. 교육비

가. 교육생은 시 · 도지사가 정하는 바에 따라 교육기관에 수강료를 납부하여야 한다.

나. 가목에 따른 수강료는 교육에 필요한 실비의 범위에서 정하여야 한다.

다. 국가 및 지방자치단체는 직무교육 및 승급교육에 필요한 교육비를 보조할 수 있다. 이 경우 교육비의 보조는 해당 금액을 교육기관 등에 지급한다.

4. 수료증 등

교육기관은 보수교육을 수료한 사람에게 수료증을 발급하여야 하고, 보수교육 실시에 관한 기록을 작성하여 작성한 날부터 2년 동안 보존하여야 한다.

출처: 국가법령정보센터 홈페이지 검색–영유아보육법 시행규칙 제20조 제4항과 관련한 [별표 7].

보수교육은 크게 직무교육과 승급교육으로 구분한다. 직무교육은 보육에 필요한 지식과 능력을 유지 · 개발하기 위하여 어린이집 교직원이 정기적으로 받는 교육으로서 교육시간은 40시간을 원칙으로 하며, 승급교육은 보육교사가 3급에서 2급 또는, 2급에서 1급으로 승급하기 위하여 필요한 교육으로서 교육시간은 80시간을 원칙으로 실시된다.

보수교육의 내용은 보육기초, 발달 및 지도, 영유아교육, 영유아의 건강 · 영양 및 안전, 가족 및 지역사회 협력, 보육사업의 운영에 관한 영역이 포함되도록 해야 한다.

|표 10-6| **경력별 직무교육 승급교육**

구분		경력 1년차	경력 2년차	경력 3년차	경력 4년차	경력 5년차	경력 6년차
원장		신규 직무교육			일반 직무교육		
1급 보육교사				직무교육			직무교육
2급 보육교사	대학 졸업자			승급교육	1급 승급	-	-
				(직무교육)			(직무교육)

<table>
<tr><th colspan="2">구분</th><th>경력 1년차</th><th>경력 2년차</th><th>경력 3년차</th><th>경력 4년차</th><th>경력 5년차</th><th>경력 6년차</th></tr>
<tr><td rowspan="2">2급 보육 교사</td><td rowspan="2">대학원 졸업자</td><td rowspan="2">승급교육</td><td rowspan="2">1급승급</td><td>-</td><td>-</td><td>-</td><td>-</td></tr>
<tr><td>승급교육</td><td>2급승급</td><td></td><td>(직무교육)</td></tr>
<tr><td colspan="2" rowspan="2">3급 보육교사</td><td rowspan="2">승급교육</td><td rowspan="2">2급승급</td><td>-</td><td>승급교육</td><td>1급승급</td><td>-</td></tr>
<tr><td>(직무교육)</td><td></td><td></td><td>(직무교육)</td></tr>
</table>

출처 : 보건복지부(2005).

|표 10-7| **교육구분별 보수교육 대상자**

<table>
<tr><th colspan="3">교육구분</th><th>교 육 대 상</th><th>교육시간</th><th>비 고</th></tr>
<tr><td rowspan="6">직무교육</td><td rowspan="3">일반직무교육</td><td>보육 교사</td><td>현직에 종사하고 있는 보육교사로서 보육업무 경력이 만 2년을 경과한 자와 보육교사 직무교육(승급교육 포함)을받은 해부터 만 2년이 경과한 자</td><td>40시간</td><td>매 3년마다</td></tr>
<tr><td>원장 신규</td><td>현직에 종사하고 있는 원장으로서 어린이집의 원장의 직무를 담당하는 첫해에 해당하는 자</td><td>40시간</td><td>원장 첫해</td></tr>
<tr><td>원장</td><td>현직에 종사하고 있는 원장으로서 어린이집의 원장의 직무교육을 받은 해부터 만 2년을 경과한 자</td><td>40시간</td><td>매 3년마다</td></tr>
<tr><td rowspan="3">특별직무교육</td><td>영아 보육</td><td>영아보육을 담당하고 있는 일반직무교육 대상자와 영아보육을 담당하고자 하는 보육교사 및 어린이집의 원장</td><td>40시간</td><td>이수하고자 하는 자</td></tr>
<tr><td>장애아 보육</td><td>장애아보육을 담당하고 있는 일반직무교육 대상자와 장애아보육을 담당하고자 하는 보육교사 및 어린이집의 원장</td><td>40시간</td><td>이수하고자 하는 자</td></tr>
<tr><td>방과후 보육</td><td>방과후보육을 담당하고 있는 일반직무교육 대상자와 방과후보육을 담당하고자 하는 보육교사 및 어린이집의 원장</td><td>40시간</td><td>이수하고자 하는 자</td></tr>
<tr><td rowspan="2">승급교육</td><td colspan="2">2급 승급 교육</td><td>보육교사 3급의 자격을 취득한 후 보육경력이 만 6개월이 경과한 자</td><td>80시간</td><td>이수하고자 하는 자</td></tr>
<tr><td colspan="2">1급 승급 교육</td><td>보육교사 2급의 자격을 취득한 후 보육경력이 만 2년이 경과한 자 및 보육교사 2급의 자격을 취득한 후 보육 관련 대학원에서 석사 이상의 학위를 취득한 경우 보육경력이 만 6개월이 경과한 자</td><td>80시간</td><td>이수하고자 하는 자</td></tr>
</table>

* 어린이집에서 특수교사나 치료사로 근무하는 자도 일반 · 특별직무교육 대상으로서 보수교육을 이수하여야 한다(일반직무교육이나 특별직무교육 중 선택적으로 이수할 수 있음).

출처 : 보건복지부(2012).

생각해 보기

유아교사의 바람직한 근무환경 조성에 가장 필요한 부분은 무엇인지 자신의 견해를 생각해 보자.

제 11 장

유아교육기관의 장학

1. 장학의 개념
2. 유아교육기관의 장학지도 유형
3. 멘토링

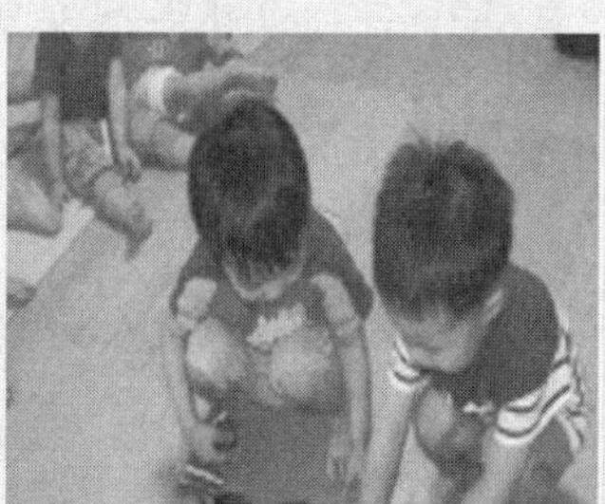

> 한 인간에 대한 궁극적인 척도는
> 안락하고 편안한 시기에
> 어떤 입장을 취하느냐가 아니라
> 도전과 논란의 시기에 어떤 입장을 취하느냐다.
>
> – 마틴 루터 킹

1. 장학의 개념

장학에 대한 관점과 개념 및 기능에 대한 견해는 시대의 철학적 · 역사적 맥락의 흐름에 따라 변화되어 왔으며, 학자들마다 견해의 차이가 있어 왔다. 장학의 개념에 대한 합의가 정확히 이루어지지 않은 1990년대 초까지는 장학에 단지 두 영역이 존재한다고 보았다(Bolin & Panarltis, 1992). 첫 번째 영역은 학습자의 이익을 위해 수업의 실제를 개선하는 것에 관한 것이고, 두 번째 영역은 교사의 잠재적 학습능력을 개발하는 것에 관한 것이었다. 그러나 최근에 장학의 또 다른 영역으로 학교 조직이 교사의 근무환경을 쇄신하여 교사의 능력을 향상하도록 돕는 것을 제시하고 있다(송정원, 2008; 윤기옥, 2002; Sergiovanni & Starratt, 2002).

교사의 전문성 향상을 위해 장학에 대한 관심이 높아지기 시작했을 뿐만 아니라 장학의 개념과 형식이나 방법에 많은 변화가 나타나기 시작했다. 즉, 교사가 중심이 되고 교사가 교직생활을 통해 끊임없이 자신의 성장과 발전을 이루어 갈 수 있도록 지원해 주는 관점에서 장학이 이루어지고 있다(한국유아교육학회, 2005).

먼저 장학이라는 말은 영어의 'Supervision'을 해석한 말인데, 이 단어는 'super'와 'vision'의 합성어이다. 이 단어를 어원적으로 정의하면, '높은 곳에서 본다' 혹은 '감시한다'는 뜻으로 해석될 수 있다(정태범, 1996). 그러나 과거와는 달리 오늘날 교육에서 장학의 개념은 민주적인 성격을 지닌 교육활동으로, 과거의 관료적 성격에서 '상담자', '조언자' , '교사 조력자' 등보다 지지적이고 수평적인 관점으로 변화되었다.

장학의 개념은 학자마다 다양하게 정의 내리고 있는데, 김미화(2006)는 장학의 개념이 강조점, 접근방법, 시대 변화 등의 요인에 따라 달리 정의될 수 있다고 하면서 장학을 행정 · 경영 측면에 초점을 두고 보는지, 수업 및 교육과정에 초점을 두는지 또는 지도성에 강조를 두는지에 따라 폭넓게 또는 좁은 의미로 정의된다고 하였다.

또한 허병기(1997)는 장학의 본질은 교사의 수업 행위 또는 교육 행위에 근접하여 그 행위를 전문적으로 조력하는 활동으로 규정하였고, 강영삼(2003)은 장학의 행정적 측면에 초점을 두고 다음의 네 가지 개념을 설명하였다. 첫 번째는 전반적인 기획, 조사, 연구, 관리, 지도 및 감독을 통하여 중앙의 행정 업무를 보좌하는 참모활동이다. 둘째, 교육활동을 위한 장학지도, 교원의 인사관리, 학생의 생활지도, 교육기관의 감독 등을 통하여 지방의 학무를 총괄하는 개선활동이다. 셋째, 학생의 학습 기회를 향상시키기 위하여 교사의 교수 행위에 직접적으로 영향을 주는 학교 내에서의 제반 지도활동이다. 넷째, 학급 내의 교수-학습 활동을 개선하기 위하여 교사와 학생 간의 상호작용에 중점을 두고 교사를 지도, 조언하는 활동으로 정의하고 있다.

Burton(1974)은 장학을 현직 교사의 발달, 교수행위의 개선, 교육과정의 선정과 조직, 교사의 평가와 관련된 활동이라고 보았으며, Harris(1985)는 학생들의 학습을 돕고자 이용되는 수업과정에 직접적인 영향을 주는 인적 · 물적 요소를 다루는 일이라고 정의하였다.

유아교육법 제2장 제18조(지도 · 감독)에서 "국립유치원은 교육과학기술부장관의 지도 · 감독을 받으며, 공립 · 사립유치원은 교육감의 지도 · 감독을 받으며, 교육감은 유아교육을 충실히 하기 위하여 유치원교육과정 운영에 대한 장학지도를 할 수 있다"고 규정하고 있다.

어린이집의 경우 영유아보육법에 직접적인 장학에 대한 규정은 없지만, 제7장(지도 및 감독)에서 지도와 명령, 보고와 감사, 어린이집 운영과 교직원 관련한 지도 · 감독에 대한 규정이 제시되어 있다.

최근의 장학에 대한 견해는 장학이 높은 위치에서 교사를 감시 · 감독하는 것이 아니라 현장에 있는 교사의 상황을 관찰하고 교사가 환경에 대한 통찰력을 얻어 훨씬 더 만족스럽고 생산적인 교육으로 바꾸도록 돕는 것이라는 개념으로 자리잡고 있다(송정원, 2008).

무엇보다 교육의 질을 높이기 위해서는 교사의 자질 향상이 중요한 조건이므로 교사의 자질 향상을 위한 조력으로서 장학은 그 중요성이 더욱더 강조되고 있다(장원동 · 홍인혜, 2009).

2. 유아교육기관의 장학지도 유형

일반적으로 장학의 유형은 보는 시각에 따라 장학의 조직, 주체, 방식, 내용 등에 따라 분류된다. 지금까지 학자들에 의해 개발된 장학모형을 우리나라의 심정선(2012)이 소개한 내용과 Sergio와 Starratt(1993)이 제시한 장학유형 중 유아교육기관에서 효과적으로 이루어질 수 있는 장학으로 발달장학, 수업장학, 임상장학, 자율장학, 상호협력적 장학, 자기주도적 장학, 동료장학을 다루고자 한다.

1) 발달장학

발달장학은 Glickman이 개발한 장학으로 교사의 발달 정도와 장학 방법에

맞게 장학하여 교사의 발달 수준을 높인다는 원리에 근거한다(주삼환, 2003). 발달장학은 교사의 발달단계에 따라 네 가지 유형으로 구분하고 각 유형에 따라 지시적 접근, 상호 협동적 접근, 비지시적 접근의 세 가지 방법을 적절히 맞추어 사용하는 것이다. 이는 교사들이 모두 똑같지 않고 서로 다르다는 점에 초점을 맞추고 교사의 관심과 배경을 존중하고 고려한다. 교사마다 서로 다른 관심사, 교육경력, 교육정도, 인생주기 등을 고려하여 이에 적합한 장학의 유형과 방법을 선택하고 적용하는 장학의 유형이다(심정선, 2012).

2) 수업장학

학교수준에서 교사를 대상으로 이루어지는 여러 가지 장학활동 중에서 직접적으로 교사의 수업기술과 방법의 개선을 위해 제공되는 비교적 체계적인 장학활동이다(정태범, 1996). 이는 유아교육현장에서 수업장학의 궁극적 목적이 교사의 수업행동에 대한 변화를 통해서 유아들의 학습을 촉진시키는 것이므로 유아교육기관에서 대부분 이루어지는 장학의 유형이다. 수업장학은 교사의 수업행동 향상에 직접적으로 영향을 주기 위한 전문적인 지도 · 조언을 목적으로 실시하는 장학활동이다(장원동 · 홍인혜, 2009).

각 도의 교육청에서는 수업장학을 통해 우수한 수업모델을 선발하여 동영상으로 제작한 후 다른 유아교사들의 수업의 질을 향상하는데 도움을 주는 매체로 활용하기도 하는데 이는 유아교육기관에서 이루어지는 수업장학에 초임교사가 직접 참관함으로써 수업의 질을 향상하기 위한 장학방법으로도 효과적이다.

3) 임상장학

임상장학은 '교사중심 장학'의 구체적인 방법으로, 교사 스스로 성장하고

교수기술을 향상시키고자 하는 교사를 위하여 세부적인 도움을 주는 장학의 유형으로 수업장학과 비슷한 개념 또는 동일한 개념으로 혼용되어 사용되기도 한다. 임상장학은 수업장학과 그 목적이나 방법에서 동일하기 때문에 구별이 어려울 수 있으나, 수업장학이 임상장학보다 포괄적이고 상위수준에 있는 것으로 보기도 한다(변영계, 1984). 임상장학은 대면적 관계(face to face)를 뜻하는 임상이라는 용어에서 그 의미가 드러나듯이 교사와 장학 담당자 간의 직접적인 상호작용을 통해 교사의 수업을 개선하는 것에 초점을 둔다. 장학 담당자는 장학 시, 교사와 학생 사이에 이루어지는 상호작용, 교수의 실제를 직접 관찰하고 자료를 얻고 교사와 직접적 상호관계를 맺으면서 이를 바탕으로 교사의 교수 방법과 전문성을 신장시켜 나가는 수업장학의 유형이다(조부경 외, 2001).

4) 자율장학

자율장학은 외부의 지시나 통제 없이 교육기관에서 교직원들이 협력적인 관계 속에서 이루어지는 장학 유형이다. 즉 유아교육기관 안에서 원장을 비롯한 교사들이 상호 협조와 이해 아래 자율적으로 교사의 전문성 신장과 교수-학습 방법 및 환경을 개선하기 위해 노력하는 과정으로서의 장학이다(장원동 · 홍인혜, 2009). 자율장학은 교육기관 내부에서 주체적으로 교직원이 함께 교육과정의 질을 높이기 위한 목적으로 이루어지기 때문에 교사 개개인에게 필요한 장학의 분야에 맞춘 보다 실제적이고 효과적인 장학이 이루어질 수 있다는 장점이 있다. 특히 교사들이 상호 협력적으로 장학해 줌으로써 장학이 주는 교사의 부담도 다른 장학 방법에 비해 비교적 가벼울 수 있다.

자율장학의 일반적인 개념은 원칙적으로 교육행정기관의 지시없이 단위학교에서 또는 인접 학교들 간, 교직원들 간에 교육활동의 개선을 위하여 자율적으로 수행하는 장학 활동이며, 학교가 장학의 주체로서 보다 능동적이고 적극적 그리고 독립적으로 임해야 한다고 보는 장학활동이다(이윤식, 1999). 즉 자율장학은 결과를 중시하는 전통적 장학이 아니라 과정으로서의 장학을

강조하는 유형으로, 수업장학, 동료장학, 약식장학, 자기장학, 자체연수의 형태로 이루어진다고 하였다(심정선, 2012).

유아교육기관에서의 자율장학은 원내에서 협의회를 구성하여 교사의 교수행위 및 자질 향상과 교수-학습 방법의 개선을 위해 수시로 이루어지며, 자체연수 등을 통해서도 이루어진다. 또한 협력기관이나 상호협약 아래 다른 유아교육기관과 연계하여 자율장학반을 편성하여 서로의 교육활동을 참관하고 상호간에 정보를 교환하기도 한다(장원동 · 홍인혜, 2009).

5) 동료장학

동료장학이란 코칭, 동료장학, 동료코칭과 같은 의미로 사용하고 있는 장학유형으로 상호협력 장학이라고도 한다. 상호협력적 또는 동료장학은 둘 이상의 교사가 자신의 전문성 발달을 위해 함께 협력하고자 하는 비교적 형식화된 과정이다. 즉 교사들이 상호간의 교수활동을 관찰하고 관찰 후 서로 피드백을 주거나 공동 관심사에 대해 토의하는 방법 등을 활용하여 상호 전문적 성장과 발전을 위해 협동하는 장학의 한 유형이다(Glatthorn, 1997).

상호 협력적 또는 동료장학은 동료 간의 협의가 이루어지므로 원장과의 수직적 관계에서 오는 부담감을 줄일 수 있으며 상호 신뢰감을 증진시킬 수 있다. 초임 교사의 경우에는 경력교사와의 협의를 통해 구체적인 도움과 심리적인 지원을 얻을 수 있다.

이러한 장학의 유형에서는 임상장학의 방법을 사용하기도 하고 공동 연구수업, 공동 교재 연구, 정보의 교환, 조언 등의 방법을 이용하기도 한다.

상호 협력적 또는 동료장학의 장점은 다음과 같다(백혜리, 2009).

첫째, 이미 형성된 동료 간의 친밀감과 신뢰감을 바탕으로 개인적인 발달영역까지의 장학이 가능하다는 점이다.

둘째, 지속적인 격려와 지원을 통해 장기간의 장학의 효과를 강화, 유지

혹은 확장시킬 수 있다는 점이다.

셋째, 교사의 전문성 발달은 물론, 개인적 발달과 함께 기관의 조직적 발달에도 유용한 방법이다.

그러나 장학에 대한 전문적 지식이 부족하게 되면, 고도의 전문성을 요구하는 장학을 수행하는데 어려움이 있을 수 있으며, 과중한 업무와 동료와의 부적절한 상호작용은 오히려 장학을 방해할 수 있다. 특히 장학은 동료 간의 협력을 조성할 수도 있지만, 오히려 부정적인 관계를 초래할 수 있어서 오히려 동료장학을 통해 교사간의 관계가 나빠지거나 부정적인 조직문화를 조성할 수 있는 위험도 있다. 그러므로 동료장학은 신뢰감이 형성되어 있고 친밀한 관계의 동료의식 속에서 협동적으로 이루어질 때 교사의 교수 능력을 향상시키는 장학이 될 수 있을 것이다(고미경, 2007).

이러한 상호 협력적 또는 동료장학은 협력성과 개방성을 토대로 이루어지므로 동료 간의 협력과 정보의 공유, 멘토링, 코칭 등을 포함한다.

6) 자기주도적 장학

자기주도적 장학은 스스로 교사가 자신을 개발하려는 내적 동기에 의해 이행되는 자율적 장학의 유형이다. 즉 유아교사가 스스로 자기 발전을 위해 일정한 목표를 세워 놓고 그 목표를 향해서 독립적으로 노력하는 것으로, 유아교사의 자기 평가나 자신의 수업을 녹화하거나 유아의 반응을 조사하여 자신의 교수행동을 분석하는 자기 분석방법 등을 기초로 한다(조부경 외, 2001).

자기주도적 장학에서 효과적으로 활용하는 방법에는 수업을 녹화하고 수업 상호작용 내용을 모두 전사한 후 여러 가지 준거에 의해 분석해 보는 방법이 있다. 비디오로 수업을 녹화하는 방법으로는 비디오를 한 곳에 고정시켜서 녹화하는 방법이 있고 타인에게 부탁하여 녹화를 의뢰하는 방법이 있는데,

고정녹화의 경우에는 프레임에서 벗어난 부분을 촬영하기 어려워 수업광경 중 놓치는 부분이 많다는 단점이 있는 반면, 촬영에 신경을 쓰지 않고 자연스러운 수업 진행을 할 수 있다는 장점이 있다. 반면에 타인에 의해 촬영이 될 경우에는 교실수업의 흐름에 따라 필요한 장면을 모두 녹화할 수 있다는 장점이 있으나 촬영할 수 있는 사람이 있어야 하고 촬영자에게 신경이 쓰여서 교사가 평상시처럼 자연스러운 수업모습을 보이기 어려울 수 있는 단점이 있을 수 있다.

녹화를 통한 수업 분석을 통해 교사의 수업시 표정이나 태도, 부적절한 제스처, 유아와의 언어적 상호작용 형태 등을 분석할 수 있어서 실제로 일부 현장에서는 녹화된 내용을 토대로 원장이 교사들과 원내 장학을 하기로 한다.

자기주도적 장학의 특징은 다음과 같다(심정선, 2012; 조부경 외, 2001; Glatthorn, 1997).

첫째, 자기주도적 장학은 교사 자신의 자율성과 자기 발전의 의지 및 능력을 기초로 한 교사 자신의 평가와 사정으로부터 시작된다.

둘째, 자기주도적 장학은 전문적인 제반 영역에서 교사 자신의 성장과 발달을 도모한다는 점이다.

셋째, 원칙적으로 교사 자신이 스스로 계획을 세우고 이를 실천하여 그 결과에 대하여 자기 반성을 하는 활동이라는 점이다.

Glatthorn(1997)은 자기주도적 장학이란 자신의 전문성 향상을 추구하는 자율성과 자발성을 지닌 성숙한 교사에게 적합하며, 장학 담당자의 지원과 지지가 필요하다고 하였다. 또한 자기주도적 장학을 지속적이고 체계화하기 위해서는 최소한의 구조적인 단계를 갖는 것이 필요하다고 주장하며 다음의 [그림 11-1]과 같은 단계의 모형을 제시하였다.

- 1단계 : 목표 설정하기

⬇

- 2단계 : 지원되는 요소들 확충하기

⬇

- 3단계 : 자기장학 수행과 발생되는 문제해결하기

⬇

- 4단계 : 기록하기

[그림 11-1] 자기주도적 장학의 단계

자기주도적 장학시 동영상 촬영을 통한 분석일 경우 한 예로 숲속마을 유치원(안성)에서 활용하고 있는 분석표와 분석기호를 소개하면 다음과 같다.

|표 11-1| 분석표

<table>
<tr><th colspan="4">자기수업 상호작용 분석을 통한 장학(동영상 촬영)</th></tr>
<tr><td>수업 담당 교사명</td><td></td><td>수업 촬영일</td><td></td></tr>
<tr><td>유아의 연령</td><td></td><td rowspan="2">수업 촬영 시간</td><td rowspan="2"></td></tr>
<tr><td>담당반 이름</td><td></td></tr>
<tr><th colspan="4">교사의 언어적 · 비언어적 상호작용 분석</th></tr>
<tr><td colspan="3">교사의 상호작용 내용</td><td>분석</td></tr>
<tr><td colspan="3">예시) 얘들아 오늘은 무슨 놀이 활동을 하면 좋을까?</td><td></td></tr>
<tr><td colspan="3">예시) 네 화장실 다녀오세요.</td><td></td></tr>
<tr><td colspan="3"></td><td></td></tr>
<tr><td colspan="3"></td><td></td></tr>
</table>

평가	

* 상호작용 내용을 전사할 때 한 문장 단위로 전사하고, 교사의 언어만 분석하여 비디오 테이프상에 나타나는 유아와의 상호작용 장면을 토대로 분석한다. 분석할 때 분석기호를 사용하시면 편리하다.

|표 11-2| **분석기호**

긍정적 상호작용		부정적 상호작용	
비유하기	비유	지적하기	지적
질문하기	질문	비난하기	비난
허락하기	허락	질책하기	질책
칭찬하기	칭찬	벌주기	벌
격려하기	격려	짜증내기	짜증
미소짓기	미소	화내기	화
긍정적 신체표현	긍정신체	비교하기	비교
수용하기	수용	상호작용에 대한 무반응(무시)	무시
시범보이기	시범		

<table>
<tr><td>설명하기</td><td>설명</td><td>일방적인 지시</td><td>지시</td></tr>
<tr><td>도움요청 또는 도움주기</td><td>도움</td><td>명령</td><td>명령</td></tr>
<tr><td>유아와 함께 작업하기</td><td>작업</td><td rowspan="2">또래 상호작용의 방해</td><td rowspan="2">방해</td></tr>
<tr><td>유머</td><td>유머</td></tr>
<tr><td>배려하기</td><td>배려</td><td rowspan="2">요구나 질문에 대한 단순한 반응</td><td rowspan="2">단순</td></tr>
<tr><td>또래 상호작용의 격려</td><td>또래</td></tr>
<tr><td>경청하기</td><td>경청</td><td>부정적 신체표현</td><td>부정신체</td></tr>
<tr><td>유아의 시범요청하기</td><td>유아시범</td><td>무관심</td><td>무관심</td></tr>
<tr><td>제안하기</td><td>제안</td><td rowspan="2">경고나 위협하기
(협박)</td><td rowspan="2">협박</td></tr>
<tr><td>애정적 신체접촉</td><td>스킨십</td></tr>
<tr><td>확인하기</td><td></td><td>유혹하기</td><td>유혹</td></tr>
<tr><td>공감하기</td><td></td><td></td><td></td></tr>
</table>

3. 멘토링

1) 멘토링의 개념

멘토링(mentoring)이란 초보자가 성장하고 성숙하여 사회의 유능한 구성원이 되는 것을 돕기 위해 경험과 기술 수준이 높은 사람과 경험과 기술이 낮은 초보자 사이에 발생하는 복잡하고 상호작용적이며 역동적인 지원과정을 의미한다. 즉 한 사람이 다른 사람과 일정한 관계를 맺음으로써 장 · 단기적 또는 정규적 · 비정규적으로 공유하면서 개인적인 영향을 끼치는 모든 과정을 말한다(정수미, 2008).

교사교육 및 교사 준비단계에서 교사의 전문성 향상에 대한 관심이 집중되면서 1980년대 이후 교육 실습, 초임교사를 위한 입문 교육에서 현장의 지도교사가 교사 교육자의 역할을 담당하는 멘토링 프로그램이 광범위하게 논의되고 실행되기 시작하였다(장원동 외, 2009).

특히 유아교육기관에서 멘토링에 대한 필요성과 요구는 생애 발달 중 결정적 시기이며 민감기인 0세부터 만 5세까지의 유아들을 교육하는 유아교사들이 보다 질 높은 교육을 제공하는데 있어서 가장 중요한 변인이 교사라는 사실을 인식하면서 더욱더 관심을 갖게 되었다.

일반적으로 '멘토(mento)'는 '스승'이나 '교사'라는 포괄적인 뜻으로 사용되고 있으며, 양육과 교육, 지도자 역할과 동일한 의미로 연계되어 사용되고 있다.

멘토의 정의는 학자마다 다소 차이가 있지만, "멘토는 조직 내에 있는 사람들에게 그들의 경력 계획과 대인관계 개발에 대한 지원, 후원, 지시, 피드백을 제공해 주는 경험이 풍부한 연장자로서 경력기회의 가능성을 부여해 주는 사람"으로 정의 내릴 수 있다(Noe, 1988). 즉 멘토란 멘티를 돕는 조언자, 상담자, 후원자이며, 멘토의 활동을 멘토링(mentoring)이라고 할 수 있다.

2) 멘토링의 목적

유아교육기관에서 멘토링의 목적은 초임교사의 지원 모델을 발달시키고, 초임교사의 고립감을 해소하여 교사의 이직률을 감소시키고, 초임교사에게 보다 전문적인 교수 방법을 습득하게 하는데 있다. 즉 초임교사에게 전문적이며 동시에 정서적인 지원을 제공하는 데 그 목적이 있다고 볼 수 있다. 경력이 있는 교사들이 멘토와 모델의 역할을 함으로써, 초임교사들이 새로운 교수법을 학습하도록 돕고 전문적인 규준에 대해 그들이 사회화를 돕는 것이 멘토링의 궁극적 목적이다(정수미, 2008).

멘토링의 내용은 전문적 교수활동을 실행하는 데 필요한 것을 지원하는 전문적 지원과 교사를 격려하고 보호하는 것을 지원하는 정서적 지원으로 나누어 볼 수 있는데, 구체적인 내용은 다음과 같다(장원동 외, 2009).

|표 11-3| 멘토링의 내용

멘토링의 전문적 지원 내용	멘토링의 정서적 지원 내용
효과적인 학급 운영 및 교수 전략 방법들 • 영유아를 동기유발시킬 수 있는 방법 • 환경을 구성하고 자료를 이용하는 방법 • 아동을 지도하고 평가하는 방법	**학급 운영 및 교수 수행에 긍정적인 영향을 미치는 간접적인 요소의 지원들** • 자아개념 증진 • 직업 갈등 및 스트레스 해소 등

출처: 장원동 외, 2009. p. 320.

생각해 보기

유아기관에서 효과적으로 이루어질 수 있는 동료장학의 방법은 무엇인지 생각해 보자.

참고 문헌

강경석 · 김영만(2006). 교사발달단계와 교사의 직무능력 및 직무만족간의 관계 연구. **교육행정학연구, 24**(1), 119-142.

강승호 · 정은주(1999). 고등학생들의 스트레스와 학업성적 및 정신건강 간의 관계 연구. **한국교육심리학회, 13**(4), 405-424.

강해경(2008). 원장의 리더십 유형이 보육시설 구성원의 직무만족에 미치는 영향. 강남대학교 교육대학원 석사학위논문.

강현석 · 이자현, 2006). 내러티브를 통한 교육과정 개발자로서의 교사 전문성의 재개념화. **교육과정연구, 24**(2), 153-180.

고전(1997). 교사의 법적 지위에 관한 연구. 연세대학교 대학원 박사학위논문.

교육과학기술부(2012). 교원자격 검정 실무편람.

구본영 · 박제일 · 이은경 · 문경숙(2010). 학생상담 및 생활지도매뉴얼. 한국청소년정책연구원.

구현아 · 임양미 · 이혜선(2009). 보육종사자보수교육 현황 분석 및 개선방안 연구. 경기도가족여성연구원.

권건일 · 신재흡(2006). **유아교사론.** 파주: 양서원.

권성민(2010). 유치원 교사의 전문성에 관한 고찰: 포스트모더니즘을 중심으로. **영유아교육연구,** 13, 67-81.

권승현 · 이승연(2011). 유치원 교사가 인식하는 역할갈등 및 역할갈등이 역할수행에 미치는 영향 분석: 회복탄력성 상 · 하 집단을 중심으로. **유아교육연구,** 31(2), 311-331.

권영례 · 김소라(2011). **유아교사론**. 파주: 양서원.

권은주 · 한혜경(2010). 팔정도 중심 자율장학모형을 통한 유아교사의 자기장학 연구. **종교교육학연구,** 33, 169-190.

김경철 · 장연주(2010). 교원임용 후보자 선정 경쟁시험에 관한 유치원 교사의 인식. **유아교육연구**. 30(3). 93-115.

김광웅(2010). **현대인과 정신건강**. 서울: 시그마프레스.

김낙흥(2008). 유아교사 양성프로그램 평가에 관한 연구. **유아교육학논집,** 12(2), 195-212.

김두범 · 김미경 · 김현희 · 최광희(2004). **유아보육 프로그램**. 서울: 창지사.

김명순 · 박은혜 · 신동주 · 정미라(1999). OECD 주요국가 간의 유아교육제도 비교 분석. **유아교육연구,** 19(2), 119-140.

김명자(1991). 유아교육기관의 질과 유치원 교사의 직무만족에 대한 연구. 이화여자대학교 대학원 석사학위논문

김명주(2004). 유아교사의 현직교육에 관한 연구. **열린교육실행연구,** 7, 83-122.

김명희(2001). **유아보육의 이론과 실제**. 서울: 교육아카데미.

김병찬(2005). 구성주의 기반 교사교육 모형 탐색 연구. **교육발전연구,** 21(2), 29-102.

김봉옥(1998). 유치원 자율장학의 현황과 활성화 방안. 인천대학교 교육대학원 석사학위논문.

김선영 · 서원경(2010). 보육실습현장에서 실습생이 들려주는 스트레스와 대처. **아동학회지,** 31(2). 135-150.

김선희 · 백은주(2010). 유치원 교사의 전문성 발달을 돕는 멘토링의 효과. **대한가정학회지,** 48(9), 69-78.

김성식(1999). 가상교육연수의 제도적 기반구축 연구. **한국정보교육학회지,** 3(1), 116-124.

김신덕 · 김규수(2006). 반성적 임상장학이 유아의 상호작용과 유아교사의 교수실제에 미치는 영향. **열린유아교육연구,** 11(4), 61-78.

김신영(2005). '현장사례연구-사립유치원 초임교사로서의 어려움에 대한 인식'. **한국유아교육학회 창립 30주년 기념식 및 정기 학술대회 자료집,** 293-309.

김신일(2006). **서울대 김신일 교수의 교육생각**. 서울: 학지사.

김연하 · 김양은(2008). Bandura의 교사 자기효능감척도요인 구조분석. **유아교육연구,** 28(2), 169-191.

김영명 · 서영숙(2007), 보육시설장의 교육요구에 기초한 현직교육 내용 연구. **열린유아교육연구,** 12(3), 95-124.

김영선(2000). 어린이집 교사의 직무스트레스와 대처방법. 숙명여자대학교 교육대학원 석사학위논문.

김영한 · 추경진(2010). 초등학교 특수학급 교사의 전문성 인식과 직무스트레스, 교사효능감

과의 관계. **특수아동교육연구,** 12(4), 413-432.

김옥경 · 윤경선 · 이현경(2011). **유치원 교직실무**. 서울: 학지사.

김유리(2010). 기혼유아교사의 근무환경과 직장-가정의 역할갈등에 관한 연구. 경희대학교 교육대학원 석사학위논문.

김유진(2003). 영아 보육교사의 전문성 인식과 직무 스트레스에 관한 연구. 덕성여자대학교 대학원 석사학위논문.

김은설 · 박수연(2010). 보육시설장 · 교사 윤리강령 개발 연구. 한국보육시설연합회/육아정책연구소.

김은설 · 안재진 · 최윤경 · 김의향 · 양성은 · 김문정(2009). 보육종사자의 전문성 제고 방안 연구. 육아정책연구소.

김은영(2007). 유치원 교사의 직무수행 시간에 대한 인식분석. **미래유아교육학회지, 27**(14), 539-560.

김의향 · 서문희 · 임양미 · 민미희(2010). 보육종사자 보수교육 운영현황 및 개선방안 연구. **유아교육학논집, 14**(6), 406-438.

김이경 외(2004). 교사평가 시스템 연구. 연구보고서 RR2004-08(기본연구 보고서). 한국교육개발원.

김정숙 · 이종향 · 박영숙 · 조현정(2011). 유치원 교사, 학부모, 일반인이 인식하는 유치원 교사의 직업 이미지. **유아교육학논집, 15**(3), 459-484.

김정휘(1991). 教師의 職務 스트레스와 精神, 身體的 症狀 또는 說盡과의 관계 : A형 性格과 社會的 支援의 緩衝 效果를 중심으로. 중앙대학교 대학원 박사학위논문.

김종철(2004). **교사론**. 파주: 교육과학사.

김지영 · 윤진주(2011). 보육교사의 전문성 발달과 효능감, 역할 수행간의 관계. **아동교육, 20**(4), 127-137.

김지은(1999). 충북 농촌지역 유아교사의 교직 전문성 인식과 역할 수행에 관한 연구. **농업교육과 인적자원개발, 31**(3), 81-96.

김지은 · 안선희(2009). 영아교사의 전문성 인식에 영향을 미치는 관련 변인 연구. **열린유아교육연구, 14**(2), 197-216.

김진영(2007). 유아교육기관의 조직문화가 조직유효성에 미치는 영향에 관한 연구. 세명대학교 대학원 박사학위논문.

김현숙(2002). 교사의 전문성 신장을 위한 자율장학의 실태 분석 연구. 한국외국어대학교 교육대학원 석사학위논문.

김현숙 · 김미숙(2003). 전문직 자격제도의 현황과 과제. 서울: 한국직업능력개발원.

김현지(2010). 유치원 교사의 자기지도성과 배경변인 및 직무만족의 관계. 한국교원대학교 대학원 석사학위논문.

김혜영(2007). 경기 · 강원 지역 유아교사의 직무스트레스와 대처방안에 관한 연구. 경기대학교 교육대학원 석사학위논문.

김효진(2008). 유치원 원감의 지도성 유형과 교사의 직무만족도 관계연구. 광주대학교 교육대학원 석사학위논문.

김희규 · 전상훈(2011). 교사의 전문성 개발, 헌신, 지식 공유와 교수효과성과의 구조적 관계 분석. **HRD연구, 13**(2), 67-86.

나정(2001). 유아교육의 기능 변화와 유아교사 양성 정책. **한국교사교육연구, 18**(3), 129-149.

노기호(2008). 교원의 교육권 보호법안 제정을 위한 이론적 고찰. **한국비교공법학회, 9**(2), 257-285.

노영희(1998), 유아교사의 전문성과 교사교육의 방향. **제5회 중앙유아교육학회 유아교육학술대회**, 121-145.

담마난다 저, 홍종욱 역(2002). **현명한 사람은 마음을 다스린다**. 서울: 지혜의 나무.

두산(1997). **새동아사전**. 서울: 두산동아.

문승태 · 양복만(2007). 교사의 근무학교에 따른 직업윤리, 조직몰입 및 조직효과성과의 인과관계. **농업교육과 인적자원개발, 39**(4), 143-166.

문용린(1998). 학교 교육에서의 인권, 교권, 학습권의 위상. **제3회 관악 교육정책 포럼 자료집**.

문혁준 · 김경회 · 김영심 · 김혜연 · 배지희 · 서소정 · 안효진 · 이경열 · 이미정 · 이희경 · 조혜정(2010). **유아교사론**. 서울: 창지사.

민경호(2005). **조직행동론**. 서울: 무역경영사.

박동준(1992). 교육의 질 향상을 위한 교사의 초기 교직 사회화. 충북대 **교육개발논총**, 13.

박병현 · 배화숙(2004). 사회복지의 전문성 제고를 위한 과제. **사회복지연구, 12**, 99-117.

박선환 · 박숙희 · 신은영 · 이주희 · 정미경 · 김혜숙(2001). **정신건강론**. 파주: 양서원.

박성미 · 김정신(2009). 보육실습이 예비보육교사의 일반적 자기효능감과 보육효능감에 미치는 영향. **한국영유아보육학, 57**, 121-141.

박유미(2008). 영아기 발달특성에 대한 보육교사의 지식과 교사의 상호작용 행동. 건국대학교 교육대학원 석사학위논문.

박은주(2009). 돌봄의 관점에서 살펴본 보육교사의 윤리적 딜레마. **유아교육학논집, 13**(5), 45-74.

박은주(2010). 유아교사교육자의 교직윤리 인식 및 실천수준에 관한 연구. **유아교육학논집, 14**(3), 173-195.

박은혜(2011). 유아교사의 전문성 신장을 위한 정책과 실제. **한국전문대학 유아교육과교수협의회, 제35회 유아교육 학술대회 및 연수자료집**, 15-36.

박은혜 · 김명순(2002). 유치원 자율장학에 대한 유아교사들의 인식 및 요구. **교육과학연구, 33**(1), 171-185.

박은혜 · 배소연 · 이정욱 · 임승렬 · 조부경 · 조운주 · 조형숙 · 황보영란(2002). **유아교사교육의 최근 연구동향**. 이화여자대학교출판부.

박은혜 · 조윤주(2006). **반성적 실천을 위한 유아교육 실습**. 서울: 창지사.

박의수(2006). 교직의 특수성과 교사의 자세. **새교육.**

박종우(1994). 사회사업가의 전문직업적 정체성 연구. 서울대학교 대학원 박사학위논문.

박진영(2012). 유아교사의 DAP 교육신념과 직무만족도가 교사-유아의 상호작용에 미치는 영향. 중앙대학교 사회개발대학원 석사학위논문.

박찬옥 · 구수연 · 이옥임(2010). **영아-교사 상호작용의 이론과 실제**. 파주: 정민사.

박형신 · 김정주(2010). 보육교사의 전문성지원환경 인식과 조직헌신도, 전문성 인식간의 관계. **아동교육, 19**(2), 87-102.

박혜림 · 황후조(2005). 3년제 유아교사 양성 교육과정의 전공과정 분석 연구. **유아교육연구, 25**(1), 147-169.

방유선 · 권귀염(2011). 반성적 사고 중심의 구성주의 교사교육을 통한 어린이집 교사의 변화 탐색. **유아교육연구, 31**(5), 5-32.

배수진(2000). **최신 스트레스관리**. 서울 : 학문사.

배을규 · 동미정 · 이호진(2011). 전문성 연구 문헌의 비판적 고찰: 성과, 한계, 그리고 HRD 함의. **HRD연구, 13**(1), 1-26.

백기복(2003). **이슈리더십**. 서울: 창민사.

백승관(2003). 교사의 발달과정에 관한 탐색모형. **교육행정학연구, 21**(1), 29-50.

보건복지부(2005). 2005년도 보육사업안내. 보건복지부.

보건복지부(2011). 2011년도 보육사업안내. 보건복지부.

보건복지부(2012). 2012년도 보육사업안내. 보건복지부.

서명순(2007). 유치원 교사의 사고양식과 직무만족도와의 관계. 한국교원대학교 교육대학원 석사학위논문.

서문희 · 이미화 · 구미진(2006). 보육시설 종사자 직무 및 근로환경 실태 분석. 여성가족부.

서영숙 · 이미화 · 임승렬 · 조부경(2005). 한국유치원/보육교사교육의 역사와 미래: 유아교육 · 보육의 질적 향상과 유아교사의 전문성 제고를 위한 교사교육. **한국유아교육학회 2005창립 30주년 기념식 및 정기 학술대회 자료집**, 107-130.

서재복 · 권정숙 · 김태호 · 손충기 · 신봉섭 · 유평수 · 이석열 · 이호섭(2009). **교사교육론**. 서울: 태영출판사.

석은조(2006). 저널쓰기가 예비교사의 반성적 사고, 자지조절학습 및 자기 효능감에 미치는 효과. 대구대학교 대학원 박사학위논문.

서혜정 · 한애희(2006). **신임교사로서의 첫 출발**. 서울: 도서출판 파란마음.

송연숙 · 유수경(2008). 유아교사용 역할갈등 척도의 개발과 타당화. **유아교육연구, 28**(4), 189-213.

송정원(2008). 유치원 교사의 수업장학 경험의 이해. 배재대학교 대학원 박사학위논문.

송헌복 역(1986). 데이빗 A. 씨맨즈(저). **상한 감정의 치유**. 서울: 사단법인 두란노 서원.

신난철(2010). 보육시설 원장의 리더십 유형과 보육교사 직무만족과의 관계. 상명대학교 복지상담대학원 석사학위논문.

신명희 · 박명순 · 권영심 · 강소연(1998). **교육심리학의 이해**. 서울: 학지사.

신우철(1998). 학습조직 구축을 위한 효과적인 경영혁신 전략. 한국과학기술원 석사학위논문.

신은수 · 권미경(2004). 유치원 초임교사의 역할수행에 대한 인식과 역할수행에 영향을 주는 유의미한 타인에 관한 연구. **사회과학연구, 10**, 55-75.

신익현(2003). 직업현장에서의 직업윤리 경영 연구: 사례 분석을 중심으로. **직업능력개발연구, 6**(1), 243-273.

신정근(2011). **마흔, 논어를 읽어야 할 시간**. 서울: 21세기 북스.

심숙영 · 서혜전 · 서영숙(2002). 유치원 교사 원격교육 직무연수에 대한 강좌 평가 및 효과분석. **유아교육연구, 22**(3), 23-41.

심정선(2012). 보육교사의 전문성 증진을 위한 실천적 보육장학모형 개발 및 적용. 중앙대학교 대학원 박사학위논문.

안선희 · 김지은(2010). 영아 보육교사의 자질 및 역할과 전문성에 관한 심층사례 연구. **대한가정학회, 48**(3), 87-97.

양다경 · 이연승(2012). 교권에 대한 유치원과 초등학교 교사의 인식비교. **한국유아교육학회 2012년 정기학술대회 자료집**, 355-356.

양복만 · 문승태(2007). 교사들의 직업윤리 척도 개발 및 타당화 연구. **진로교육연구, 20**(4), 103-119.

양심영 · 이옥임(2011). 영아-교사 상호작용 증진 교사교육 프로그램의 적용과정에서 나타나는 영아교사의 인식 탐색. **한국유아보육학, 67**, 43-66.

양옥승(2002). 유치원 교사 양성체계와 유아교육의 전문성 신장. **한국교사교육, 19**(1), 25-43.

양옥승 · 황윤세(2002). 유아교육과정의 패러다임 분석에 따른 교사교육과정의 탐구. **교육과정연구, 20**(2), 253-279.

양은주(2009). 교사란 어떤 존재인가. **우리교육, 234**, 28-35.

염지숙 · 이명숙 · 조형숙 · 김현주(2011). **유아교사론**. 파주: 정민사.

오선영 · 강병재(2002). 유아교사의 교육신념에 따른 역할 중요성에 대한 인식과 역할수행간의 차이. **열린유아교육연구, 7**(2), 155-184.

오숙희(2006). 초등학교 교사의 직무스트레스 대처방식에 대한 분석연구. 서울교육대학교 교육대학원 석사학위논문.

오숙희(2006). 초등학교 교사의 직무스트레스 대처방식에 대한 분석연구. 서울교육대학교.

오채선(2010). 교사 재교육 참여를 통한 교사교육자들간 협력 경험의 의미. **유아교육학논집, 14**(5), 471-502.

오채선(2011). 유아교육보육 정책 변화에 따른 유아교사 전문성 탐색. **유아교육학논집, 15**(5), 249-277.

윤정란(2005). 보육시설장의 리더십 유형과 교사의 직무만족도와의 관계에 관한 연구. 성균관대학교 대학원 석사학위논문.

윤희경(2003). 유치원 교원의 자격연수 교육과정 모형 개발 연구. 덕성여자대학교 대학원 박사학위논문.

윤희경(2006). 유치원 교직문화의 현황과 발전방향. **한국교원교육 학술대회 자료집**, 3-27.

이경민(2002). 유치원 교사의 생애에 대한 기초연구. **유아교육연구. 22**(3), 95-114.

이경민 · 엄은나(2005). 유아교사 자질에 대한 유치원 1급 정교사 자격 연수 참여 교사의 기대와 자기평가. **유아교육논집, 9**(4), 133-152.

이경하 · 석은조(2010). 예비교사와 현직교사가 생각하는 좋은 유아교사의 자질. **열린유아교육연구, 15**(5), 167-187.

이기숙 역(1986). **비교유아교육론**. 이화여자대학교출판부.

이기숙 · 이연섭 · 이영자(1984). 유아교사 양성 대학모형 교육과정연구. 문교부 학술조성연구비에 의한 연구(미간행).

이대균 · 김주영 · 임자영 · 박지선(2001). **유치원교사를 위한 교직실무**. 파주: 양서원.

이도화(1996). 근로윤리가 직무성과와 직무만족 및 직업만족에 미치는 영향. **산업관계연구, 6**, 461-480.

이명주(2002). 중년남성의 직무스트레스와 대처방안 및 사회적 지지에 따른 삶의 만족도. 동덕여자대학교 여성개발대학원 석사학위논문.

이명화(2002). 공 · 사립유치원 교사의 직무스트레스와 대처방안. 중앙대학교 교육대학원 석사학위논문.

이미화 · 김경희 · 김문정(2008). **육아지원인력의 재교육 실태 및 개선방안 연구**. 육아정책발달센터.

이민경(2005). 유아교육기관 원장의 리더십에 관한 분석연구. 숙명여자대학교 석사학위논문.

이병승(2008). 훌륭한 교사의 철학적 자질 탐색. **교육철학, 36**, 117-143.

이상금(1987). **한국 근대 유치원 교육사**. 이화여자대학교출판부.

이수련 · 이정화(2010). 유치원 교사의 경력에 따른 소진과 자아탄력성에 관한 연구. **유아교육연구, 30**(6). 51-65.

이영배(2001). 현대사회에서 요구되는 직업윤리. 성균관대학교 석사학위논문.

이영실 · 이윤로(2008). **정신건강론**. 서울: 창지사.

이영실 · 임정문(2005). **정신건강론**. 성결정신건강출판부.

이원영(1981). 취약전 교육(상권). 서울교육사. 서울시 교육위원회(편). 서울: 서울시교육위원회, pp. 309-364.

이완정(2005). 보육시설 영유아의 권리보호를 위한 각국의 보육종사자 윤리강령연구. **아동권리학회지, 9**(4). 789-816.

이원영 · 송경섭(2005). 유아교사의 공동체 의식과 역할수행과의 관계. **열린유아교육연구,**

10(3), 215-233.

이윤미 · 박선영(2010). 직장보육시설의 보육교사가 인식하고 있는 교사-부모 관계의 특질. **유아교육학논집, 14**(1), 69-91.

이윤식 외(2007). **교직과 교사**. 서울: 학지사.

이윤정 · 임성민(2011). 실험 저널쓰기에서 나타난 예비과학교사들의 과학실험에 대한 반성적 사고 분석. **한국과학교육학회지, 31**(2), 198-209.

이은숙(2002). 중학교 교사의 발달단계와 직무부담간의 관계. 인천대학교 교육대학원 석사학위논문.

이은해(1995). **어린이집 영아반 운영의 실제**. 파주: 교육과학사.

이은화(1985). 유아교육 교사의 역할과 자세. **유아교사 연수교재**. 서울: 새세대육영회.

이은화(1995). **유아교사론**. 서울: 학문사.

이은화(2003). **유아교육개론**. 이화여자대학교출판부.

이은화 · 배소연 · 조부경(1995). **유아교사론**. 파주: 양서원.

이은화 · 배소연 · 조부경(2003). **유아교사론**. 파주: 양서원.

이인숙(2010). 공립유치원 교사의 직무 스트레스와 직무 만족도와의 관계, 충남대학교 교육대학원 석사학위논문.

이정미(2007). 발달에 적합한 실제에 대한 보육교사의 신념과 교사-영아 상호작용간의 관계. 덕성여자대학교 대학원 석사학위논문.

이칭찬(2005). **新 교사론**. 서울: 태영출판사.

이현경(2000). 유치원 초임교사가 교직 수행시 직면하는 어려움에 관한 연구. **열린유아교육연구, 5**(2), 185-204.

이현순(2010). **유아교육실습의 실제**. 파주: 양서원.

이형민(2009). 보육교사의 교사효능감 및 교사신념이 직무스트레스에 미치는 영향. **한국영유아보육학, 56**, 187-208.

이혜경(2011). 유아교사의 전문성에 대한 경력교사들의 인식. **유아교육학논집, 14**(5), 287-314.

이혜상(2006). 유치원 교사의 교직사회화에 관한 연구. 원광대학교 대학원 박사학위논문.

이홍직(2007). 사회복지사의 전문직업성에 대한 인식 연구. **경성대학교 사회과학연구, 23**(3), 151-172.

이화도 · 원수현(2007). 프랑스 유아교사 및 영유아 보육교사 양성체계 연구. **유아교육연구, 27**(5), 33-62.

이희경 · 김성수(2000). 유아교사의 역할 Q-set 개발 연구. **유아교육학논집, 4**(1), 27-54.

이희선(2004). 보육교사의 교직 전문성에 대한 인식. **한국보육학회지, 4**(2), 79-90.

임승렬(2007). 교원의 권리와 의무에 관한 유치원 교원의 인식 수준에 관한 연구. **열린유아교육연구, 12**(3), 1-18.

임승렬 · 김희진(2002). 유치원 교사의 장학정책과 기능 인식에 관한 연구. **교육과학연구,** 33(1), 149-169.

임채식 · 김순환(2005). 유아교사 양성기관에 대한 수요자 연구: 인천광역시를 중심으로. **유아교육연구,** 8, 261-285.

장미경 · Z. Maoz · 이상희 · 정민정 · 김유진 · 신현정 · 김미경 · 손금옥 · 유미성 · 김경남(2012). **정신건강론**. 서울: 태영출판사.

장수명 · 공은배 · 이한일(2004). 국가 및 산업경쟁력 제고를 위한 교육의 역할(RR 2004-7). 한국교육개발원.

장연집 · 강차연 · 손승아 · 안경숙(2008). **정신건강**. 서울: 파란마음.

장은실(2006). 보육교사의 유아발달에 관한 지식정도와 전문성 인식도간의 관계. 경희대학교 대학원 석사학위논문.

전상훈(2009). 동학년 교사 집단 효과성 영향 요인에 관한 구조적 분석. 고려대학교 대학원 박사학위논문.

정대현(2009). 유아교사의 인적변인과 다문화 교육 신념이 교수 실제에 미치는 영향. **한국영유아보육학,** 58, 219-241.

정대현 · 윤진옥 · 정옥경(2011). 유초등연계를 위한 유아교사역할 평가척도 개발. **유아교육학논집,** 15(3), 185-206.

정무성(2004). 한국사회복지 실천 현장의 정체성 위기와 과제. 사회복지학 정체성의 위기와 도전Ⅱ. **2004 한국사회복지학회 춘계학술대회 자료집**, 67-91.

정범모(1994). **인간과 사회와 교육**. 서울: 나남출판.

정세희(2002). 장애인 생활시설 종사자의 직무만족에 영향을 주는 요인에 관한 연구, 숙명여자대학교 정책대학원 석사학위논문.

정수미(2008). 교수법 개선을 위한 유아교사 간의 상호 협력적 멘토링 활성화 방안. 동국대학교 교육대학원 석사학위논문.

정여훈(2008). 보육시설 원장의 리더십 유형과 보육교사의 직무만족, 조직헌신에 관한 연구. 신라대학교 석사학위논문.

정영근 · 정혜영 · 이원재 · 김창환(1999). **교육의 철학과 역사**. 서울: 문음사.

정우현(1992). **교사론**. 서울: 배영사.

정태범(1996). **장학론**. 파주: 교육과학사.

제경숙(2003). 유치원 교사의 전문성 신장을 위한 교사 양성의 방향. **교육이론과 실천,** 13(2), 25-40.

조동섭(2005). 교사의 전문성 제고를 위한 정책 방향과 과제. **월간 학교경영**(9-11월),

조부경 · 김정화, 2000). 유아교사 양성대학 전공 강좌에서 이론과 교수경험의 통합운영에 대한 예비교사, 지도교사 및 담당교수의 반응분석. **유아교육연구,** 20(1), 130-162.

조운주 · 최일선 (2004). 사립유아교육기관 초임교사들의 갈등 및 안정에 대한 이해. **유아교육**

연구, 24(1), 71-93.

조형숙(2009). 유아교사의 교직윤리관련 딜레마에 나타난 갈등요인. **유아교육학논집, 13**(2), 243-276.

조형숙 · 박은주 · 류혜숙(2008). 예비보육교사의 교직윤리 인식에 관한 연구. **미래유아교육학회지, 5**(1), 301-325.

조혜경(2006). 어린이집 보육교사를 위한 장학에 대한 연구. **일립논총, 12**, 107-118.

조혜선 · 박은혜(2009). 유치원 교직문화 분석-경력교사 10인의 인식을 중심으로-. **유아교육연구, 29**(2), 45-68.

조혜진(2009). 보육시설에서 초임교사를 멘토링하는 경력교사의 어려움의 효과적인 멘토링을 위한 중요요소. **유아교육연구, 29**(5) 21-43.

주연희(2004). 유아교육기관 신임교사의 역할수행 관련 변인의 영향분석. 인하대학교 대학원 박사학위논문.

지성애 · 김미경 · 유구종(2005). 영유아 교사의 현직교육과정 운영. **유아교육학논집, 9**(1), 129-156.

최명란 · 윤관식(2011). 직업능력개발훈련 교사에게 요구되는 역할과 역량 연구. **직업교육연구, 30**(2), 267-294.

최민수(2009). 유아교원평가 시스템 구성방향 모색에 관한 연구, **미래유아교육학회지, 16**(4), 361-393.

최서영 · 이대균(2011). 사립유치원 교사들이 경험하는 인간관계의 어려움. **유아교육학논집, 15**(5), 77-102.

최양미 · 김혜윤 · 송연숙 · 최미현 · 최애경(2011). **초임 유치원 교사를 위한 교직실무**. 도서출판 파란마음.

최영 · 이무상 · 송명섭(2010). 중등 과학교사의 수업 실행 전문성의 발달과 학습 틀. **과학교육연구지, 34**(1), 124-139.

최유경(2009). 에니어그램 성격유형에 따른 유아교사들의 대인관계 스트레스와 대처방식. 숙명여자대학교 교육대학원 석사학위논문.

최윤정 · 이경민(2010). 유아교사의 교직만족에 영향을 주는 생활만족과 몰입경험의 관계분석. **유아교육연구, 30**(3). 195-214.

최은미(2008). 유아교사와 예술치료: 유아교사와 예술치료사의 역할, 자질 및 환경 비교를 중심으로. **유아교육, 17**(2), 287-299.

최현미(2010). 유아교육기관장의 리더십 유형에 따른 유아교사의 직무만족도에 관한 연구. 원광대학교 교육대학원 석사학위논문.

한 홍(2011). **순간을 위해 평생을 준비한다**. 서울: 규장.

한국교원단체총연합회(2003). **교사론**. 파주: 교육과학사.

한국보육진흥원(2010). **표준교과개요**. (재)한국보육진흥원.

한국보육진흥원(2011). 2011 보육시설 평가인증설명서.

한국유아교육학회(2005). 유아교육학의 이해-한국 유아교육학의 학문적 정체성과 과제(672). 파주: 양서원.

한국직업능력개발원(2007). 한국인의 직업의식과 직업윤리. **The HRD Review, 10**(3), 22-31.

한상훈(1997). 사회학전 관점에서 본 전문직. **교육연구, 13**, 115-134.

한지혜(2002). 프랑스 유아초등교사교육제도: 국가양성기관(IUFM)을 중심으로. **유아교육연구, 22**(2), 263-286.

황윤세 · 장영숙 · 최미숙(2004). 교육 실습경험 및 실습기관의 조직풍토가 예비 유아교사의 자아개념, 역할수행 및 교수효능감에 미치는 영향. **한국유아보육학, 38**, 195-218.

황해익 · 남미경(2011). 보육시설 종사자의 자격 및 처우. **2011 춘계 보육관련학회 통합학술대회**, 128-149.

황해익 · 박성미 · 김정신 · 박선해(2008). 보육교사 승급보수교육에 대한 교사와 시설장의 인식조사. **한국영유아보육학, 53**, 173-198.

황해익 · 서정현 · 송연수 · 이경화 · 최혜진 · 정혜영 · 김남희 · 이혜은 · 손유진 · 박순호 · 손원경 · 남미경 · 김인순 · 고은미 · 유수경(2009). **유아교육개론**. 경기: 공동체.

Ashton, P. T.(1984). Teacher efficacy: A motivational paradigm for effective teacher education. *Journal of Teacher Education, 35*(5). 28-32.

Balaban, N.(1992). The role of child care professionals in caring for infants, toddlers, and their families. *Young Children, 47*(5), 66-71.

Bandura, A.(1977). Self-efficacy: Toward a unifying theory of behavioral change. *Psychological Review, 84*, 191-215.

Bently, R. R., & Rempel, A. M.(1970). *Manual for the perdure teacher opinionnaire.* Bloomington: Indiana University Press.

Bington, C. M.(2001). Internal factors that influence change: Teacher's beliefs and conception. Unpublished doctoral dissertation, University of Virginia.

Borgatta, E., & Borgatta, M.(1992). *Encyclopedia of sociology*. Macmillan.

Burke, P., Christensen, J., & Fessler, R.(1984). *Teacher career stages: Implications for staff development*. Bloomington, IN: Phi Delta Kappa.

Campbell, E.(2000). Professional ethics in teaching: Towards the development of a code of practice. *Cambridge Journal of Education, 30*(2), 203-221.

Carderhead, J.(1989). Reflective teaching and teacher education. *Teaching Teacher Education, 5*(1). 43-51.

Caruso, J. J., & Fawcett, M. T.(1999). *Supervision in early childhood education: A developmental perspective*. New York: Teachers College Press, Columbia

University.

Cho, B. K., & Saracho, O. N.(1997). The development of the early childhood teachers' role rating scale in Korea. *International Journal of Early Childhood Education, 2*, 19-36.

Conley, S., Fauske, J., & Pounder, D. G.(2004). Teacher work group effectiveness. *Educational Administration Quarterly, 40*(5), 663-703.

Dewey, J.(1910). *How we think*. Boston: Health.

Dewey, J.(1933). *How we think.: A restatement of the relation of reflective thinking in the education process*. Boston: Health.

Ericsson, K. A.(1996). *The road to excellence: The acqusition of expert performance in the arts and sciences, sports, and ganmes*. Mahweh, NJ: Erlbaum.

Ericsson, K. A., & Lehmann, A. C.(1996). Expert and exceptional performance: Evidence on maximal adaptation on task constraints. *Annual Review of Psychology, 47*, 274-305.

Fein, G. G.(1994). Preparing tomorrow's inventors. In S. G. Goffin, & D. E. Day(Eds.), *New perspective in early childhood teacher education: Bringing practititioners into the debate*. New York: Teachers College, Columbia University.

Freeman, N., & Feeney, S.(2004). The NAEYC code is a living document. *Young Children on the Web*, 1-6.

Fuller, F. F.(1969). Concerns of teachers: A developmental conceptualization. *American Educational Research Journal, 6*(2), 207-226.

Gibson, S., & Dembo, M.(1984). Teacher efficacy: A construct validation. *Journal of Educational Psychology, 76*, 569-5.

Gregore, A. F.(1973). Developing plans for professional growth. *NASSP Bulletin, 57*(377), 1-8.

Herzberg, F., Mausmer, B., Synderman B. B.(1959). *The motivation to work*. New York: John Willey & Sons Inc.

Hock, S. F., & Williams, C. R.(1984). *The complex roles of the teacher: An ecological perspective*. New York: Teachers College Press.

Holms, T. H. & Rahd, R. H.(1967). The social readjustment rating scale. *Journal of Psychosomatic Research, 11*, 213-218.

Hoyle, E.(1980). *The role of teacher*. Routledge & Kegan Paul.

Jalongo, M. P., & Isenberg, J. P.(2000). *Exploring your role: A practitioner's introduction to early childhood education*. New Jersey: Upper Saddle River, Prentice-Hall Inc.

Jorde-Bloom, P.(1989). Measuring work attitudes in the early childhood setting: Technical manual for the early childhood job satisfaction survey and early childhood work environment survey. Illinois Early Childhood Professional Development Project.

Katz, L. G.(1972). Developmental stages of preschool teachers. *Elementary School Journal, 73*, 50-54.

Katz, L. G.(1980). Mothering and teaching: Some significant distinction. In L. G. Katz(Ed.), *Current topics in early childhood education*(Volume Ⅲ). N.J.: Ablex Publishing Corporation.

Katz, L. G.(1992). **유아교사를 위한 제언**(이차숙 역). 파주: 양서원.

Katz, L. G., & Goffins, S. G.(1990). Issues in the preparation of teacher of young children. In B. Spodek, & O. N. Saracho,(Eds.), *Early childhood preparation*(pp.192-208). N.Y.: Teachers Colleges, 82.

Knowles, J. G.(1992). Models for understanding, preservice, and beibibg teachers 'biographies. In I. F. Goodson(Ed.), *Studing teachers' lives*(pp. 120-135), New York: Teachers College Press.

Lazarus, R. S. & Cohen, J. B.(1977). *Human behavior and environment: current theory and research.* New York: Plenum Press.

Lin, X., Hmelo, C., Kinzer, C. K., & Secules, T. J.(1999). Designing technology to support reflection. *Educational Technology Research & Development*, 43-62.

Locke, E. A.(1976). The nature and causes of job satisfaction. In M. D. Dunnette(Ed.). *Handbook of industrial and organizational psychology*, (pp. 1297-1349). Chicago. IL: Rand McNally.

Marshall, H. H.(1990). Metaphor as an instructional tool in encouraging student teacher reflection. *Theory into Practice, 29*(2), 128-132.

Merrens, M. R., & Garrett, J. B.(1975). The protestant ethic scale as a predictor of repetitive work performance. *Journal of Applied Psychology, 60*, 125-127.

NAEYC(1996). *Guidelines for preparation of early childhood professionals.* NAEYC.

NAEYC(2000). NAEYC to launch new professional development initiative. *Young Children, 46*, 16-21.

NAEYC(2005). NAEYC code of ethical conduct revised. National association of elementary school principals. 1615 Duke Street, Alexandria, VA.

NAEYC(2011). Code of ethical conduct and statement of commitment. http://www.naeyc.org/files/naeyc/file/positions/Ethics/Position/Statement 2011. pdf에서 2012년 1월 24일 인출.

OECD(2005). *Teacher matter: Attracting, developing, and retaining effective teachers.* Paris: OECD.

Reiman, A. J., & Thies-sprinthall, L.(1998). *Mentoring and supervision for teacher development.* New York: Longman.

Reiman, A. J., & Thies-sprinthall, L.(2004). *Mentoring and supervision for teacher development.* **교사 발달에 적합한 장학의 이론과 실제**(박은혜 · 이현옥 · 임승렬 공역). 파주: 정민사.

Rothman, R. A.(1987). *Working sociological perspectives.* Prentice-Hall.

Saracho, O, N., & Spodek, B.(1993). Professionalism and preparation of early childhood education practitioners. *Early Childhood Development and Care, 89*, 1-17.

Saracho, O. N.(1988). A study of the roles of early childhood teachers. *Early Child Development and Care, 38*, 43-56.

Saracho, O. N.(1993). Preparing teachers for early childhood programs in the united states. In B. Spodek(Ed.), *Handbook of research on the education of young children.* N.Y.: MaCmillan Publishing Company.

Schickedanz, J. A., York, M. Z., Stewart, I. S., & White, D. A.(1990). *Strategies for teaching young children*(3rd ed.). New Jersey: Prentice-Hall, Inc.

Seamands, A.(1981). Healing for Dmaged Emotions. **상한 감정의 치유**(송헌복 역, 1986). 서울: 두란노 서원.

Seyle, H.(1974). *Stress without distress.* New York: Signet.

Shulman, L.(1987). Knowledge and Teaching: Foundations of the New Reform. *Harvard Educational Review, 57*(1), 1-22.

Sockett, H.(1993). *The moral base for teacher professionalism.* New York: Teachers College Press.

Spodek, B.(1975). Early childhood education and teacher education: A serach for consistency. *Young Children, 30*, 69-75.

Spodek, B.(1985). *Teaching in the early years.* N.J.: Prentice-Hall.

Spodek, B.(1988). Implicit theories of early childhood teachers: Foundations for professional behavior. In B. Spodek, O. N. Saracho, D. L. Perers(Eds.), *Professionalism and the early childhood practitioner.* N.Y.: Teachers College Press.

Surbeck, (1994). Journal writing with preservice teachers. *Childhood Education, 70*, 232-235.

Tagg, J.(2007). Learning outcomes and the development of expertise. *On the Horizon, 15*(2), 89-98.

Taggart, G.(2005). *Promoting reflective thinking in teachers: 50 action strategies.* Thousand Oaks, CA: Corwin Press.

Troman, G.(1996). Models of good teacher defining and redefining teacher quality. In P. Wood(Ed.), *Contemporary issues in teaching and learning.* London: Open Univ.

Wardle, F.(2003). *Introduction to early childhood education: a multidimensional approach to child-centered care and learning.* VT, Boston:Allyn and Bacon.

Williams, E. C.(2000). School professional learning environment characteristics and teacher self-efficacy belief: Linkages and measurement issues. Unpublished doctoral dissertation, University of Georgia.

저자 소개

✍ 김현자

현, 두원공과대학교 유아교육과 교수
숙명여자대학교 아동복지학과 졸업(박사)

✍ 김혜금

현, 동남보건대학교 보육과 교수
연세대학교 대학원 아동가족학과 졸업(박사)

✍ 이상희

현, 두원공과대학교 아동복지과 교수
숙명여자대학교 아동복지학과 졸업(박사)

유아교사론

초판발행 2012년 12월 30일
4판발행 2017년 8월 20일

2017. 8.

저 자 김현자 · 김혜금 · 이상희
발행인 김현태
발행처 태영출판사

주 소 (08301) 서울 구로구 구로동 104-10 동남오피스텔 201호
전 화 02 · 839-3757, 839-3752
팩 스 02 · 837-3754
등 록 2005년 5월 30일 제12-421호
http://www.taeyeongbook.co.kr
E-mail tys2005@hanmail.net
ISBN 978-89-6302-104-1 93370
정 가 14,000원

NAVER 태영출판사

* 잘못 만들어진 책은 교환해 드립니다.